張永嬌提供

2019 年 12 月 1 日　第 64 回歴史知研究会（上下、撮影：川島祐一）

目次

はしがき

第1部　講演

第2部　エッセイ

第3部　コラム

第4部　付録

【表紙写真】
アテネ市アクロポリス丘麓のディオニューソス劇場跡にて、2001年8月

はしがき

石塚正英先生・研究生活 50 年を記念して

尾﨑　綱賀

　石塚正英先生は、1969(昭和 44)年に『立正大学学生新聞』に論説を掲載して以来、2019(令和元)年、研究生活 50 年にして古稀の年に当たります。まずは先生の長年にわたる研究歴と古稀を祝し、心よりお慶び申し上げます。その慶祝の微意をこめ、ここにささやかながら、『感性文化のフィールドワーク』を上梓しました。先生の学友・教え子を中心に、先生に関する文をいただいた、思い出綴りであります。

　さて石塚正英先生は、1949(昭和 24)年の 12 月、新潟県高田市(現上越市)にお生まれになりました。石塚先生が学問に興味を持たれ、それに目覚められたのは 1965(昭和 40)年、高田市立城北中学校をご卒業後の春休み、すなわち高校受験を終えられて、ほっと一息ついていた頃、長野県北部の野尻湖畔で、ナウマン象の化石発掘に参加されたときに遡ると思われます。このご経験により石塚先生は地球物理学や古生物学に興味を持たれ、大学では地学や地球物理学を専攻したいと思うようになられました。また、フィールド調査にも目覚められました。

　1968(昭和 43)年 3 月、県立高田高等学校をご卒業。地質学か古生物の専攻を目指して大学を受験されましたが失敗。しかし石塚先生は、「新たな決意が心中に湧き上がった」そうです。そこで故郷を離れ、長野市の予備校にご入校されました。

　当時の石塚先生は、時代の影響や青春時代の多感な年頃から、哲学や歴史などの名著や、ヒューマニズムの小説などを、次から次へと読破していったのでした。その結果、自然科学から社会・人文科学へと学問の興味が移られました。

　1969 年 4 月、立正大学文学部史学科にご入学。しかし学部 2 年、すなわち教養課程から専門課程に進級しようというとき、石塚先生は「仏教学部に転部したい」と、当時担任だった楢崎宗重教授に相談されました。楢崎教授は、「転部はやめたほうがよい」と諭し、石塚先生は史学科にそのまま進まれました。

　その頃から石塚先生は、学問論の構築と大学改革に熱中しつつ、ヨーロッパ労働運動史・社会思想史への関心を強められました。そして、義人同盟を中心としたドイツ手工業職人の結社運動に関する論文(「プロレタリアの党形成史──ドイツ手工業職人の役割」)を書き上げました。

　1973(昭和 48)年 3 月、立正大学文学部史学科をご卒業。そのさい、指導教授の酒井三郎博士から進学を薦められました。しかし当時の石塚先生は、大学院＝アカデミズムでは自由な研究は無理と判断され、推薦を辞退されました。

　こうして石塚先生は、朝日新聞社の社屋で働く傍ら、学部時代からのご研究に励まれたのでした。先生は職場(新聞発送業務)で腰を痛められたのをきっかけに、進学を決意されました。そして、1975(昭和 50)年の 12 月、石塚先生の第 1 作『叛徒と革命──ブランキ・ヴ

ァイトリンク・ノート』をイザラ書房から出版したのであります。

　翌 1976(昭和 51)年 4 月、立正大学大学院文学研究科史学専攻修士課程に進学された石塚先生は、ドイツを中心とする「ヘーゲル左派」や「義人同盟」の研究に没頭されました。それらに深く関わったヴァイトリングやルーゲなどの研究対象をどう歴史に位置づけ、現代の社会に意味づけるか。その解答を得るため、先生は国会図書館などに通われ、連日連夜、史・資料と格闘され、論文を書かれていったのであります。

　加えて石塚先生は1976 年、「立正大学西洋史研究会」の創立に着手されました。酒井三郎先生の喜寿記念論文集『世界史研究論叢』(令文社、1977 年)の編集及び出版準備の事務にもあたられました。

　翌 77 年には、学部時代の師である井手・酒井の両先生と相談の上、「立正大学西洋史研究会」会誌『立正西洋史』の発刊に尽力されました。今日に至る「立正西洋史」の繁栄の基を築き上げた、と言っても過言ではありません。その精神は、現在の世界史研究会と『世界史研究論叢』の刊行へと引き継がれております。

　具体的な石塚先生のご研究につきましては、先生自らおまとめになられた『石塚正英の研究生活 50 年誌 1969－2019』に詳しく記されております。また、「ウィキペディア」の石塚先生の項には、誰の筆か分かりませんが、次のようにあります。

　「ハイティーンの頃はユートピスト、20 代はファナティシスト、30 代はアソシアシオニスト、40 代はフェティシスト、50 代はヒストリオソフィスト、その後はふたたびユートピストをもって任じているらしい。その間に、ド・ブロス、フォイエルバッハ、ヴァイトリング、マルクス、バッハオーフェンなど 18・19 世紀の諸思想・諸理論について研究を深めてきた。」

　このように石塚先生は新たな研究分野を開拓され、先生独自の想像力と直観を駆使されながら、新説をつくられていったのです。その過程で先生は多くの同学の徒と交流され、共同の研究もされました。それは、この『思い出綴り』に原稿を寄せられた方々の研究分野を見れば一目瞭然であります。社会科学・人文科学の分野で重要な仕事をしておられる歴史学者・哲学者・文学者がおられることでも分かります。

　このような石塚先生の原点は、ナウマン象の化石発掘の参加。一浪時代の読書と勉学。さらに、学部を卒業後、現場の労働者として 3 年間実社会で働かれたことにあると、私は思います。その後の石塚先生にとって、それは大変良い経験になられたと思われます。

　また学部の頃も、生活費と学費を自らの力で捻出しておられた先生は、両親に頼っていた学生とは、覚悟のほどが違っておりました。すでに今の奥様である隆子さんと結婚されていましたので、「お二人の覚悟のほど」と言ったほうが正しいでしょうか。

　ところで石塚先生は、前世からの因縁で、今世は研究者・教育者として活躍されるように、神から命じられて誕生されたのではないか、と私は思うことがあります。唯物論の方々から見ると荒唐無稽に思われるかもしれませんが。それほど、石塚先生の研究業績は幅が広く、優れていると思います。

　石塚先生は、青春時代の挫折と劣等感を克服されました。机上の学者でなく、常に地域や世界に目を開き、自身の学問の開発に余念がありません。現在も、上越市における NPO活動を一瞥してわかるように、エネルギッシュで、旺盛な好奇心と行動力に溢れております。

石塚先生がいつまでも若さを失わないでいられるのも驚くべきことです。定年で大学を退職されたあとも、これまで以上に研究者として、著作や講演のお仕事をされ、より発展されるであろうと、私は確信いたします。

　どうか喜寿、米寿、白寿までご健康でご活躍されますよう石塚先生の学寿長久を祈念いたします。

第1部　講演

〔演題〕

歴史知の知平
あるいは【転倒の社会哲学】
——研究生活 50 年によせて——

〔講師〕

石塚正英

【講演関連情報】

☆講演機関：歴史知研究会　第 64 回例会
☆講演会場：立正大学　品川キャンパス
☆講演日時：2019 年 12 月 1 日 14:00〜18:00
☆録音データの文章化にあたり参考資料の注記や内容の補足を行っている。

あいさつ
Ⅰ. 学問する社会運動家
Ⅱ. 学問する社会思想家
Ⅲ. 学問するマガジンエディター
Ⅳ. 学問するフィールドワーカー
Ⅴ. 恩師

あいさつ

　みなさま、本日は日曜の休日であるにもかかわらず、私の記念講座にお越し下さいまして、まことにありがとうございます。

　さて、その昔、織田信長でしたか、人生 50 年とか人間 50 年とかいっていました。あの人は本能寺の変で明智光秀に攻められて自害したのではありますが、それでも、昔は 50 歳にもなると大体よぼよぼのじいさん、ばあさんになっていたのですね。でも、私は研究を始めて 50 年なので、生きている年限はそれ以前に 20 年あるから、いま 70 歳です。

　視力は白内障が進んでうまくないので手術しましたが、今はいたって健康で教育と研究に勤しんでいます。退職を記念して何かをする気は全然ないです。退職と引退は別のことですから。そうではなく、研究生活 50 年という意味でなら、おおいに意義を感じます。還

暦を祝うとか古稀を祝うとか、そういう意義もあるけれども、きょうの講義は、研究生活を 50 年全うしてきた節目を画するのだと私自身は位置付けております。そこはどうぞご了解戴きたく思います。

それでは、これから 4 部に分けてお話ししたいと思います。スクリーンをご覧ください。資料トップページに「Ⅰ. 学問する社会運動家」「Ⅱ. 学問する社会思想家」「Ⅲ. 学問するマガジンエディター」「Ⅳ. 学問するフィールドワーカー」とあります。ⅠとⅡを最初の 1 時間ぐらいでお話しして、10 分ほど休憩をいただき、その後、Ⅲ、Ⅳと進んでいこうと思います。

私はいま 70 歳ですが、いつしも、人の運命は時代に翻弄される、あるいは人は時代を肥やしにして生きる、どちらもあり得ると思います。たまたま私が高校を卒業し大学に入学した頃、1968 年、1969 年の頃は、当時の意識ある学生たちからすると大学は最も躍動的なときでした。しかし、大学を管理する側の人たちから見ると、最も危機的なときでした。

具体的な例を出しましょう。今の香港です。犯罪容疑者の中国本土への引き渡しを認める「逃亡犯条例」への抗議に端を発する学生中心のヴァイオレンスです。今年の香港で起きているのと似たような事態は、1968 年 10 月 21 日に新宿の東口広場で生じていましたね。国際反戦デーのこの日、新宿駅周辺をデモ行進し機動隊と衝突する新左翼各派の学生たちの行動を指して、マスコミは新宿騒乱事件とか書いていました。広場から歌舞伎町に行く辺りの道路では火炎瓶が飛び交っていました。必ずしもそういう暴力的なことだけではなく、価値や基準が、いろいろな領域で大きくうねっていました。

1940 年代末の第一次ベビーブームに生を受けた私たちの頃は大学生の数が桁違いだったこともあるので、マンパワー、文字どおりそういう言葉が当てはまるような時代でした。別段、学生運動とか政治的な闘争というだけではなく、いろいろなところにそういう力が突出していました。その頃に大学生だったことが、ひとつの運命的なものではないかと思うのです。自分が時代の何かを選ぶのでなく、時代がしゃにむに自分に迫ってくる。今の大学生に向かって、昔の俺はこのようにしたのに、今のお前らは何でやらないのだ、へなへなしているんじゃないよ、という説教は、時代が違うから一概に妥当しません。

1990 年代になってからですが、私はよく自分の講座の学生に、「君にとっての現代史はいつから始まったの？」と聞くようにしてきました。私にとってはいま言ったように大学に入る前後、68〜69 年の頃が現代史の開始です。以後、そこを基点にしていろいろなことを企図したり決断したりしました。

しかし、今ここにいるみなさん方は、例えば 30 歳代の方にはそんな時期を基点にして決断はできないわけです。3.11 が基点の人もいることでしょう。だから、自分の基点と石塚のように 68〜69 年ごろに大学生になった者の基点の比較など、してもらわなくていいのではないか。自分にとっての現代史はいつ始まったか、そのヒントのように思ってもらうと、私はこれから説明しやすいです。

Ⅰ. 学問する社会運動家

（1）二〇歳の自己革命

「Ⅰ. 学問する社会運動家」に入ります。私は 1968 年、長野市で浪人していました。大学受験に失敗して、どちらかというと理系の自然科学、地学とか生物学とか、そういう分

野で研究したいと思っていたのですが、68年に長野の予備校の寮に入ったら、東京から聞こえてくるわけです。

　ヨンニッパー、4月28日は沖縄デーとか、ロクテンイチゴ、1960年6月15日は安保闘争の渦中で樺美智子さんが虐殺された日だとか、ジッテンニイイチ、10月21日は国際反戦デーで、全国的にというか大都市が中心だと思うけれども、抗議デモがあるとか、聞こえてくる。いろいろな大学でいろいろな問題が起き、いろいろな事件が起きているのが、長野にいても聞こえてくる。

　私は理系の勉強をし始めたのだけれども、そういうニュースを聞きながら社会に関心を強めていきました。「ちょっと皆さん、これからラジオを聞いてください。生の放送です」と予備校の講師がいって、ソ連軍を中心としたワルシャワ条約軍がチェコに入っていくというチェコ事件を、予備校の授業を中断しながら聞いているのだからね。その先生も聞きたかったのでしょう。信州大の教員で予備校では英語の先生でした。英語の音を出すために持ってきたテープレコーダーがラジカセだったのかな。とにかくラジオも聞こえるわけ。「ちょっと英語の授業は中断。今からものすごい臨時ニュースを聞いてもらうから」といって、戦車がチェコに入っていくところですよ。そういうものを聞いていますから、運命的な面があるのですよね。

　その間に私は歴史学とか哲学をやりたくなりました。それで1969年、二〇歳になる年に大学の入学試験を受けたのだけれども、受験勉強は全然していません。三里塚に関する映画を見に行ったり、当時は森山良子がデビューしており、フォークソングのライブを長野市の城山公園という市民憩いの場でやったり、そういうのを聞きにいったりしました。

　受験勉強しなければいけないというので本屋に行くのだけれども、行くとアルベール・カミュとかジャン・ポール・サルトルとか、そういうのばかり買って読むわけです。今ある自分は何なのか。自分を崖っぷちにアンガジェ、投企しなければいけない。サルトルの実存主義ってすごいなとか思いました。カミュの『シーシュポスの神話』とかを読むと、ものすごくむなしいことを強制されるのに出会うよね。シーシュポスは神様に命じられて岩を山の上に持っていくのですが、持っていくと、また落とされしまうわけです。またそれを持っていく。永遠にこういうことをやる。不条理のカミュはそれが人間を鍛える運命と言いたいのですが、それはアウシュビッツと似ているなと私は思いました。

　アウシュビッツという個別の収容所とは限定できないのですが、ナチスがユダヤ人やスラブ系の人たちを収容所に入れると、官吏たちは、午前中は「ここにある土砂をみんなこっちに運べ」と言います。それで一生懸命、土砂を運ぶ。そしてお昼になる。「さあ、みんな。午前中にここに運んだものを、午後はまた元に戻せ」とやるわけです。そのようにして人間を精神的に破壊していく。全く意味のないことだよ。お前たちは全く意味のない人間なんだよ。だから浪人生活にあって私はすでに研究心が芽生えていたんです。歴史学、哲学が面白くなってきました。

　立正大学に入学したときに、いちばん興味・関心を持ったのは、実は講義の内容ではありませんでした。当時は1〜2年を熊谷市の教養部で過ごします。今ここで講演をしている品川キャンパスは、当時は大崎キャンパスと称しておりましたが、教養部所属生の入学式は熊谷キャンパスでありました。式典前にヴィヴァルディの「四季」が流れていました。その日に入学式粉砕闘争が私の目の前で起きたわけです。私は新入生です。でも、在校生によるデモンストレーションはうれしかった。それを見てやや興奮しました。

普通は、何ていう暴力学生だ、ゲバ棒を持って暴れてやがると腹が立ってもいいのだけれども、私は矛盾とかそういうものを自分で引き受け、何かしていかなければいけないという気持ちが強かったですね。サルトルやカミュの読書家だったわけです。それで、後に名付けることになるのではありますが、「二〇歳の自己革命」というイメージが心中に起きているのを自覚します。

　だいぶ後になり、『二〇歳の自己革命』という本を書きます。1969～1970年の出来事を1996年に、25年ぐらいたってから書いて社会評論社から刊行しました。これはそのときの書き下ろしではありません。ドキュメントの編集です。私は予備校の寮で生活しだした18歳から日記を綴り現在に至っております。フォイエルバッハやマルクス、ヴォルテールやロマン・ロラン、ドストエフスキーやトルストイの名が記されています。また、二〇歳のころ学生運動をやっていたので、今風に言うとハンドルネームというか、「上条三郎」という名前で学生新聞とか集会パンフレットとかにたくさん論説を書いていました。まずは、しだいに落ち目になって弱体化していく学生運動を論評するわけです。でも執筆活動はそれで終わりませんでした。自分は学問をしに大学に来たのだから、学問をどのようにしていくべきか、そういう論説をも書きました。学問論を構築していく論文が主となり、時事的な評論のほうは、だんだんなくなるわけです。自分が大学に来たのは学問するためだからと、そちらのほうにシフトした論説が多くなっていくのですね。それをまとめたのが、『二〇歳の自己革命』です。

　これをまとめたくなったのは、その頃アメリカのコロンビア大学で実際にあった学生運動を題材にして1970年につくられた『いちご白書』という映画がありました。これは面白かったです。学生運動をやっている連中は反体制の実力行使もすれば真剣に恋もするわけです。熊谷キャンパスで入学式粉砕闘争をやっていた人たちも似たような振る舞いをしていたんです。熊谷警察署からみると威力業務妨害、公務執行妨害、道路交通法違反、はては凶器準備集合罪にあたる、そういうことをやっていた。ところが活動する学生たちにすれば、そこには正義、大義があるわけです。大義があるので、自分たちは犯罪などもってのほかだ、示威行動は必要悪なのだ、革命的なことをしているのだ、というわけです。

　その当時、平岡正明という評論家というか思想家がいて、あらゆる犯罪は革命的である、という名の本を出版しました。好きな人たちの間だけのことかもしれないですが、売れに売れたというか、ね。私はそういう全共闘的時代傾向の中で、逆転したものの考え方、転倒した表現とか思想、これはすごく面白いなと興味をもつようになります。そのときは現在のように〔転倒の社会哲学〕なんてテーマ付けはしていませんが、そういった辺境への越境みたいな眼差しで研究生活に入っていきます。

　それで、とりあえずは勉強しなければ先に進まないということで行動にでます。神田の神保町に古書店街がありますが、そこには新刊本屋もあるし、それから洋書販売の北沢書店とか極東書店の販売窓口みたいな洋書センターとかもありました。私はドイツの労働運動を調べようと思ったので、1970年からしきりにドイツ語の復刻文献をあさりに行くわけです。

　ただ、時代の運命だったのでしょうね、結局、そういうものを買うのと同時に、時代を批評する論説の並んだ雑誌を探して買いまくります。例えば『情況』、それから『現代の眼』『構造』『現代の理論』『思想』、お金はあまりないのだけれども、そんな雑誌を買いました。そして、その号を読むと次の号も買いたくなるから、また神田に行ってというようにして、

今でも私の書庫にずらっと並んでいます。

　それを読んでいく間に、廣松渉という思想家の書いた文章がえらく気になるようになります。この人は1994年に60歳代で亡くなるのですが、1967〜68年から70年代の半ばぐらいまで、文筆活動を通じて活動家の学生たちに相当影響をもっていたのですね。

　私は何に引かれたかというと、この人は、物事は関係によって決まるという関係論の議論をする人でした。物事の実体的なことより関係的なものが意味をもっていて、その典型は、例えば神だよね。神様は人々に変更できないものとしてあるのだけれども、廣松渉さんの議論の中では、神を否定するしないではなく、その神と向かい合う。キェルケゴールのようなものです。キェルケゴールという人は、神と自分の間、その関係で物事を考える。神は絶対的なものでもあるかもしれないけれども、その神の前に立つ自分がいる。だから、類推的な議論をしますと、自分というものが別のものと関係すれば、また別の自分が出てくるわけです。

　例えば、いま私はここで皆さんにお話ししている、大学の教師だったりしている。そういう関係でここに今いるでしょう。でも、家に帰れば父親です。それから、これからいくつか話をする場面があるけれども、私はいろいろな関係の中で生きているので、一つの関係で生きていないので、総体は決まらない。どの関係も自分の現実ですよね。それを特定のものに絞ったりしないわけだよね。

　廣松先生が面白いのは、そういう関係論の中で、全部フィフティ・フィフティの議論をするところでした。どこか中軸を持ってきて、それをもとに話をする人ではない。ただ、マルクス主義者、唯物史観の議論をする人なので、あらゆる存在、すべてのもとになるのは、あるいは自分が何であるかというのは、何を生産しているかにかかわる、というマルクスの議論が土台にあります。

　しかし、土台、ベースにあるものと、それをもとにどのように人と関係するかは、ある意味、相対的に別物ですよね。少し高じすぎて、あの先生は自分が気に入った人が現れると、ものすごくプッシュしてくる。私も一時期ものすごくプッシュされました。ちょっと用件があり先生に電話をすると、「待ってください。こちらからかけ直しますから」と言って、ガシャンと電話を切って、かけてきます。その頃はダイヤル式の固定電話の時代です。びっくりしますね。「いや、先生、私が、私が用事あって電話をしているのだから、私のほうからかけたのですよ」。「いや、そうじゃないです。かけ直します」。そう言って切られてしまったらそれっきりでしょう。そういう、ちょっと意外だなというところはあるけれども、彼のそういう行動は後でよく分かるようになりました。

　話を戻すと、二〇歳の頃に私は関心の赴くまま、手当たり次第に雑誌を読んでいったのですが、それは全部、自分にとってはフィフティ・フィフティでした。ある人は、例えばそれは革マル系の本だからやめろとか、これは民青だからやめろとか、これは黒ヘルのアナーキストの本だからやめろとか言う人がいました。でも、私はどれもまだ読んでもないのにやめる筋合いもないし、読んで自分と違うものがあっても、やめる筋合いはない。だから、そういう意味でそういうセクト的なものにかかわらないで、どことも距離を同じように取りながらやっていたのですね。

　そういうグループのことを、セクトにこだわらないので「ノンセクト」といいました。「ノンセクトラジカル」というくくりでいたのですね。私の言い分からすると急進的な行動派でしたが、警察のほうから言うと過激派でした。

そのラジカルな活動中でいちばん必死になってやったのは学問論です。学問論を構築すればそれなりに誰とでも議論できる。石塚にとって、何がベースになるかというと、学問論だと思いました。それで「学問とは何か」ということを、一生懸命文章にしました。そのときに役に立ったのは、浪人している頃に読んだ本です。

　浪人している頃に読んだ本はロマン・ロランなどフランスもの、ドストエフスキーなどロシアもののほか、今お話ししたように実存主義的なものと、それからマルクス主義的なものです。人間を扱った梅本克己の本だとか、いわゆる人間論とか唯物史観とかです。あまり実証的なことではなかったです。でも、立正大学に来てから、ここで何をやろうかと思うときに、例えばドイツ労働運動史をやるかな、明治維新をやるかな、立正大学は仏教の大学でもあるから印哲をやろうかなとか、思わなくもなかった。でも、そういうのは分野でしょう。

（2）学問論の構築へ向けて

　そうではなく、そういうことをやること、学問することは、自分にとって何なのか。学問は自分にとって何か、あるいは学問の役割は何かということを並行して議論していかなければならないと二〇歳（はたち）のときに思いました。それで『立正大学学生新聞』に「学問論の構築に向けて」というのを書きました。原稿用紙で50〜60枚ぐらいあったか、記憶は定かでないけれども、3回連続で掲載しました。

　これが1回目です。1970年12月です。このときは先ほど言った上条三郎という名前です。「学問について」というテーマと、「科学としての学問」「科学の幻なる『中立性』」というので始まるのですが、私は政府がその頃に言っていた、原水爆禁止運動の人たちでも言っていた、科学そのものが中立であるというのは絶対うそだと思いました。うそというのは、真実か偽物かというよりも、その議論が眉唾だと、そのように思ったのですね。そのときどきの学問には時代思潮というか思想的文脈が介在しているはずだ。あるいは、個人レベルでも、何かの思想的動機のもとに研究がなされるはずだ。それを抜きに学問が成り立つわけはない。

　例えば、きょうは結構寒い日です。例えば、ここにストーブがあったとします。そう

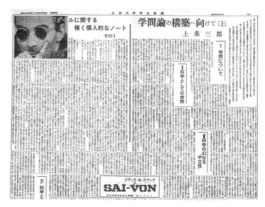

したら、皆さん、うれしいでしょう。いまエアコンで空調しているからなくてもいいのですが、あればうれしい。それが真夏の30℃、この頃、40℃近くなるときもありますよね。そういうときに、ここにストーブがあったら、皆さん、うんざりするでしょう。見たくもないでしょう。そこには思想、観念が介在しているのです。これは要らない、これは欲しい。火がついていなくても抱きつきたくなるとか、物事はすべて、何かの思想、観念によ

り、そこに存在意義をもっている。意義、意味は関係の中で決まるわけです。

　銚子の犬吠埼にあるホテルで教え子の結婚式があったときのことです。まだ時刻が早かったので、灯台のところから真っ青な海、真っ白な雲を眺めていたら、その近くに若い男女、たぶん恋人同士がやってきて、私のほうを見る。そこに思想が読まれたのだけれども、その二人は私に間違った思想を読み込みました。「あのおじさん、危ないな。失業したのかな、倒産したのかな」。要するに、これから犬吠埼から飛び込むと思ったらしいです。

　私は教え子の結婚式でもあるし、銚子の犬吠埼で、若山牧水ではないけれども、海の青、空の青にも染まず、白を自己主張している水鳥かなんかが飛んでいたり水面にいたりするわけです。「ああ、いいな」と思い、確かにジッと一点を見てたのでしょう。でも、私の思想はピンク色に近いような青だった。教え子が結婚する日だから。

　たぶん、その二人もラブラブだったと思うので、彼らも真っ青な空を見て、ピンク色に見えていたと思うよ。二人はその後、チュッとしようと思ったぐらいだったと思うよ。でも、横を見たら、つらそうなおじさんがいるなと見るわけです。それを、文脈ともいうし、コンテキストともいう。でも、そういうものは関係性の表れでもある。

　私の『二〇歳の自己革命』はまさにそれで、大学に入って普通の人だったら、例えば歴史学の場合だったら、西洋史を選ぼうかな、日本史にしようかな、考古学にしようかなと、そういう議論でしょう。そうではない。学問をするって何かなということを考えないと進まないのが、私の第一の印象だった。

　私の意図をパンフレットかなにかで読み知った立正大学学生新聞会の編集人、彼は深田卓といいます。その後、独立してイザラ書房という出版社から『インパクト』という月刊誌を発行しました。その後、『インパクション』という名前に変わるのですが、インパクト出版会というのを創立します。雑誌は休刊となっていますが、出版社は今もあります。

　その彼が編集する学新に私の学問論が連載されたのですが、第1回のリードに〔「関係」としての思想〕とあります。これは私が書いたのではなく、深田卓編集長が書いた。彼も私も、廣松さんの影響をはっきりと刻印しています。そのとおりです。そういうことを明確にしていったのは私であると同時に、この時代です。この時代、例えば立正大学の学生運動が、私という人間をつくり出したのです。それはいま振り返ってみたら、「そうだ、一人でできるようなことではない」と思う。

　そして第3号目には、私の記事の右に面白い人間の記事が載りました。中村禎里さんです。立正大学の自然科学、生物学の教員です。1974年に『ルイセンコ論争』を出版した方で、科学哲学、科哲と言ってもいいかもしれません。この方の原稿がたまたま私の第3回目のところに載りました。

彼の議論は「近代科学の成立」とか「生物工学の思想」で、私の3回目は社会科学「批判」といって、科学は批判されなければいけないという論調で、これを読んだ中村禎里さんは、私が学生で彼の授業を受けたりして優良可とかもらっているわけですが、筆者が上条三郎というペンネームですので、しばらく分からなかった。

私は史学科に入ったのですが、大川富士夫という東洋史の先生がいらして、この方が50歳過ぎたぐらいで急死してしまいます。

そのお葬式のときに寺に行ったら、鉢合わせになったわけ。それで白い歯なんて絶対に見せてはいけないのに、「石塚と会えた、うれしい」。

「先生、わたしゃ、記事が一緒に並んだときはびっくりしたよ」と言ったら、「あれ、石塚君だったのか。いや、ませている人間がいると思ったのだけれども、そうか、そうか」と、愛着をもって私に言って下さいました。この方はこのあいだ亡くなりました。生きていれば私よりも15歳ぐらい上で、85、86歳になる人ですが、死ぬまで私の議論を見守ってくれました。没後の2017年に『日本のルイセンコ論争』の書名で復刻が出ました。

とにかく面白いよね。「大学で学問するとは何か」というのをやったときに、こういっては何だけれども、まっとうな先生は私を相手にしません。「石塚君、お前はまだ若いから、そのうちに分かるよ」「一生懸命勉強していなさい。そのうちに学問とは何か、研究とは何か、分かるから」とおっしゃるわけです。

しかし、研究職のことを私は言っているわけではないです。准教授になり、教授になっていく、そういったことを言っているのではない。「学問するとは何か」というのは、私生活といっては言い過ぎだけれども、生活過程でつかまなければいけない。学問が生活なんだから。学生をやめたら、大学をやめたら研究をやめるというのではないです。でも、多くの先生は大学をやめると同時に本をどこかに寄贈したり古書店に売ったりしてしまう。体力的なこともあるから、リタイアせざるを得ない部分もあるだろうけれども、そうではない。

そうではない教員が私の恩師にはいました。骨太というか、すごい先生がね。具体的なことはあとで紹介しますが、亡くなるほんの数日前まで一緒に教育問題を考えた酒井三郎、酸素マスクをしながらでも一緒に翻訳したりした大井正、脳梗塞になってもベッドに本を置き、危篤で私が飛行機で病院に駆けつけ、その先生の手をさすっていたら、「あっ」と気が付いてくれた布村一夫。そのとき布村先生はなぜ私に気が付いたかというと、彼が生涯をかけて研究したテーマを私が何度も口にしたわけです。ペンだこのある右手を一生懸命さすったら、周りで見ている関係者の人たちが、「石塚先生、右手はもう感覚がないですよ」という。けれども、私にやれることはそれしかないから、「先生、先生、モルガン、モルガン」と連呼しました。モルガンというのはアメリカの比較民族学者です。そうしたら「あ

っ」と目が覚めましたよ。それこそが研究者の意識でしょう。

　簡単に言うと、歴史学は何かとか、民族学は何かと言わなくても、その人の生き方を見ていれば分かる。二〇歳の頃に「学問をするって何なのか」ということを先生に問い詰めてくる学生と、膝を交えて議論しなければ、その先生は教育者としては不適格ですよね。その呼吸が合ったというか、適格者の一人が、さきほどお話しした中村禎里さんです。ほかにもいます。わが恩師5人です。

　私は学部の時代から、いえ、浪人当時から決めていました。卒業論文を書こうなんて、意識にないです。卒業論文ではなく、自分の学問をする。それで私がいちばん関心をもったのは、ドイツの職人運動です。19世紀の半ばぐらいになるとしだいに滅んでいってしまう手工業職人の研究をしました。

　なぜか。その時代、19世紀の中頃になると、いわゆる賃金労働者が増えてきて、旧来のギルド、ツンフト、手工業は組織もろとも潰えさるというか、そういう階層でしょう。だから、結社をつくって革命を起こします。昔のものを壊されたら自分たちは生きていけないから、後ろ向きの革命を起こすわけ。これが私にはものすごくビビッと心に刺さった。ただのノスタルジアではないです。なぜかというと、昔のところのほうに、むしろ現実有効性はあるだろうからです。賃金労働者になり、近代的な階層になっていく人たちに託すのは、一面、もちろん意味があります。それはカール・マルクスが『資本論』まで推し進めた理論に出てくるプロレタリアートという存在です。

　しかし、私は1968、1969年のころに学生になった。そのころフランスのパリをはじめとして、各地で学生反乱が燎原の火のごとく広がったわけです。でも、そのとき欧米の組織労働者たちはほとんど何も動かない。でも、いわゆる第3世界といって、アジア、アフリカ、ラテンアメリカの未組織労働者たちは動いた。動いたのは、賃金労働者とか近代的な労働者とは言えないほうの人たちでした。

　先ほど香港の話をしたけれども、香港の人たちだって本当は暴力なんて振るいたくないと思っているよ。でも、あれだけいろいろな問題で中国政府が後ろにいて、香港政府が北京から指令を突き付けられ、ああやって弾圧しているのを見たら、普通の市民だって学生を支援したくなる。血を流すのはいやだけれども、そうせざるを得ないのは理解できる。そういう市民というか民衆の心の動きは、むしろ滅ぼされていくほうにあるということです。そのような問題意識でもって、私は学生時代にドイツ手工業職人のヴァイトリングを徹底的に調べていきました。

（3）叛徒と革命

　そうしたら面白いことがたくさん出てきて、200枚ぐらいの論文になりました。その途中で大学4年生になったので、160枚ぐらいで卒業研究を仕上げたのですが、私はそのためにやっていないわけだから、それからあと2年ぐらい続け、450枚ぐらいになった。そのときに先ほどお話しした、学生新聞の編集長をしていた深田卓君に話をして、彼はそのころ大学を終わってイザラ書房という出版社の社員をしていたのね。それで、「石塚君、うちで出せるよ」と言ってくれました。そして、25歳のときにイザラ書房からヴァイトリングの本を出すのだけれども、書名は『叛徒と革命』としました。それで、叛徒というのは「反」でなく「叛」にしたかった。叛乱の叛。良家のお坊ちゃまが付けるような名前ではない。ちなみに、イザラの顧問は清水多吉先生で、私の原稿を査読してくださった。

書名を「叛徒」としたからといって、それは学問などしたくない、政治闘争がいい、というのとは全く違う。学問とは何かということを考えれば、当然「叛」だろうね。ヴァイトリングは手工業職人という階層の利益を考えれば、それを壊しにかかる資本家と徹底的に闘ったわけだよね。それはよく分かる。でも、「君たち、手工業職人は滅びゆく階層だから、ジタバタしても駄目。時代がお前たちを乗り越える。だから、もうあきらめて普通の賃金労働者になりなさい」というマルクス流の説教など、できません。みんな家族を抱えているし、自分だって生活ができなくなるでしょう。だから、「叛徒」というのは別の見方をすると、その時代を最も素直に生きようとする人たちではないか。

　香港の話ばかりを出してしまいますが、叛徒の暴力を抑える力を私は force（フォース）としています。抑止力といえば聞こえはいいですが、実際は鎮圧力です。それに抵抗していく力、叛徒の暴力を violence（ヴァイオレンス）としています。武力抵抗を含みますから過激なので、violence というのはまっとうな市民は嫌う。でも、居ても立ってもいられなくて、force に対し抵抗していこうとする人たちは、violence に打ってでます。そこのところが、このヴァイトリンクはすごいのだね。組織力がすごい。

　これは、イザラ書房から出したその本の表紙です。私の最初の作品として、これはうれしいということのほかに、学問とはこうなのだ。学問をやろうと思ったら、こういうものになるのだという、一つの証のようなものでもあります。

　当時のイザラ書房を紹介します。私が本を出した1975年の頃、どんな本を出していたか。宣伝広告を見てください。『クーデターの技術』、そうかと思うと『キルケゴール』『革命とコンミューン』。これは『ヘッセンの急使』を書いたゲオルク・ビューヒナーという農村で徹底的に抵抗する人。あとは『攘夷論』とかね。著者の片岡啓治さんはシュティルナーの翻訳者です。マックス・シュティルナーの『唯一者とその所有』を訳した人です。関心のおおらかさが分かるでしょう。攘夷論とアナキズムのとりあわせ。

（4）学問の使命と知の行動圏域

　私は来年2月に民俗学のフィールドワークをするために済州島（チェジュとう）に行きます。あそこの漁師は海に潜ります。日本では海女といいますが、その海女さんの生き様、生活文化を調査に行きます。海女さんといえば、私は日本の志摩半島の海女さんなどしか知らないけれども、昔から済州島の海女さんたちは日本沿岸に潜りにやってくる。ものすごく安い賃金で働かされます。でも、この人たちはどこでも行く。それでも済州島では労働主体ですし、この島は母系社会です。

　この済州島は、韓国本土とはまた違う歴史をもっているのですが、それだけに、屈折しています。先ほどの攘夷論ではないですが、島の人たちは抗日運動を徹底的にやる。日本に対し戦うのだけれども、何をまもるためなのでしょうか。李氏朝鮮のころは、朝鮮国王のことをチョウナといい、その上に支配者の中国皇帝、ペーハーがいます。尊王攘夷を思

いやると、済州島の人どころか、韓国、李朝の人たちはみんなチョウナでなくペーハーをまもることになります。朱子学をベースにした事大主義です。こんな矛盾したこと、ないでしょう。韓国の旅行も今度行くと7回目になるのですが、それをけっこう感じています。朝鮮本国における事大主義の傾向は、李朝支配階層の両班（やんばん）の流刑先であった済州島にはいっそう屈折し転倒した歴史が刻まれます。

　私の学問とは何かというときに、必ずそういう屈折、転倒が出てきます。右へとベクトルを進めているはずなのに、どういうわけか左へと進むよう運命づけられるような、そういうテーマがあります。イザラ書房はこの後、方向が変わっていきます。人智学運動や自由教育推進で知られるルドルフ・シュタイナー関係を扱うようになり、イザラは私のような「叛徒」を扱わなくなる。社長も代わっていくのだけれども、そういったイザラの展開を見据えて、時代が変わっていくなと思いました。

　そういう中で、私にとって1996年に社会評論社から刊行した『二〇歳（はたち）の自己革命』は、私の学問研究における第一段階、「学問する社会運動家」という段階の総括本のようです。つい先月に社会評論社から刊行した『学問の使命と知の行動圏域』、そこに『二〇歳（はたち）の自己革命』に載せておいた論文の多くが採録されています。第一部の前半は、「二〇歳（はたち）の自己革命」（第1章）、「学問論の構築に向けて」（第2章）、「学問するノンセクトラディカルズ」（第3章）、ここまではいま私がお話ししたものです。後半の最初は「戦争と学問」（第4章）で、私の恩師に関する学問論です。布村一夫、大井正の二人は、戦争中に国策会社の満鉄（南満州鉄道株式会社）に勤めていた。ロシア語の読める布村先生はマルクスの著作、とくに土地制度とか資本主義的生産に先行する諸形態などをロシア語で読みました。それから大井先生はインドネシアの民族研究をさせられる。インドネシアに日本が侵略しようとしているから、そのための調査です。けれども、ヘーゲル哲学者の大井先生もしたたかに専門の哲学研究と関連させていきます。布村先生はマルクス主義の文献をロシア語で読めと言われ、大井先生はインドネシアの生活、農耕儀礼を研究しろと言われ、「はい、はい」と言いながら、実は自分に役立つものを一生懸命研究している。

　その次の「新たな科学論の構築へ向けて―フクシマ以後における」（第5章）というのは、2011年3月11日に福島原発が電源を喪失して爆発した事態を受けて、その事故を、私の学問論・科学論にいっそうの確信を植え付ける素材にした論文です。それは見たことか、言わんこっちゃない、核科学というのは必ず思想を含んでいるのだ。思想を抜きにして核技術は語れない。だから、そういう意味で福島以後は新しい学問論の構築が求められるのだよ。石塚は二〇歳（はたち）のころから言っているのだけれどもね。ということで、序文の文章は、私が1970年執筆の「学問論の構築へ向けて」で学問の中立というか無謬性は幻想だと主張してあった、との指摘から始まっています。

　第6章「人間学的〔学問の自由〕を求めて」はついこの間、書いたのです。いま政府は大学に軍事研究を押し付けてきます。しかも、科学研究費の分配という兵糧をちらつかせながら。先月には千葉市の幕張メッセで国内初の武器見本市が開催されました。私たちの意識の中に軍事が当然のような雰囲気を醸し出しています。そういう時代に今はなった。

　私の勤めている東京電機大学の研究者、技術者の中には、「石塚さんはそう言うけれども、私なんかいろんな企業と共同研究をやっていて、その中には軍事技術や武器の部品もあると言われます。だから、研究してはいけないと言っても無理だよ。否が応でもそうなっていく」と言います。私は、その現状をダイレクトに批判してはいないよね。そういう方向

を受け入れる大学の在り方を倫理問題として考えなければいけないということを書いた。それが第6章です。

　7章は先ほど言った「フォースとヴァイオレンス」。私は『叛徒と革命』では、革命を弁護しています。もっと言うと、「革命的暴力」を支持すると記しています。ただ、その内容の詰めがあまかったので、ずっと悩んできました。だって、字面だけ読んだら、石塚は暴力主義者だと思われるでしょう。思われても仕方がない文脈なわけです。

　だいたいその頃は中東のアラブ諸国に日本赤軍とかが行き、いろいろな国際的な事件を起こしている時代だったのね。だから、その行動を擁護すれば、当然、過激派中の超過激派のように私は思われる。けれども、いや、そうではない、私が支持したのはフォースでなくてヴァイオレンスだ。ヴァイオレンスはフォースに強いられなければ発生しない。だから、フォースがあってのヴァイオレンスというのを私は研究しているということです。それを自分なりにはっきりと整理して発表したかったのです。それがこの第7章です。

　これは70歳の区切りと思って、つい先月出したのだけれども、よかったな。これを読んでみてくれれば、石塚さんの暴力論、その真意が分かりますよというわけです。以下、第2部はエッセイがたくさん並んでいるのですが、読んでみてください。そういうことです。

Ⅱ、学問する社会思想家

　次に、Ⅱの「学問する社会思想家」に進みます。この段階で私は研究者になっていくわけです。社会運動家というよりは、大学院に身を置いていっそう学問するようになります。それでどんなことを研究したかという内容を概略紹介したいと思います。

（1）ブランキ「計画としての陰謀」

　これはすでに説明済みですが、『叛徒と革命』で提起した事柄です。研究上、ブランキはよく陰謀家と称されます。暴動を起こすのにはまず主観的に陰謀を計画し、陰謀に賛同する連中だけで主観的にふつふつと気持ちを高揚させていき、煮詰まったときに「それーっ」と少数者の暴動を起こす。そういうのをブランキズム、ブランキ主義といってきました。こういったステレオタイプを定式化したのは、マルクスと歩調を一緒にしていたエンゲルスです。

　でも、ブランキを読めばすぐ分かることですが、彼はまずは絶対に計画を知られないように綿密に立てなければいけない、陰謀を悟られないために、秘密でなければいけないといっています。スパイが入り込んできて、バレたらどうにもならない。バレないためにはお互い同士まで連絡を絶ちます。トップの人がいたら、その人と2人の関係しか知らない。そのトップの人に部下が5人いれば、トップだけがその5人を知っている。そして、絶対に横の連絡をとらない。そのように組織をつくっていきました。

　それは間違いなく陰謀です。「陰謀」というのは日本の言葉だと悪い意味でしか使わないし、今はあまり使わなくなった言葉かもしれませんが、そういうものは革命を起こそうと思ったら当たり前で、それを肝に銘じるよう誓い合っただけです。でも、エンゲルス、あるいはその後の社会主義者は、こういう陰謀をめぐらしていたら市民との結びつきはなくなるから、こんなのは駄目だという。ですが、皆さんご存じのようにロシア革命も陰謀中の陰謀で起きてきます。

ロシア革命では、革命派はどうにもならなくなった議会を現実に軍事占拠し、そしてつぶしていく。暴力革命を起こすのだよね。でも、レーニンたちのやったことを、その当時は「陰謀」とは誰も言わない。ボリシェヴィキの革命は、用意周到に訓練された労働者革命家とか職業革命家などがつくっていき、そして工場労働者とかが蜂起する。だから、そういう意味で言うと、蜂起を組織するという観点でもって行動している。

　だから、「ブランキストを非難するとして、非難しているあなたもブランキストですよ」というのが私の言い分です。マルクスにもエンゲルスにもレーニンにも、みんなブランキストの要素はある。みな結局、間違いなく陰謀をめぐらすのだから。そして、それをポジティブに考えればいいわけです。19世紀を通じて豊かな事例を産みだした革命結社です。マルクスもかかわって1848年革命直前に結成された共産主義同盟、これは紛れもない革命結社です。現代から逆読みする人がいるので困りものですが、国民政党の先駆ではありません。

　私の信念から結論しますと、権力を目指そうとする力はみんな腐敗する。虐げられているときは、ヴァイオレンスでやります。でも、権力を握ったら、やがてフォースになる。それは20世紀の中共革命もベトナム戦争も、みんなそうです。権力を握り、国家権力を握るとヴァイオレンスはフォースに転落する。中国のチベットとかウイグルとかへの弾圧政策、今すごいでしょう。あれはフォースです。香港は間接的だけれども。

　そのように権力を握ると、フォースになります。でも、ヴァイオレンスのときの陰謀と、フォースのときの陰謀は違う。陰謀は陰謀で同じといえばそうだけれども、私はそれを分けます。そして、ブランキはヴァイオレンスの陰謀をめぐらしていたのです。現実的にはぶん殴れば痛いし、血も出るし、同じ現象です。でも、ベクトルが違う。

　これは私が1990年代に長く一緒に活動した白川真澄さんが『ピープルズ・プラン』83号（2019年2月）の記事「革命的暴力と抵抗の暴力」で一生懸命言っており、面白いと思いました。その白川さんは、「石塚さん、私も60年代から闘ってきているけれども、どこがどのように整理できるかというと、権力を取らないということで、最近、自分ははっきりしてきているのだ」とじかに言ってくれました。私もほぼ同じ意見に達していたのですが、彼も同じころに文章に書いていて、それが【計画としての陰謀】の中に入ってくるのでしょうね。ブランキがそこまで考えていたか。「お前、ブランキに会ったことないだろう」と言われれば、そのとおりですけれどもね。

（2）ヴァイトリングの社会的盗奪

　そのブランキに影響された面もあるヴァイトリングも、また面白いところがあるのだな。社会的盗奪（Sozialbandit）、これは日本的に言うと、義賊・匪賊です。支配者が労働者あるいは農民をギューギュー搾り、年貢、税金をたくさん取って蔵に納めたとしましょう。そうしたら、蔵の中身は本来、農民、労働者が産み出したものだから、取り返していいんだよ。

　地主や資本家が農民や労働者から搾り取るのはプライベートな行為、つまり私的な盗奪だ。しかし、農民や労働者をやるのは社会的な盗奪だ。個人に奪われたものを社会へと奪い返せ。社会的盗奪はヴァイトリングが活動した19世紀の中頃まで、けっこうな勢いで実際に存在しました。スイスアルプスからボーデン湖とかあの辺をずっと流れて下るライン川のようにいくつかの国をまたぐ地域で社会的盗奪は出没します。

その時代的現象を知って戯曲を書いた文学者がいます。ゲーテと並ぶシラーです。シラーは『Die Räuber』という戯曲を書きます。Räuber というのは盗賊、強盗の複数形で、盗賊と言ったら身もふたもないのだけれども、日本では「群盗」と訳しています。ロマンチックです。シラーが見たのは、これです。やられたらやり返せ、奪われたら奪い返せ。

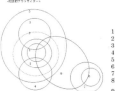

1 Räuber
2 Gauner
3 Zigeuner(ロマ)
4 Juden(ユダヤ人)
5 Vagant(漂泊者)
6 Bauernbandit(農民強盗団)
7 Bauern(peasant,小農)
8 Räuber,Gaunerに何らかの関係をもつ層
9 Unehrliche Leute(卑賤の民)

※ ロマ、ユダヤ人か人種、宗教による分類。ロマの生活様式は一応漂白と考える。卑賤の民は主に職業的分類。漂泊者のサークルにはいらない部分は定住者と考える。なお上図には、がんらい平面化しえない部分を無理にそうしたためのゆがみがある点を付言しておく。また、Räuberも Gaunerも適切な訳語がいまのところみあたらない。

それをヴァイトリングは 1840 年代中ごろに革命手段として採用するわけです。でも、同時代人のマルクスたちは相手にしない。泥棒を奨励するような職人なんて、はなから相手にするなと言います。時代はそうではない。フランスの民法とか刑法とか、要するにナポレオン法典というか、ああいうのがモーゼル川を通じてドイツに入ってきているので、泥棒は泥棒でしかないのだというわけです。

でも、マルクスも若い頃、ちょっと悩みました。1842 年頃、社会的盗奪に同情します。今は私的所有の時代です。自分の土地、自分の財産が法的に決まっているでしょう。その昔は、日本では入会地といったのですが、ナポレオンがやってくる前のドイツ西部では、農民が共同で用役をしていい耕地、牧草地とか森林とかがあった。例えば牧草地に自分の飼っている山羊や牛を連れていき、草を食わせる。落ちている枯れ木、生えている木でもいいのだろうけれども、それを取ってきて、自分の家の煮炊きに使う。こういうことは慣習法的にオーケーでした。

ところが、あるとき禁止され始めるわけ。それは例えば 1830 年代、モーゼル川の領域で起きてきました。その現象をマルクスのお父さん、ハインリヒ・マルクスが見て、農民の弁護を一生懸命します。農民は悪くない。彼らは入会権を行使しているだけだ、悪くない。その息子のマルクスも『ライン新聞』の論説委員として、一生懸命書きます。そのときのマルクスは、社会的盗奪の歴史的意味が分かっていた。でも、その後、彼はそうした所有論から距離を置いていきます。

このあいだ、マルクス生誕 200 年を記念した映画『マルクス・エンゲルス』という映画を、今この会場にいらっしゃる中島浩貴さんから借りてみたのですが、それを見た人は思い出してください。冒頭、農民が森の中で警察に追われて捕まっている場面です。あれが入会権を行使した農民が蹴散らされる場面です。モーゼル川近辺の農民たちがその辺で焚き木を取っていて、官憲に追われている。冒頭から、いい場面で始まったなと私は思った。しかし、マルクスはそういう議論にはその後加わらないようになっていきます。でも、そういう価値転倒の現場に関心を持ったから、今にして思えば、私の〔転倒の社会哲学〕はここにルーツをもっていると思うね。これだ、近代人には相手にされない転倒の手工業職人を研究したい。こちらのほうをとことんやっていきたいと思いました。

これは、その泥棒団の図解です。ある著作（C.Küther, *Räuber und Gauner in Deutschland, Das organisierte Bandenwesen im 18. und frühen19. Jahrhundert*, Göttingen 1976.）を読んで私が独自に描きました。1 から 9 まで番号があり、1 は Räuber で、いちばん真ん中、盗賊です。2 番は Gauner、訳せば強盗。同じようなもので、1、2 が

並ぶでしょう。3番目、Zigeuner、これは今までジプシーと訳されてきたのだけれども、今は「ロマ」といっています。人間という意味です。5番目、Vagant、漂泊者。要するに、居住地を定めないで、漂泊している人たち。中近世の日本でも飴売りとか薬売りとか、たくさんいました。昭和の前期、いや戦後でもまだ魚売りとか、行商している人たちはたくさんいたけれどもね。

　6番の Bauern は農民です。英語で言うと、peasant。Bauern といっても農場主 farmer ではないです。農場を持っていない貧農 peasant。ミレーが「落穂拾い」を描くでしょう。あの慎ましい世界です。落ち穂を拾っている農民は気の毒なのだよ。ファーマーが刈っていった後、もう見捨てた、もうどうでもいいと思った残りかすを拾って生活している。それが peasant。あと 7、8番は盗賊世界に何らかの関係があるというか、こういう図を描きました。

　ヴァイトリングはこういう人たちを革命に動員しようとするわけ。こういう人たちの思いをヴァイトリングは汲んだというか、自分もそういう生まれだけれどもね。彼自身、フランス革命のときに、フランス兵とマクデブルグの洗濯労働女の間に生まれました。ヴァイトリング自身はフランス人でもあるしドイツ人でもある。逆の言い方をすると、どこにも居場所がない。漂泊です。そういうところから、こういう人たちと連携していくべきだとつかんだのでしょうね。

（3）カブラルの【絶対文化】

　暴力論でもう一つ、悩んでいた私をすっきりさせてくれた運動家に 1980 年代に出逢います。60 年代から 70 年代にかけ、アフリカ西海岸のポルトガル領のギニアとカーボベルデという島があるのですが、その国をギニアビサウと言います。そこの独立運動を指導していた人物にアミルカル・カブラルがいます。1973 年に暗殺されてしまいます。そのときは日本であまりニュースになっていませんが、この人の暴力論はすっきりしています。

　カブラルは、自分たちの文化を大事にしなさいという。そして、小さい地域だけれどもギニアビサウには多様な階層いることを問題にします。ポルトガル人は植民地の海岸でしか商売をしません。ドイツ人とかイギリス人は内陸を開拓するのですが、ポルトガル人は港でしか商売をしないから、港にいるギニアの人たちは頭がよくなります。お金が入るから、ずる賢くなるかもしれない。内部にいる人たちは中世的な農業を営む。もっと奥地の人たちは呪術的な、あるいは石器を用いた生活をしています。カブラルはポルトガルと戦争するときに、そういう様々な人たちを兵隊にするのですが、みんな文化が違うから困るわけです。

　でも、彼等を総動員していかないと絶対に独立できないと思い、例えば一番奥地にいるアニミズムのような習俗で暮らしている人たちを戦争に行かせるとき、彼らにとっての分化である呪物を尊重します。呪物に祈願しないと戦争に行かないわけ。ワニの鱗でもライオンのしっぽでもいい、何らかの呪物を持って戦場に赴くわけです。当然、鉄砲、機関銃で撃たれるから手持ちの呪物では歯も立たない。そこで彼らは呪物をいっそう威力のあるのに取り換えます。「これからはあれが俺たちの呪物だ」といって、ポルトガル兵から鉄砲を奪い、それで敵を倒し、意気揚々と村に帰ると、元の呪物があった祠にその機関銃を置き儀礼をする。儀礼をしないと呪物神になりません。これを私はフェティシュ神としていますが、とにかく固有の文化を壊さないまま、自ら変革していく。そのような指導を自然

にやってのけるカブラル、これはすごいことだな、この人はずば抜けているなと思ったものです。

　ギニアの民衆は、もとは平和な闘争、独立運動をやっていたのだけれども、1953年にサントメ島で、1959年にはビサウ港のピジギチ埠頭でポルトガル軍による大虐殺が生じ、現地の人たちはたくさん死んでいった。それを見て、カブラルは、これは駄目だと意を決し、地下に潜って武装闘争を組織しだす。また、武装もするけれども、もう一つやったのは野営地というか戦争に向かうテントで、少年とか文字を知らない人たちに学習させます。戦場でも日々勉強して、自分たちの文化を大事にして、そして武器を持たせる。
そのときに捕虜になったポルトガル兵たちはそれを見ていて二度びっくりしました。ポルトガルはもともと二流、三流の資本主義国で、識字率はたいしたことないです。文字を読めないポルトガル兵が多い。それが捕虜になってくるでしょう。ギニアの少年は文字が読める。勉強している。それを見てカルチャーショックを受けたということです。そういう意味でもカブラルの指導力はすごい。

　私はこのカブラル思想に接したおかげで、『叛徒と革命』を書いた頃の革命的暴力、それはヴァイオレンスとしてちゃんと議論していけば、メリハリがついていくのではないかと思ったのです。11月に社会評論社から『学問の使命』を出版したとき、香港は若者によるヴァイオレンスばかりで、それを見聞きしてある読者なら、「石塚の議論も50年たった今となると、彼がフォースとヴァイオレンスに腑分けするのも納得できる」と言ってくれるのではないかと思います。
これは、このあいだ6月に出版しました『アミルカル・カブラル―アフリカ革命のアウラ』（柘植書房新社）を記念して多摩美術大学美術館で講演しましたが、そのときのタイトルページです。

カブラル・文化による抵抗
―エターナルアフリカ記念―
多摩美術大学美術館 20190727
石塚 正英

1. 私にとってのカブラル・アフリカ・地中海
2. 階級闘争がないから歴史がない？
3. インタートライヴの文化
4. アフリカ人の哲学的世界観
5. エンクルマ評価―プラスとマイナス
6. ギニア社会の構造分析
7. 悪霊のすむ森、隠れ家の森
8. ポルトガル兵の文化的敗北

（4）ド・ブロスとフォイエルバッハのフェティシズム
私の研究の奥深いところというか、ベースには合理主義や科学知によって拒否された、先住民的、先史的な文化への接近があります。その代表がフェティシズムという人間精神・儀礼行動です。基本的には宗教前の儀礼ですが、これは価値転倒そのものの儀礼なわけで、善と思う基準、悪と思う基準は、ある儀礼により入れ替わってしまう。その儀礼をフェティシュという神を持ち出して執り行います。人はフェティシュを崇拝し、信仰する。しかし、あるとき、役立たずになれば違うフェティシュに代える。その好例は先ほどお話ししたポルトガル兵の持っていた鉄砲です。ワニの鱗を機関銃に代えていく。フェティシュそのものの信仰は持っているけれども、フェティシュという神が、自分たちと相対していて使い物にならなかったら捨てていってしまう。
現代人であれば、これは善なのだという基準は決まっている。でも、フェティシズムの世界では入れ替わることがあるわけです。それが私の研究で土台になっているものなのです。来年3月頃に社会評論社から刊行予定の『価値転倒の社会哲学―ド・ブロスを基点に』で

まとめます。

　それから、価値転倒の社会哲学の観点からもう一つ、フォイエルバッハの〔他我〕を説明します。これは基本的に自然もみんな人間と同じだという位置付けです。他我、alter-ego というラテン語です。エゴというのは私という意味だからね。自然であろうが、目の前に人間がいようが、それらはみな、〔もう一人の私〕だという位置付け。これは本質論からいくと、転倒が始まっています。来月つまり 2020 年 1 月に社会評論社から刊行します『フォイエルバッハの社会哲学―他我論を基軸に』で全面展開してあります。

　いま私は 1 本論文を書いていて、来年 3 月に『理想』という雑誌に載せるのですが、西田幾多郎の『純粋経験』への眼差しです。その中で西田さんは本質論ばかりやっています。それを見て、日本の思想界は日本的な素晴らしい哲学者が生まれたといってきたのだけれども、彼は神と愛、それから人間、これを本質的に捉え、永遠不変のものとみなすのですが、私にすれば、それは違うのではないか。

　神様も他我、神様ももう一人の私だ。永遠不変なものというよりは、私とあなたの関係がいろいろ変わっていく。その中で二者の関係がある、そういう関係は永遠不変だ。相手がどのようになるか、もちろん自然がきたり、別の人間がきたりという意味では、変わりますが、他我、我と汝、私とあなた、そして、私に対してあなたはもう一人の私という関係、これは不変だ。そういうことを受け入れると、ときどき転倒するでしょう。だって、あなたが私になったら、私はあなたになるでしょう。そのようにして、自分はある人の対象になるわけです。そして、逆のときは、相手が私の対象になるわけ。そのように主客が入れ替わる。

　西田さんはそれを否定した。西田さんは言いました。主客は同一、主客は統一されているものだ。知識がつくと分裂する。だから、それをもう一度、統一しなければいけない。統一は宗教にこそあらわれ、神がその統一者だ。主客というものは、もともとないのだ、分裂以前がもとなのだと主張する。私の論文の執筆目的は、その主張への批判ですね。

　またフォイエルバッハにもどります。「我と汝」の他我論を彼はライプニッツあたりから拾っており、フォイエルバッハの造語ではないです。術語自体はラテン語で前から知っているのだけれども、中身、概念を入れ替えています。エドムント・フッサールもこれを使っています。フッサールの現象学で、これは重要な概念です。でも、私はフォイエルバッハがいちばん気に入っています。自然も動物もみんな他我なのだ。痛いと感ずる動物、それが他我で、痛くない、痛みを感じない動物は他我でないという問題ではないです。森羅万象が他我です。でも、他我という概念をあまり抽象的には使いません。自分と相対したときに備わる。何でもかんでも他我というように、漠然と言っているわけではないです。

　フォイエルバッハは 1850 年代までに南米とかアフリカとか、そういう地域に関する博物学、人類学の報告書をたくさん読みます。それで知っていくわけ。アフリカとかアメリカの先住民の文化を知っていく。それで他我という議論をライプニッツ的な議論から、私がいま言っているようにオリジナルに変えていきます。ヘーゲル哲学の枠に収まる議論ではありません。とても面白いです。

（5）バッハオーフェンの母方オジ権

　さて、さらにもう一人。ヨーハン・ヤーコブ・バッハオーフェンの母方オジ権、これもまた一つの概念をひっくり返しています。私の話を聞くと驚くよ。結論を言うと、母も父だということ。問題は、父という言語 pater です。ラテン語の pater に、最初は「父」という意味などないです。日本古代の語彙でも妻は女とは限らなかったでしょう。妻はパートナーという意味でしょう。男も妻だよね。女も妻です。でも、その後、妻といったら、パートナーは女だけになっていった。

　それと少し違うのですが、バッハオーフェンは 1861 年に『母権論』をバーゼルで出版するのだけれども、そこでの議論を紹介します。母権は物的な権力ではなく、どちらかというと心情的な権威のほうです。あるいはモラルというか。お母さんだけは自分の産んだ子どもを知っている。それから、氏族の中で子どもも育ちますが、お父さんは別氏族にいる。お父さんはときどきお母さんと子どものいる氏族にやってきて、夫婦の仲を契る。お父さんはまた元の氏族に戻っていく。

　ならば、たいがいはお母さんが子どもたちの保護者でしょう。そして、ラテン語 pater の「pa」は保護、「ter」は人を意味します。「pa」する人で「pater」、保護人となります。お母さんが保護者だったころから pater という言葉はある。そのころはまだファミリーが生まれていない、あるいは確立していないので、お父さんは一緒に住んでいない。なので、子どもたちがお父さんに育てられること、保護されることはないわけです。言語学的にも社会組織的にも pater という言葉が最初に当てはまるのは母たちです。私の独断のようなもので、みなに反論されるかもしれないけれども、もともとはお母さんが pater であったこともある。

　これは単純に描いた図ですが、一番上の第 1 段階は、赤い丸が相続者ですから、お母さんから娘へと相続していて、青い線で囲ってあるのは氏族と書いてあるでしょう。clan のことです。その中にお父さんはいません。第 2 段階でもいないけれども、相続するのは女から男に変わっているでしょう。ここで男の時代に少し入りますが、まだ兄弟のことです。母方のオジ。その人たちにすると、この女の子、男の子にすると、お母さんの弟とか兄、母方のオジ、母方オジの力が非常に強い段階のことを母方オジ権といいます。第 2 から第 3 段階にかけて、そのころは母方オジが pater です。これをバッハオーフェンは 80 年の死ぬ間際になり、ものすごく研究します。この存在が大きいです。

　やがて第 4 段階になると、氏族を解体してポリスがどんどんできます。ポリスは政治国家だから、これはポリスの基本形です。お父さんが妻と子どもをみんな奪ってしまう。そし

相続形態の変化．（□×が相続者）
① 直接母系相続（母から娘へ）

② 間接母系相続（母の兄弟から姉妹の息子へ）
女の権利はその兄弟に移される

③ 間接母系相続（義理の父から義理の息子へ）
母の権利はその夫に移される

④ 父系相続（父から息子へ）

て、元の氏族はないから、こちらは関係ない。母方のオジはもう関係なくなる。これがpater、お父さんが生まれる段階、すなわち家族の成立です。

　そういうことで、pater には父親という意味の前に、母方オジも pater だったし、母も pater だったという議論をするといいのではないかと思います。旧約聖書でもヤコブがラケルという奥さんをめとるときに、ラケルのお父さん、ヤコブの義理のお父さんになるラバンのところで7年間働き、それで妻をめとって出ていくわけです。ヤコブはイサクとリベカの子であり、リベカの兄弟ラバンの甥です。つまりラバンはヤコブの母方オジなのです。一種の近親婚にも見えるけれども、そういうのは聖書の中を見るとあるんだよね。そうするとラバンさんって、強いよね。ラバンさんはある意味で〔氏族 pater〕であり、その後の父、〔家族 pater〕と戦うような存在なわけです。そのようなことを考えると、また聖書の読み方も少し変わるかと思います。

　前半の最後に、勝手な予告をさせて戴きます。私は、ただいまナイアガラ滝を表紙カバーにして【石塚正英ナイアガラ叢書三部作】を刊行している最中です。その「ナイアガラ」の意味をお話しします。叢書は以下の3点です。
（1）学問の使命と知の行動圏域、社会評論社、2019.11.
（2）フォイエルバッハの社会哲学―他我論を基軸に、社会評論社、2020.01.
（3）価値転倒の社会哲学―ド・ブロスを基点に、社会評論社、2020.03.

次に、叢書名の「ナイアガラ」について説明します。アメリカ先住民の一つであるイロクォイ人はナイアガラ川の両岸流域に居住して部族連合を形成していましたが、米英戦争（1812-15）でアメリカとイギリス・カナダがナイアガラ川を境に激しく戦い、多くの先住民が犠牲となり、居住地区は両勢力によって分断されました。私の社会哲学・社会思想史研究は、いまや、このイロクォイ人社会とその歴史に学問的な端緒を見出すに至っています。2014年には観光船でシ

カゴ川からミシガン湖にいで、ナイアガラの滝近くに観光船で接近し、イロクォイ社会の息吹を肌で感じ、短編「母方オジ権と歓待の儀礼――ハイダ人社会とイロクォイ人社会」（世界史研究論叢、第5号、2015.10.）を発表してもいます。

　これで前半を終了いたします。少し休憩させて戴きたいと思います。

III. 学問するマガジンエディター

（1）　「社会思想史の窓」「クリティーク」ほか
　では、後半に入ります。前半では、学問論の構築とその現場について話しましたので、後半は私の学問するスタイルや方法の話が中心です。

　立正大学大学院を満期退学した後、1982年4月、指導教授の村瀬先生の推薦で私は立正大学文学部の非常勤講師に就任しました。そういう意味では32歳で大学の教壇に立ちはしました。しかし、しばらくして5年を限度に非常勤を退職するよう告げられました。その時の理由は、大学院を終わった若い後輩たちに非常勤講師職を譲るべきだということで

した。それで、そういうことになったわけです。文学部の非常勤講師ができなくなったことについて、つらかったけれども、しかし、そう言われればそうだなと思いました。でも、しばらくは教養部で講義し、けっきょく私は50歳になるまで、専修大学や明治大学で非常勤講師を続けておりました。その間、「常勤職に就きたいがなかなかなれない。つらい、どうしたらいいだろう」などとは思っていなかったです。それは有力な選択肢の一つであるし、生活はまちがいなく安定するだろうけれども、私の場合は職業としてでなく使命としての学問が肝心なので、安定を求めるあまり思うような研究のできない就職はつらいのです。

　経済的には、30歳代後半に河合塾という予備校に勤め小論文講師となりました。結構いい収入になりました。それで河合塾に10年以上いたのですが、研究はどうしたのかというと、自分で「社会思想史の窓刊行会」を設立し、ミニコミ冊子を編集し発行したのです。4の倍数になるページで月刊『社会思想史の窓』という冊子を作って封筒に入れて。その当時はコピーがいまのように便利で安価な時代ではありませんでした。当然全部自腹ですが、最初は20人くらいに郵送したら、同じ世代の大学院生がどんどん読んでくださって、1年の間に購読者数が100人以上になりました。その購読者の一人が、やがて私を東京電機大学の教壇へと導いてくれることとなるのです。

　さて、ミニコミとはいえ、これは研究手段になる、と思いました。『社会思想史の窓』を読んでくださる人たちの間で交流をしていくことも目的にして、十九世紀古典読書会という研究会を作りました。古典読書というと枕草子とか源氏物語を読むような雰囲気がありますが、そうではなく、サン・シモンとかヘーゲル左派など、19世紀ヨーロッパの学術書、思想書を読むということで、交流を拡大していきました。とにかく研究の場を作ることだとの思いからこのミニコミを2009年の158号まで継続しました。

　立正大学の大学院に進みつつ、指導教授の村瀬先生は私の研究テーマを考慮して、私を明治大学大学院の大井正先生に預け、大井ゼミで3年間聴講するのですが、行くところ行くところ、出逢った方々に『社会思想史の窓』の読者になってもらった。読者になってもらえれば、ライターになってもらえる。そういうふうにしてやっていきました。どちらかと言うと、マガジンエディターなわけで、この第3部は学問するマガジンエディターという括りです。

　『社会思想史の窓』編集中の1980年代なかごろ、青弓社という版元の『クリティーク』という商業誌に関わりました。大阪の保井温（やすいゆたか）さんほか複数の編集委員でもって、言論界・読書界にクリティークつまり批判運動を巻き起こそうと企図したわけです。「マルクス主義の現在」（創刊号）、「現代思想家群像」（創刊2号）などを特集テーマに掲げますが、私には私なりの使命がありました。委員の一人、鷲田小彌太さんから「石塚さん、この雑誌の編集委員になってください」と頼まれましたので、私は「アフリカをやります。アミルカル・カブラルという人

物。その方面の企画エディターとして招いてくれるのであればやります」と言いました。そしてただちに、創刊号に「アミルカル・カブラルのデクラッセ論とギニア・ビサウの現実」を掲載しました。

とにかく、しばらくはカブラルで突っ走ろうと思い、ほどなく「アフリカの文化と革命—カブラル」（創刊3号）を編集したのです。カブラル研究の先達だった白石顕二さんと組んで誌面づくりを行いました。そこにはカブラル翻訳をメインに、私自身の論考「アミルカル・カブラルのプチ・ブルジョワ論とアフリカ文化」を掲載しました。数は少ないけれども初めて知ったという読者から感想を戴き、やり甲斐がありました。この時に関係があった白石顕二さんのアフリカコレクションが多摩美術大学に所蔵されていることでもあるで、ついこの間、7月27日に多摩美術大学の美術館で、私はカブラル講演をしました。

さて、現代思想をかじっている人にアフリカ革命について質問しますと、フランツ・ファノンの名をあげます。アルジェリア革命というかアルジェリア独立運動の時に、精神科医のファノンはルポルタージュを書いて、作品を次々に出版していきました。でも、ファノン自身は指導的革命家ではい。アルジェリア民族解放戦線に従軍するけれども、どちらかといえばルポライターです。しかし、カブラルは、地下に潜行して以来、ポルトガルから命を狙われる戦闘指導者としてやっている。私はこれは決定的に違うなと思います。

ファノンのほかもう一人、カブラルとダブるのは、キューバやボリビアでゲリラを指導し命を絶たれたエルネスト・チェ・ゲバラです。ゲバラは1965年ころコナクリでカブラルと会談しています。ゲバラが暗殺されると、カブラルは「チェは死なない作戦」を展開してポルトガル植民地軍を攻撃したそうです。ですから、カブラルとゲバラは相性が合ったと思います。

この3人、ことにゲバラとカブラルに共通するのは、何か構築したものに愛着するよりも、構築する過程にすごい情熱を燃やしたということ。カブラルよりも、それはゲバラのほうが典型でしょう。キューバ革命を成し遂げると、別のところボリビアに行って暗殺されるまで革命に奔走するわけです。ボリビア転戦に先立ち、彼はキューバ国家の大臣として日本に来ました。しかし、そういうフォース的なものを彼は本能的に嫌うんです。キューバという国をつくってキューバという国を安定化させることはカストロに任せればいいんです。そうではなくて、ゲバラは、まだ戦乱の渦中にある、これから革命運動を構築していかなければいけないところに身を投じていくんです。この態度のゲバラとカブラルは私にとっては強烈だったので、その運動を『クリティーク』で紹介できるようになって、ものすごくうれしかった。

ところで、最初に紹介しました『社会思想史の窓』を、90年代に入って、私はいまここに参加していらっしゃる社会評論社の松田社長にお願いしてバージョン・チェンジしました。magazineとbookのくっついたような名前のmook（ムック）を作りました。本のようで雑誌のようで、本当は本であって雑誌ではない。118号から123号まで、全部で6冊刊行したんです。

118号は『クレオル文化』。クレオルは中南米のクレオールにあやかりました。15世紀末スペインがもたらしたヨーロッパ文化と先住民文化との混成です。アフリカから奴隷として連れてこられた人たちがもたらした文化とも混ざり合う。そうした混淆言語はクレオル語。私はこれをポジティブに評価したいんです。欧米人はネガティブに扱うんです。20世紀初頭、ジャマイカあたりで流行りだしたレゲエ、あれはサブカルチャーにすぎない、と

いった具合。でも、アフリカ文化に由来する
ジャズとかを見ても分かるように、サブカル
チャーはやがてスターダムにのし上がっ
ていくわけです。文明から疎んじられてい
た辺境文化が、実は私たちの生活にも染み
入っているんだという側面を炙り出したの
が『クレオル文化』です。音楽から料理、医
療、建築、文学ほか、クレオルのいろいろな
ヴァリエーションを座談会の形で入れ込んで
あります。

　119号は『世界史の十字路・離島』です。
離島というのは、世界史的な使命というか、世界史的な出来事で満ち満ちている。言葉も
クレオルで面白い。特集『クレオル文化』とこの『離島』は、ある意味で姉妹編のような
ものです。120号『浮遊する農の思想』も追い込められる産業を扱うという意味で、サブ
カルなイメージを持ちます。宮城県の農村に行って、農業従事者にインタビューをしまし
た。私はこの日のうちに仙台から新幹線で埼玉へらなければいけなかったのですが、もの
すごく酔っ払って、その時にいろいろなことを学びました。

　「このお吸い物はうまいですね。これはうまいな」って言ったら、「これは田の草取りで
働いてくれた合鴨の肉だよ」との返事でした。春に田植えをすると合鴨のヒナを放して、
その合鴨が雑草とか食べてくれます。そして実りの秋、十分大きくなると人間がつぶして
食べちゃうわけです。「生きとし生きた命を戴く。それが農業だ、農民だよ」と教えられた。
その時に、農業は浮遊しているけれど、生きる現場での浮遊であって、糸の切れた凧では
ない、あるいは新たな農業に向かって羽ばたく、そういう形で浮遊についてもう一つ別の
読みをしていくことが大事なのではないかと思ったわけです。

　『社会思想史の窓』は、その後、私もインターネットというのをやるようになったので、
社会評論社から刊行するのを止めて、誰かれ構わず覗いてくれるようWEBマガジンにし
ました。紙媒体でないのでレイアウトは違いますが、158号まで続けて2009年に終わり
ました。

　それから90年代にもう一つ忘れられない、しかも、私の研究に深く根ざしている雑誌と
関係しました。『月刊フォーラム』です。これ
は Forum90's という運動体が編集する雑誌で
す。これは毎月刊行されますが、発売元の社会
評論社で出版していたのです。これは私にとっ
て、何よりも現代社会、現代思想を探究するの
に役立ちました。ここにわずか3冊ですが紹
介しましょう。まずは「地域は国家を包囲でき
るか」です。通常は国家が地域を包摂してくる
わけですから、逆転した発想です。ほかに「イ
ンターネットは武器たりうるか」と「スポーツ
〔動員〕という政治イベント」。こちらは1940年幻の東京オリンピックをテーマにしてい
ます。物事をはっきり示すマイナーな運動体なんだけれども、その少数派が議論を世間に

撒き散らせるかというようなことをやったわけです。私にとって忘れられません。

　次は学会誌『社会思想史研究』です。私は、1990年代は河合塾にいましたが、社会思想史学会という全国学会の常任幹事をやっており、年報の『社会思想史研究』を6年にわたって編集しました。これはアカデミックだから査読もあるし、大学院生がアカデミックポストを得る業績になるといった意味もありました。年に一度のシンポジウムをやって、その報告記事をトップにおき、討論の経過を載せていく雑誌なので面白かったです。けれども、2011年以後、しばらくして退会しました。その理由は、3.11の東日本大震災があったことです。「この間の大震災以降、私は学会の席でなく、研究のフィールドを歩きたいと思います。なので、退会します」といった退会届を送りました。心の持ちどころとして、デスクワークの前にフィールドワークだなと。

ただ、インターネットの力には期待を寄せました。そこに飛び込んできたのが「ちきゅう座」というネットマガジンというか、WEBサイトです。私に参加を促した人は社会評論社の社長で、そこにいらっしゃる松田さんです。そこで、私は編集委員会に入りました。日本国内外のいろいろなトピックスをマスコミより早くアップする。左右いろんな傾向の記事をそれなりに拾い集めていく。私はいまは組織を退いていますが、サイト自身は昨日も覗きましたが、意味

のある論説がたくさん載っています。大成功していると思います。これは私にとって忘れられないものです。

　もう一つのWEBマガジン「プロメテウス」を紹介します。これは私の身近な研究仲間でありますやすいゆたかさんに誘われました。やすいさんに「石塚さんは『クリティーク』のときの共同編集人でもあるから、あなたと私のよしみだから、共同編集をやってくれ」と言われてなったんですが、記事といえば、ほとんどやすいさん中心になっていきました。それでいいんですけれども。いまはやすいさんの個人WEBになってます。それはそれでいいよね。2人が交互に書いても良かったんだけれども、そうはなりませんでした。

　もう一つ、本当はあまり気が進まないんですが、昨年に加入した日本科学者学会というところから発行されている『日本の科学者』というマンスリーの編集人を今年の夏からやっています。これは編集人が20人ぐらいいて、2年任期で最長4年までやれるんだけれども、そんなにはやりたくないですね。

（2）　モバイル・エディター

　ここから、いくつかの経験をもとに、私なりのエディター論を展開します。私はモバイル・エディターです。社会評論社とか青弓社とか、そういうところの社員として編集しているわけではありません。こういう雑誌を編集しませんかと言われて「はい」と言ったのが、青弓社の『クリティーク』です。私が編集している雑誌を出版してくれませんかと頼んだのは社会評論社です。私がいろいろ経験したものを区分すると、4つに分かれると考えました。

　1つ目、資金と販路を持っている出版社が、編集スタッフとタイアップする雑誌、これ

が『クリティーク』です。これは青弓社のものです。2つ目、編集スタッフが出版社とタイアップする雑誌。これは、石塚が社会評論社とタイアップして作った『社会思想史の窓』。3つ目、フォーラム 90's という運動体があって、90's は 1990 年代という意味ですが、これが社会評論社という出版社とタイアップしたのが月刊『フォーラム』です。それから、4つ目が、企業としての出版社とか商業雑誌ではなくて、学会が主体となり出版社とタイアップして作る雑誌『社会思想史研究』。最初の出版社は北樹出版で、のちに藤原書店にかわります。私はそのかわり目に降りていますので、藤原書店には馴染みがほとんどないです。この4つのほかに雑誌を出すとすればどうなるか。

5つ目、ネットマガジンです。出版社が WEB 上で広告的に立てるネットマガジン。これは出版各社がよくやっています。本当は自社の出版物を売りたいんです。それから6つ目、WEB 上の運動体が自己資金でやっていて、それが編集スタッフとタイアップするネットマガジン。発足時の「ちきゅう座」です。ちきゅう座は最初始まった頃は、有志的な、ボランティア的な人たちが自腹で資金を作っておいて、自己資金を用意して WEB 上に載せて始めたんです。WEB 上の運動体という意味ではそうですし、「ちきゅう座」はいちおう社会評論社に事務所を構えていますが、そこが編集局というわけではないです。

7つ目、WEB 上の運動体が WEB 上で個人サポーターとタイアップするネットマガジン。発展途上の「ちきゅう座」ですね。「ちきゅう座」はなぜ優れているかと言うと、いま現在、少なくとも自力で、パトロンを得るわけではなくてやってきているから。しかも、up-to-date な時事問題を、いまいろいろなところで動いている人、書いている人たちにダイレクトに寄稿してもらっているので面白いと思います。

さて、ここで私の革命的ネットマガジンの7原則を披露しましょう。ブランキ的、秘密結社的です。最も確かな、経験に富み、鍛錬されたネットマガジン編集者たちから成る、緊密に結束した少数者の運営委員会を形成する。いわば秘密結社です。誰にも知られない、確固たる、継承性をもった編集者の組織がないなら、どんなネットマガジンも恒久的とはならない。コアになる者たちは、緊密に連携して、きちんと議論をする。民主主義的な議論では、なるもののならないことが多い。多数決では進まない。したがって、コアになるものは徹底的に議論をして、その中は完全民主主義で、5人いたら5人が完全に一致するまで討論し尽くすが、それは結束した運営委員会において行う。そういうものがなければ長続きしません。

主要な諸地区にサポーター、特派員や提携者を持ち、できるだけネット空間だけに閉ざされない多くの組織、運動体と連携する。札幌とか鹿児島とか、いろいろなところに特派員を用意するわけです。あるいは、提携者、共感してくれる人を用意します。先程私は、東北の農民と座談会、討論会をやったと言いましたが、そういう農村の人たちに加わってもらったりするわけです。この人たちは、陰謀の中にはいません。明るいところにいます。そういう人たちと連携することで、初めて公開できるような記事、あるいは、マガジンになっていくわけです。

次は、これと運動で共振する紙媒体出版社に、サポーターになってもらって連携する。ネット上だけでは、ダメです。ネット上だけでもちろん議論は進みますが、それを歴史的に記録しておく必要があります。ネット上ではシャットダウンしたら全部消えてしまいます。その点で、国会図書館などに確実にそれが蓄積していけばいいわけですから、そういう意味で、紙媒体出版社と連携して、各地の図書館に蓄積していくような形をとる。その

代わり、共振してくれた出版社には、いくつかネットマガジンでの広告という形で連携していく。

　交換広告を載せあうことで、互いにギブ＆テイクの関係を構築する。お金は介在しないが利益は交換できるということです。ネットマガジンは、共振してくれた出版社に対して、書評・新刊紹介という形でも営業活動を支援する。たとえば、社会評論社で新刊が出たら、それをネットマガジンで紹介を掲載するわけです。Amazon のブックレビューには勝てないかもしれませんが、連携を拡大してやっていけば GAFA に対抗してカウンターレヴューを発信できるようになるかもしれません。むろん、連携する出版社は電子書籍も扱うこととしたいですね。

　コアになる運営委員会、共振してくれる出版社、各地にいるサポーターとの間でネットマガジン電子マネーを発行し、ネット経済＝アソシアシオンを構築する。売買の WEB 市場圏を作るわけです。現金は使いませんが、電子マネーで交換する。この団体に入った人たちは電子マネーは支払うけれども、現実の千円札とか一万円札でもって買わなくていい。電子マネーは地域通貨のような形で作っていき、サポーターというのはある意味読者でありますから、出版社とマガジンの運営委員会と、サポーターの間で、経済が成り立つ。サポーターが増えれば増えるほど、三者が連携していける。そういうネット経済圏のアソシアシオンということを、私はだいぶ前に提案しましたが、こんな提案は現実の中でもみ消されてしまったというか、誰にも聞いてもらえなかったというのは事実です。

　ますます私の観念が肥大化しておりますが、そうしていくとモノとかユニとかの一元主義を越えて、ポリとかマルチとかいうふうにしていかなければいけない。そうすると、私は大学の研究者ですとか、私は雑誌の編集者ですとか、そういう単一の属性でなく複数連携させて、かつそれが全部自分のやりたいこととして収斂されていく。私は 50 歳までこのマルチ生活をやってきましたが、そのお陰で得たものは得られなかったものよりはるかにおおいです。

　だいたい 50 歳くらいまでモノクロニックに生きてきた研究者は、そろそろマンネリ感情を抱くか、さもなくばルーチンに慣れっこになり、惰性の人生を余儀なくされます。あるいは反対に、自分の将来はこれしかないと思っている人が、その実現が困難とわかると、人格否定されたと思うのか、脱力してしまうのか、研究の場から去っていってしまう人がいます。しかし、マルチ的に研究テーマと収入源を得ている者はそういうふうに思わないですね。私は来年の 3 月に東京電機大学を退職しますが、それで自分の研究生活が終わるとはさらさら思わない。職業、ジョブとしての現場は去りますが、もともとそれを求めていたわけではない。私の学問は「百学連環」です。その意味するところは、研究領域の連環であるとともに、研究現場の連環でもあるわけです。

IV. 学問するフィールドワーカー

　私は机上で研究することは嫌いではありませんが、しばしば野外にでて研究してきました。フィールドワークです。去年、私は転倒して頭蓋骨と脳の間を出血してしまいました。硬膜下血腫というのです。それ以来フィールド調査にはでかけていないのですが、来年の 2 月には済州島に行きます。前々から「海女」や「巫女」の文化誌・民俗誌に関心があったのですが、いよいよ現場に立つことができそうで、まずは机上で資料を読み準備中です。

日本の習俗にもおおいに関係しています。ワクワクしています。

　そういうわけで、来年はまたフィールドワークを復活させますが、平成年間に150回はフィールドワークをしています。たくさんの人と行くときもあるし、1人で行くときもありますが、それをざっと見ると4つか5つに区分できます。

（1）　石仏虐待儀礼調査

　まず第一、石仏虐待儀礼調査。これは、神様をぶん投げていじめる、新潟県上越地方で江戸時代からある。もっと前から行われていたかもしれません。長い間雨が降らないで農民が困ると、お地蔵さんに拝む。拝んでも拝んでも雨が降らないと、ついに祠に置かれてあるお地蔵さんをため池の端に持ってきて、縄で縛ってボーンってぶん投げるんです。「雨を降らさないと上げてあげないぞ、いつまでもそうしてろ」とか怒鳴るんです。虐待してるわけ。こうした神仏虐待儀礼をフェティシズムと称します。

　私は新潟の上越市で生まれていますから、郷土のこの奇祭をことのほか気に入りまして、何度もフィールドに出かけています。普段はご利益を願って、祠で賑々しく拝む。なかなかご利益が叶えられないと、これを荒縄で縛ってため池にぶん投げて虐待する。平成6年だったか、干ばつだったので虐待儀礼が実施されました。その時私は、随行する老婆にこう質問しました。「おばあちゃん、レプリカって言うんだけど、これと同じ形のお地蔵さんを石で作って

放り投げ、その割れている古いお地蔵さんを引退させてあげたらどうですか」と言いましたが、「何言ってるんだ。ダメだ、ダメだ。このお地蔵さんじゃなきゃ、雨降らせてくれない」と言って叱られました。こういう本物虐待をフェティシズムと言います。代理では効き目がない、ご利益が得られないんです。

　平成14年にもやりました。祠にいる赤いちゃんちゃんこを着たお地蔵さんを池に連れ

てきて、おじいさんがボーンっとぶん投げています。このとき実は、この石仏が上越市の文化財になって、それを記念するためにやったので、本当は降らせる必要がないわけ。その証拠に、みんな雨傘さしてるでしょう（笑）。雨が降っているんだけれども、記念にやる日を決めてしまったから。石仏をボーンと投げて、何度ももて遊んでいました。やがて儀礼が終わったら、なんとパーっと晴れたんです。反対の効果も見込める？　どっちにせよご利益あるんだなぁ（笑）。

　もともと頸城野はフェティシズムの里です。荒っぽい。お地蔵さんをいじめたりする。そういったことがあるので、いくつかそういうものの名残があります。たとえば、秋に台風が来ると、風は嫌ですからこれを撃退します。しかし、春先に稲が受粉する頃、稲は風媒花ですから風が媒介しておしべとめしべが受粉する。ですから、風が絶対必要です。風が農民にとって大切なんですが、吹きすぎると嫌です。その両面性を体現して拝まれた自

然神、それが風の三郎です。

風の三郎は忌まわしい。こいつが来ると嫌なんです。風の三郎がやってくるとごまかすんです。「いやあ、三郎さんいらっしゃい」。田舎の村のはずれに東屋というかボロな掘っ立て小屋を作っておくんです。「さあ、どうぞ壊してやってください」。風が吹くとそれが倒れるんです。「暴れることができてよかったでしょ、満足できたでしょう。さぁ、帰ってください」、「もういいでしょ、帰ってください、楽しんだでしょう」。風の三郎には来てほしくない。しかし、風には来てもらわないと困るんです。そういう転倒の精神をフェティシズムと言います。価値が転倒している。そういうものを新潟県上越市周辺の農村では、この間までやっていた。

ところが、奈良、京都の風の神は逆です。びっくりものです。奈良、京都の風の神は、風の三郎をやっつけるほうでしたから。暴風を退治してしまうのが風の神様なんです。とにかく暴風を、人間の為にならない風を鎮圧してくれるのが、風の神様になっているところがおかしいですね。畏怖するという言葉の意味は、怖れかつ敬う、ということです。風の神は畏怖の対象であって、怖れの対象である三郎をやっつける京都・奈良の風神は風の神には置けませんね（笑）。

（2） マルタ島巨石神殿調査

私は本当は、まっさきに地中海で調査をしたかったのですが、そういう意味ではお金はありませんでした。しかし、50歳を過ぎて、東京電機大学の専任教員になったら、研究費から旅費を支出していいことになったんです。それで、2000年と翌年に2回ほど夏休みを利用してマルタ島に行って来ました。
ここに行くと、先ほど皆さんにお話ししたバッハオーフェンの母権とか母方オジ権に関係する巨石遺跡があるんです。お母さんのことを英語でマザーmotherと言いますが、ラテン語ではマターmaterです。物質という意味のマテリアmateriaも同系統の言葉です。そこからマテリアリズムmaterialism（唯物論）という言葉も生まれています。materialistと言うと、現在では唯物論者と訳しますが、日本でも江戸時代は「材木商人」と訳しています。材料（material）を商っているから。そういうことを合わせて研究しながらやりながら、母権とか、母権社会を調査したかったわけです。

これはマルタの巨石神殿ですが、遺跡の看板にĠGgantija Templesと書かれています。ĠGgantijaはマルタ語ですが、英語で言うとGiant（巨人）です。それはともかく、この神殿はお母さんの格好をしています。今から約5000年ほど以前、マルタでは母が非常に大切にされていたわけですね。

マルタ島や隣のゴゾ島では、住宅の玄関にMater Dei（聖母）というプレートが張り付けてあります。マルタ島の住民はキリスト教というよりもマリアを信仰しています。これは母権を調査する私にとって、非常に魅力的です。

（3）　日韓古代文化交流調査

　ここからは、この 5〜6 年夢中になっている韓国の話です。私は 5 月 29 日に、NHK 番組「歴史秘話ヒストリア」をみて、びっくりしました。じつにおかしなことを解説するもんだ、と思いました。みなさん、前方後円墳という大きな古墳があるのは、もちろんご存知ですよね。どうしてああなったかと言うと、古代の朝鮮から軍隊が海上を渡ってきた時に、浜辺まで来ると、見たこともない巨大な建造物が目に飛び込んできて、威圧されてしまう。なるべく日本海側に多く作って敵軍を怯まさせるために造ったんだと。それから、沿岸各地の豪族たちは、あれと同じ形の墳墓を造ることで、ヤマト朝廷と君臣の契りを交わす。そのような意図からヤマト朝廷に服従した人たちはみな同じものを造るようになった、という説明があったんです。

　その説明の根本にあるのは、朝鮮から来る人を敵だと解釈している点です。高句麗（コクリョ）とか、新羅（シルラ）、百済（ペクチェ）。ことに高句麗から来る人を敵とみなす解説です。目も当てられない観念です。いまヘイトだ何だと言って、日韓関係が冷え切っていると報道していますが、平気でそういうふうに思いたくなるような解説ですので、私は何か違うのではないかと思っております。

論文「信濃・上野古代朝鮮文化の信濃川水系遡上という可能性」
参考地図（右端正美作成）

①　信濃川（Shinano-River）
②　関川（Seki-River）
③　利根川（Tone-River）

　次の地図を見てください。国家と国家ではなく、民衆と民衆の間の交流は確実にありました。国家と国家だから攻めてくるという考えになりますが、民衆は朝鮮半島沿岸各地から船を漕いで、能登とか佐渡とかにやってきます。地図にある赤いラインは、私がある意味、自分の調査結果として書いていますが、この赤いラインは国家が成立するよりも以前からあります。

　少し話は変わりますが、昨今、北朝鮮の船が難破すると、このように新潟から秋田とか北海道沿岸に漂着します。ですから、漂流すれば玄界灘のほうには行きません。海流で能登とか佐渡とか秋田のほうに行きます。そういう形で海流任せで日本列島に渡来した人たちは戦争しに来たわけではありません。私は、まずソウルの国立博物館とかにある地図を写真に撮ってきて、それに赤いラインを描きました。皆さん、これから 10 年後、この赤いラインはソウルの博物館の地図にも付きます、きっとね（笑）。

　信濃川沿いに証拠が点在します。信濃川を上っていくと、信越県境に高句麗の人たちの墓が累々とあります。彼らはそのあたりに生活圏を見つけ代々居住し、老いて亡くなった。彼らの墳墓を積み石塚と言います。信濃川、千曲川の川原石をいっぱい拾ってきて積んで造る。彼らが固有の墳墓を造営しここに葬られたということは、皆さん、

高句麗の人たちはここに長く生活しているからでしょう。ここに生活圏があるからでしょう。ですから、高句麗の人たちが軍事的に攻めてきたというわけではありません。

　この様式の墳墓は沿岸のいろいろなところにありますが、一番奥まったところでは高崎にあります。高崎市保渡田古墳群の周辺には下芝谷ツ古墳という、高句麗に起源を有すると推測できる方形積石塚が遺っているのです。つまりそこまで、高句麗の人たちが行って、生活をしていたということです。生活道具が発見されたのみであれば分かりません。あちらから動いてきた、こちらから動いてきた、そこに住んでいたかどうか分かりません。ですが、お墓という動かぬ証拠があります。そういう意味で、私はこの自説は大きく展開するのではないかというふうに思います。

そういうふうに見ていくと、民間ルートでは早くから日韓の交流があった。しかも、それが旅人としてやってきたのではなくて居住して、何代も日本でその人たちは暮らしてきているということです。そういった点から見て、これは歴史を見る価値の転倒というふうなことです。仏教が伝わったのは538年だとか、国家的な年号で歴史を刻んでいく、そんな官許声明だけでは見えてきません。はっきりは言えませんが、それ以前からこういう物的な証拠を残して渡来人は日本海沿岸各地に生活していたんだというのが、私の転倒の議論の第一です。

　古代史の見方をそういうふうに転倒させるのは、ただ古代史の通説に異論を唱えるというのではなくて、いまのありよう、日韓関係がぶち壊されるような動き、これをしっかり吟味したいからなのです。私は韓国内を旅して何度も経験していますが、人びとはものすごく温かいです。私たちのことを日本人と分かろうが、分かるまいが、いずれにしてもすごく温かく迎えてくれています。

　私はある時、自分の研究心をさらに奮い立たせる資料に出逢いました。それは明治、大正時代までに、アジア一帯でフィールド調査に奔走した鳥居龍蔵という人類学者の著作です。彼は気の毒と言えば気の毒です。日本が日露戦争で領土を取って、南満州鉄道株式会社をつくった。そして1931年以後日中戦争に入っていく。そういう侵略の歴史が一方にあるわけです。しかし、その領土侵略がないと彼は満州、モンゴルを自由に歩けないわけです。

　この写真にあります書籍は、朝日新聞社から出ている彼の全集なんですが、これを読むと、間接的な侵略の記録だなと思えなくもないです。ただ諸刃の剣と言います。一方では人類学のためになっていますが、もう一方では、日本が占領していたからできたのだろうと。

　韓国もそうで、韓国にいま私が旅行に行くと、いろいろな石造物がありますが、1910年に日本が韓国を併合した

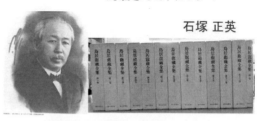

鳥居龍蔵 (1870〜1953) と先史巨石文化
―鳥居さんのドルメン！―

石塚 正英

埼玉石仏の会（日本石仏協会埼玉支部）
平成29年6月11日
ウェスタ川越

時にはもっとたくさんありました。例えば慶州の仏国寺にいま行くと獅子像は1個しかないですが、併合当時には、少なくとも2個はありました。日本の調査団が全部写真を撮ったので、その違いが分かるのです。韓国の石造物の写真を概ねきっちり撮ったようです。それは戦後に復刻されて、私が話した上越市の図書室に全巻置いてあります。それを見ると韓国の石造物に関する情報がいろいろ分かります。実測までしています。そうした資料報告書は、占領していなければ今日に残らなかったでしょう。

　ですから、鳥居さんはそういうことになる前、倫理とか人権とか、そういう観念がまだ確立する前に調べたので、ある意味赤裸々に出てくる部分もあります。徳島にある鳥居龍蔵記念館に連絡し、龍蔵の息子さん、龍次郎さんに挨拶し、お父さんの業績を私なりにフィールドワークの中に使わせていただきますのでよろしく、とお願いしましたが、その時、龍蔵の文献をあくまでも学術的な目的をもって利用する、と申し上げました。その結果、どうぞ使ってください、となりました。龍次郎さんは先年に亡なられました。

　そういう調査結果をみんなまとめて、私は一昨年、著作『地域文化の沃土 頸城野往還』を社会評論社から出版しました。韓国と日本の間の文化交流、主に古代を中心に。それによって培われた、いわゆる裏日本と言われる日本海側の文化をクローズアップしてみたのです。日本海側の一地域が文化的に豊かな沃土、肥沃な土地ということです。頸城野を軸にして、いろいろな地域が往還しあっているのです。その一つが朝鮮半島なわけです。

　ところで、先ほど説明しました高崎市には裸の古墳があります。土盛りしただけなんです。何年かたって草が生えていますが、裸の墳丘に埴輪を立てています。ですから、造った当時のものを見学できますが、墳丘の周りにこっちを向いて、外側を向いてこの埴輪がいます。これを見て私はびっくりしました。これはレプリカですが、本物は博物館の中にありました。

　皆さん、三角の模様が見えますでしょう。三角は結界と言って、あちらが神様の領域、聖なる場所、こちらが人間の領域、俗なる場所という際を結界と言います。この埴輪はずっと並んで結界を造っているんです。問題は三角です。この三角模様は、結界を意味する石仏、石造物、古墳の石棺の中にもよく現れます。

　三角という形象にはいろいろな説があります。一つは蛇の鱗と言われています。蛇と言うと、神社にある鳥居にかかっている注連縄、相互にぎゅっと巻いたような形象は蛇です。蛇を藁で模して作っているんです。鳥居の向こうは神の世界で、鳥居のこちらが俗の世界で、撚って蛇が2匹絡まっているんです。ですから、蛇が結界を表します。「注連縄」という字は難しいですが、古くからの思想を体現しています。三角模様は日本だけではなくて、中国にもあります。アジア共通の三角形です。知らない人は、仏教に関連して、蓮の花弁の形象、連弁を彫るのが下手なもんだから、三角になったんだという人もいますが、仏教が入ってくる以前の古墳の話ですから、蓮の花

が三角に変化したのではないです。こういうことを考えると、高崎の古墳群には価値をひっくり返させるようなものがいっぱいあるな、と思いました。

（4）　フレイザー【金枝篇】中のフィールド

　そういうことがたくさん書いてある資料として、フィールドワークをしなくても読める本に、ジェームズ・フレイザーの『金枝篇』があります。フレイザーはイギリスの 19 世紀の後半から 20 世紀の初頭にかけて生きた人で、人類学者です。

　フレイザーは、儀礼で王がよく殺されるのはなぜか、なぜ最高権力者の王が殺されるのかに疑問を持ち、それでイタリアの神話的な風習を元にして、世界各地のそういう王殺しとか、あるとき転倒するような民俗文化をいっぱい拾って本に編集したんです。それが"The Golden Bough"で、日本では『金枝篇』と訳されています。これをいま私が全巻の翻訳監修をしている最中です。

　フレイザーはバーネット・タイラーと人類学者の教え子にあたる人ですが、タイラーは

先史人類の行動と精神をアニミズムで説明しました。アニミズムによると、霊魂は浮遊します。霊魂のことをアニマと言います。アニマは浮遊します。したがって、その霊魂が別のところに浮遊したら、その受け皿はその霊魂と一心同体となり、抜け殻はどうでもようなってしまうわけです。浮遊に際して殺されてもかまわない。

　でも、王までも殺さなくてもいいでしょう。王の中にいる霊魂を、若い王様にこれから王様になる人に移せばいいのです。殺すというふうになると、ちょっと不思議。つまり、霊魂には肉体が深く関係しているのです。両者は切っても切り離せない。そうなると、アニミズムでなくフェティシズムに近くなります。そこでフレイザーは、どうもタイラーのアニミズムを面と向かっては否定しないけれども、アニミズムの事例よりも、フェティシズムの事例をどんどん集めていくことになったんです。

　彼はフェティシズムという言葉はもちろん知っていますし、ド・ブロスの理論は知っていますが、あまり意識はしません。つまり、師匠のタイラーが言うアニミズムではなくて、ド・ブロスの言うフェティシズムの事例を集める、とは言っていません。ですが、私が読むとそれがけっこうフェティシズムの解説になっているんです。ですから、このフレイザー『金枝篇』を翻訳してかかろうと思ったわけです。これまで 7 巻まで出ています。いま 8 巻目のゲラが私の手元に届いています。来年の 3 月くらいには 8 巻が出て、いずれ全部で 10 巻揃いまして、索引の別巻を加え、全部で 11 巻になります。第 1 巻が出たのは 2004 年で、いま 2019 年ですから長丁場です。

詳しい説明は省きますが、フレイザーの理論は、共感呪術と言って、さらに二つに分かれます。類感呪術と感染呪術。共感というのはシンパシーの意味です。同じようなことをすると、あるいは同じものを持っていると、目的が達成できるという仕儀です。たとえば、きょう福岡からここにいらしている瀧津さんを普段から憎たらしいと思っていたら、瀧津さんにそっくりの藁人形を作って壁にかけ、釘でコン、コン打って、死ね、死ねって呪詛

していると10日ぐらいで死んでくれます（笑）。瀧津さんに似たような人形にしないと駄目です。うっかり、そこにいらっしゃる杉山さんの恰好にして、死ね、死ねと言ったら、杉山さんが死んでしまいます。似たようなことに関係するので類感と言います。

　もう一つは接触、感染。触ると感染します。彼女が大好きだと、彼女が持っていたハンカチとかを自分が抱いていると、彼女に想いが通じる。つまり相手が感染する、相手に接触することになる。それをこの二つで、日本も含め、古今東西から膨大な量の事例を集めています。

　フレイザーの話は長くなりすぎるからこのへんで飛ばしましょう。今から10年ほど前に上越市に建てた私の図書室について話したいと思います。ここにいま言ったフレイザー『金枝篇』とか、とにかく1960年代末から私が読んだり調べたりした図書、その関連図書、友人から贈られた図書、みんなここに置いてあります。いろいろな古文書とかも置いていますが、私の一番の宝はやはりこれです。読書ノート。私は、研究上で読んだ図書については、あらかたノートを執ってきました。その中にはヴァイトリングやヘーゲル左派関係の翻訳とかもあります。どっさりこの図書室に入れてあります。学問とは何か、という問いに答えるに、いま振り返れば、学問の基礎はノートだ、と言えるかもしれません。「石塚さんにとって学問って何ですか」と問われれば、「私の田舎の図書室に来てください。これです。このノートです」と答えて、実物を見てもらえばいいかな。我ながら、けっこう綺麗な字で書いてあるんです。

私はノートを執らないと勉強が進みません。大学ノートがずっとあるのですが、今でも保存してあります。これを執らないと、体系的な研究にならない。それから、いろいろなところでコピーをとったものを系統的にファイルしています。今ノートやファイルは上越市のほうに移してあります。誤解しないでほしいのですが、そのための図書室を建て、そこに並べてあります。今でもこれをよく使います。自分で書いたものだけに、けっこう頭に入っている。

　私は、18歳から昨日まで毎日日記つけています。1日として欠かせません。入院したり旅行したりして書けない日は、メモを取っておきます。家に帰ったら日記にそれを書き写します。日記は毎日つけていますが、この日記の活用については、きょうのこの講演の冒頭が、私の日記からの引用に発しています。『二〇歳の自己革命』は私の18歳の日記から始まっています。

（5）　さまざまなエピソード

ついでに、エピソードとして、私の転倒の社会哲学に関係することをいくつか話します。まずは、秩父のオオカミ信仰から。この写真はセメント用の石灰岩を採掘している武甲山です。削りに削られ

て、山の高さも低くなりましたし、山腹が平らになっているのは、トラックが行き来をして、ときどき発破をかけてぶち壊して運んでいるからです。そこの周りで農民たちは相変わらず5月の鯉のぼりをやっている。私はこの風景を眺めて思ったのです。いまから30年くらい前の1991年、秩父でオオカミ信仰の調査を行っていました。そのときに村人に聞いたら、オオカミの頭骨を持っている家があるというのです。井上さんというお宅ですが、そこに行ってこのオオカミ頭骨の写真を撮らせてもらいました。これは裏から撮っていますが、表から見ると墨が塗ってあって、「これはうちの神様だから。あなたたちは調査だから見せるけど、これはうちの神様だよ」と言うので、「オオカミ信仰だからね」と私が言ったら、「うちの神様だ」と言うんです。

昔はときどき貸してくれという人が来るから貸し出していたけれども、もどってくると削られていたとのことです。骨を粉にして薬として飲んでしまう。滋養強壮剤。それで井上さんは、一計を案じて墨で塗った。そしたら削られたら分かる。皆さん分かるでしょ。私なら削ったあと、また黒く塗るよ。それで返すね（笑）。それから、先祖がオオカミを撃ち殺した村田銃だと言うのを見せてくださいました。でも、それは火縄銃でした。しかし、そう言っているので、井上さんのお宅には宝物として伝わっているんだな、面白いなと思いました。

オオカミは世界で撃退されてきたんです。でも、いなくなると神様になる。生きていると怖い。先ほどの蛇もそうですが、こういう転倒した発想は人間の心をよく表していて、秩父はいいところだなと思いました。

エピソードの二つ目。ここに参加して下さっている杉山さんに連れて行ってもらった伊東の佛現寺でのこと。日蓮宗のその寺に天狗が書いた詫び状と天狗のヒゲがあります。拝見した際、住職は「石塚先生は立正大学の先生だから、調べてください」と言うので、「調べましょう」と言って帰りました。これは漢字が伝わってくる前の日本の文字、神代文字によく似ていると思い、コピーを取って差し上げました。それから、ヒゲは調べれば膠（にかわ）かどうかすぐ分かりますが、そういう元も子もない話はしないで、そういう伝説が500年以上も伝わっているということについては、ご住職に手紙を書いて送りました。それがフィールドワーカーの心意気です。

エピソードの三つ目。これはさいたま市大宮区高鼻町の氷川神社で例年6月30日に、さいたま市緑区三室の女体山氷川神社で7月30日に行われる夏越しの儀礼です。私の研究テーマにとっては生き生きとした地位転倒の儀礼です。この二か所の氷川神社は大きいです。大宮の氷川神社は立派な武蔵一宮です。儀礼に用いる茅の輪の中に真鍮かステンレスの芯が入っていて真ん丸です。そして、神橋のところに置いて参拝者をくぐらせます。

緑区の女体山氷川神社で儀礼に用いる輪はその辺に生えている葦草でできています。いわば雑草を集めて鳥居に縛っているだけで、丸くもなんともない。それで、どちらが古式かというと、女体山です。女体山では儀礼が終わると、輪をバラバラにして草を屋根に放り上げます。屋根は藁でできていますから、つまり生活の道具に使います。あるいは畑にまいて肥料になります。要は生活財として使っていきます。

　ところが、大宮の氷川神社では、輪に人形が付いていて、これにポンとさわって1月から6月までの穢れを取ります。女体山にも人形はあるけど輪に付いてはいない。神主が一つ持っていますが参拝者がポンと触るものではありません。大宮では全員に人形を配ります。各自が氏名・年齢を書きこんで神社に納める。そして、茅の輪とともにお焚き上げと言って、火で燃やして天に送ります。それに対して女体山では、明らかにこちらは最後まで地上にあるため、屋根に上げたり、畑にまいたりしました。この2例を比べると、儀礼の意義や価値が変わっていったことがよく分かります。女体山に見られる人間のための儀礼が、大宮氷川神社においては神信仰のための儀礼に代わっていったということです。

　これは私がいままでに出版した本です。さいたま市の拙宅に並べて置いてあります。だいたい100冊くらいですが、これは一昨年に撮ったものなので、このあとまた3〜4冊は出しています。

V. 恩師

　最後にもう一つ、簡単に私の師匠を紹介します。私の師匠は5人います。みんな亡くなるまで研究から離れませんでした。

　1人目。私が立正大学に入学して、専門課程3年生になった頃、1970年頃から知り合った酒井三郎。教育者です。ルソー、ヴォルテールの研究者で文化史の研究もしたけれども、それ以上に教育者です。卒業に際して、蘆水という雅号の印鑑がある色紙を戴きました。有名な「国破れて山河在り　城春にして草木深し」を記してくださいました。そのうえで、「石塚くん大学院に来ませんか。君は研究熱心で、卒業研究について、君はドイツ語で研究しているし、ぜひ大学院に来てください」と言われました。

1. 酒井三郎（1901-1982）
啓蒙期の文化史・ヴォルテール・ルソー

　そのとき私は、東京の下町、山谷のドヤ街、そこの日雇い労働者を支援するビラを先生に渡しました。「私、ここでこういうことをしますから」と言ったら、酒井先生はニカッと笑って、「分かりました。頑張ってやってください」と。私は皮肉で言ったのではなく、学問とは何かを問う者に満足な対応のできないような大学で研究なんかできるものか、そう

思ったんです。自分でやれることは自分でやれるかもしれない、だったら大学でやる必要はない。生活の中でやればいいと思った。けれども、それはたしかに私のほうが甘かったんです。酒井三郎は研究者たる私の行く末を指し示してくれたのだと、今にして思います。

　大学卒業の3年後、酒井先生の出題した入試問題を解いて、私は意を決して大学院に進みました。後で知りましたが、ドイツ語問題の素材はエルンスト・カッシーラの文章でした。先生は最晩年の1981年に論文集『啓蒙期の歴史学』を刊行されましたが、原稿にはドイツ語の引用が散見されました。先生は私にそれをすべて日本語に置き換えてほしいと依頼されました。とても光栄でした。

　2人目。大学院での指導教授となった村瀬興雄先生のはからいで、私は大井正という明治大学の哲学・社会思想史の専門家と知り合います。この先生は、私が大学院でヘーゲル左派を研究するのに、ありえないほどの厚意を注いでくださいました。先生が1970年頃ドイツに1、2年滞在して持ち帰った資料を、「石塚くん、ほら使え」「石塚くん、好きなだけコピー取りなさい」と惜しげもなく渡してくださるんです。

2. 大井　正（1912-1989）
シュトラウス・フォイエルバッハ・シュタイン

　先生は1986年夏に肺を煩って最初の入院生活をおくられるまで、当時明治大学で開かれていた社会思想史研究会の例会にレギュラー出席されていましたが、入院後は、もう大学まで出て来られることはなくなりました。それで、私はもはや先生に直接の教えを受ける機会がなくなってしまったのです。そこで一計を案じて、1987年より毎年、正月の10日前後に、先生あてで葉書におさまる程の挑発文を送ることにしたのです。最初は大井正『未開思惟と原始宗教』に書かれた文章に対し、37歳当時の私が文句をつけました。その一つとして私は、先生のきらいな社会学者の一人デュルケムを弁護したのです。そうしたら先生は、反批判の長文を、ワープロの練習だといって送ってよこされた。これに対し、私も負けずに反批判の批判をものして投函したものです。

　先生は、公私様々な機会に、シュトラウスとかフォイエルバッハ、シュタインとか、ヘーゲル左派の主要な思想家を私に教授してくださいました。亡くなる間際のことです。喉も切開してあり、しゃべるときに手で塞ぎながら私に伝えられました。「石塚くん、満鉄時代に書いた原稿で、1冊出版してない本がある。それを託すから出してくれ」と。『東印度の農耕儀礼』というのですが、私はそのままの書名は止めて『フォークロアとエスノロジー』にしたんです。編集している間に先生は亡くなってしまったんです。それは先生の死後に出ました。印象深い、私には忘れぬ恩師です。

それから3人目。いま2時間ぐらいの話の中によく出てきた、バッハオーフェンとか、フレイザーとか、ド・ブロスとか、モーガンとか、こういう人物とその仕事を私に紹介してくれた布村一夫先生です。熊本女子大学の教授でしたが、すでに退職していました。何だか分かりませんが、私のことをみっちり指導したく思われたんですね。「石塚くん、熊本から東京に行くから、い・つい・つ新

3. 布村一夫（1912-1993）
ド＝ブロス・バッハオーフェン・モーガン・フレイザー

宿で会いませんか」とおっしゃるんです。それで、新宿東口の談話室滝沢という静かな喫茶店が定番の待ち合わせ場所となり、そこでレクチャーしてくれるんです。私が質問すると何でも答えてくださる。私が興味関心あることは何でも答える。2時間も喋ると、「石塚くん、中村屋に行こう」となる。すぐ近くに中村屋というレストランがある。そこに行って、「お昼ご飯食べなさい。何でも好きなの食べていいですよ」。「先生、ありがとうございます」。私が夢中になって食べるとすごく喜んで、また少しお話になる。ご本人は胃が弱って食べられない、スープくらいしか食べられないんです。「石塚くんが食べてるのを見てると、私はうれしいんだ」と言っていました。

　この先生は最晩年に「年来の大事な原稿でまだ出してないのがある。それは正倉院籍帳に関する研究です。立正大学の高島正人先生も私の論文を読んでいるので、高島先生に相談したほうがいいかなとも思うけれども、石塚くん、これを本にしてくれないかな」とおっしゃる。それで、歴史学に関する本をいっぱい出している刀水書房の桑原社長さんのところに行って出版への道筋をたてました。ただし、刀水書房が編集に時間を取りすぎたため刊行が1年ちょっと延びたんです。その間に布村先生は亡くなられました。

　これも私が手がけたけれども、完成した時には先生は亡くなっていた。危篤のときに、私は連絡を受けて、羽田から熊本に飛行機で向かった。ちょうど、いまの天皇と皇后の結婚式の日で、熊本に行くから高天原を通るなと思って、宮崎県とかあのあたりで高千穂の峯上空を窓側の飛行機の窓から眺めてみましたよ。その日は昭和天皇の孫の結婚式だからね（笑）。けれど、上空に昭和天皇はいないし、神武天皇も誰もいない。「あぁ、そうだ。神様姿は見えないもんな」と思いました（笑）。

　4人目は、立正大学院で私の指導教授になられた村瀬興雄先生です。先生はナチズムの研究者でした。私のことをすごく心配してくれて、すでに立正を退職してからですが、どこかに私のポストがないか一生懸命これを書いてくれたんです。推薦書。「右の者に対

4. 村瀬興雄（1913-2000）
ナチズムと民衆生活　現代ドイツ史の連続説

する指導教官として、所見を申し上げます」。最後に、「創価大学文学部特任教授、成蹊大学名誉教授、村瀬興雄」。推薦書は数回書いてくださいましたが、全然恩返しできませんでした。でも、うれしかった。ほかに、先生は旧制高校の竹馬の友である大井正先生に私を預けました。村瀬先生はおっしゃいました。「私はナチズム研究者なので、君に十分な指導ができない。高校時代の親友で、明治大学でヘーゲル学派をやってる大井君がいる。彼を紹介するから3年間行って教えを受けなさい」と言われて、私は博士課程3年間、そこで原書講読とかを全部やったのです。大井先生は私を「盗聴生」と呼んで歓迎してくださいました。大井先生が亡くなるまで、ご自宅で酸素マスクをつけてまでやっていきました。シュトラウスの『イエスの生涯』を翻訳しました。

　ドイツ現代史の連続説をとる村瀬興雄先生には、学問上の論敵が多くいました。ビスマルク時代の統一ドイツとエーベルト時代のワイマール・ドイツ、そしてヒトラー時代のナチス・ドイツが支配勢力および民衆生活のレベルで因果をもって連続しているとの見解は、とくに民主主義科学者協会をはじめとして平和と民主主義を標榜する戦後の諸学界では端から相手にされないことが多かったのです。ファシズムとそれ以外の体制を、だれしも、現象としては一括りにできない。その点は村瀬先生自身がよく語っていました。ただ、いくらナチスの残虐性と異常性、例外性を強調しても、それだけではナチスはちっとも傷つかない、と先生は我々に語るのです。

　次の写真をご覧ください。多摩の中央大学にセミナーハウスができた直後、1980年代の頃、諸大学連携の合同セミナーが開かれた際、最終日に撮影しました。いま福岡からここに来てくれました瀧津伸さんも参加しています。この写真にはいませんが。
私は、その村瀬学説に心底学んだのです。「研究者には机と椅子とペンがあればいい」と言って、家族をかかえ経済的に困難な院生時代の私を慰めてくださった村瀬先生は実に温厚でしたが、ドイツ現代史学界──とくに若手研究者の間──にあっては相当な偏屈者で通っていたらしい。論争において自説を決して曲げないからです。けれども、曲げなくてけっこう。先生は、実証の甘いところはいつも素直に認め、他の研究者の業績に依拠する柔軟性を十分兼ね備えていました。

　5人目、上越市で石仏調査にかかわったとき、石仏虐待のことを書いている著者に会いたくなりました。一人だけ見つけました。上越の田舎では、昭和33年を最後に、地蔵をぶん投げて虐待する風習があった、と書いた著者がいたんです。仏教美術史家の平野団三先生です。会いたくて、会いたくて、私から申し込んで、1991年頃に会いに行ったら、平野先生はものすごく喜んでくださった。私が41歳の時

5. 平野団三（1905-2000）
野仏表象文化・頸城古道・フィールドワーク

で、先生は86歳だったから、年の差はダブルだったわけです。「石塚さん、よく来てくれた。私はこれから2年ばかりかけて、あなたを、上越で私が今まで調査した石造物を全部案内します。それからでないと私は死なないよ」と言われたんです。全部というのはどこ

までか分かりませんが、この先生が望んでいる箇所はすべて私を案内してくれました。私は胸のポケットにカセットテープレコーダーを入れて、録音し続けました。ちょっとおしっこしたくなったりして草むらに行ったら、その音まで入ってます（笑）。次の写真をご覧ください。座って調査をしている時うしろに転びそうになるんです。ぱっと支えてあげたら、「私はもういつ死んでもいいなぁ、石塚さんが上越の石仏についてもうほとんど調査してくれたから、私は安心だ」と言ったのです。「あっ、やばいな」と思って、2000 年に東京電機大学石塚ゼミのフィールド実習用参考書として、平野団三著・石塚正英編『頸城古仏の探究』という論文集を発行しました。私がワープロで打って綴じ、石塚研究室を発行所にして出したんです。それを平野先生にお贈りしたら、先生はもよりの役場数か所に持って行って寄贈し、その 3 日後に亡くなられました。

　以上です。この 5 人の先生がたは、私にとっては、いのちの研究者です。生活としての研究者です。きょうは、ここに私よりも若い人が多いから助言しますけど、研究は自分自身の使命です。先生に何かねだってもダメです。先生に何かを求めるのではなくて、自分のやっていることを先生に見てもらうというのが理想です。教育熱心な先生というのは、目を輝かせて近づいてきます。凄まじいです。酒井三郎先生はその典型です。幸運な縁ではありましたが、皆さん全員 2000 年までに他界されました。恩師の紹介はちょっと付け足しのようですけれども、まとめとして、私は少しやっておきたかったのです。

　長々といろいろお話ししましたが、私の思いはかなえられました。これで講座を終了させて戴きます。ご清聴、ありがとうございました。（一礼）

記念講演に寄せられた感想

瀧津　伸（たきつ・しん）

　石塚先生とは大学時代から今日まで会って話をし、色々と意見やお考えを伺う機会は何回もありましたが、講義や講演を拝聴する機会はあまりありませんでした。記憶を辿ると、1979 年、大学 2 年生の時に法政大学で先生が講演した際、西洋史研究会の 1 年生と一緒に聞きに行ったのが最初でした。その後、立正大学で教鞭をとられるようになった 1982 年、院生になっていた私は、学部生に混じって西洋史特講をしばしば拝聴させていただきました。それ以来、大学や学会で先生の講義を聞くのはおよそ 37 年ぶりだと思います。先生は、37 年前と変わらず、4 時間という長丁場の講義を微塵の疲れも見せずに熱く語っていただきました。

　1968 年、理系の大学を目指す予備校生だった先生が、「プラハの春」に干渉するため、ワルシャワ条約機構軍の戦車がチェコスロバキアに侵入したラジオニュースを聞いて衝撃を受け、文転して立正大学文学部史学科に入学したという話は以前も聞いたことがありましたが、その目指すところが「学問する社会運動家」で、学問論の構築であったことは、今回の講義で知りました。

　それにしても、先生が立正大学に入学されてからの発信力には驚異的なものがあります。学生新聞への学問論についての投稿をはじめ、歴史学の分野では歴史科学研究会を立ち上げ、機関誌『創史』を創刊し、学問論や歴史についての小論を発表し続けました。数々の発信の最初の集大成が 1975 年に刊行された『叛徒と革命──ブランキ・ヴァイトリング・ノート』です。大学院に進学されてからは、「学問する社会思想家」として『立正史学』、『立正西洋史』等を舞台に数多くの論考を発表されました。博士後期課程を満期終了した後、数多く出された論考を『三月前期の急進主義-青年ヘーゲル派と義人同盟に関する社会思想史的研究-』（長崎出版　1983 年）にまとめました。重厚な研究の基礎となった膨大な量の研究ノートの存在は、以前から存じていましたが、今回の講義で改めてその凄さを実感しました。正に日々の研究の蓄積で、とても真似できないことだと感じました。でも、ここまでは、まだ序の口に過ぎません。以後、数多くの著作をはじめ、「学問するマガジン・エディター」として編集・刊行した『クリティーク』、『社会思想史の窓』、『社会思想史研究』等の雑誌、更にはネットマガジンと、ほかに類を見ない発信力です。

　21 世紀（とりわけ 2011.3.11 以降）に入ると、先生は、行動して発信する人（「学問するフィールドワーカー」）になり、頸城野、マルタ、済州島の調査を行い、今まで発信してきたものに加え、フィールドワークで発見したことも発信しています。その中でも、朝鮮と頸城野の古代からの交流には、はっとさせられました。今後、さらに研究が進んで、日本史の常識が変わることを期待しています。

　いつもエネルギッシュ（今回の講義もほぼノンストップで 4 時間以上話されていました）な石塚先生ですが、研究生活半世紀を経過し益々パワーアップして、今度は喜寿の年に講義の続きを聞かせていただくのを楽しみに待っています。

（世界史研究会会員）

山本　希一（やまもと・きいち）

　石塚氏と最初にお会いしたのは 1971 年、大学入学したてのころである。身体的理由も
あって私も浪人しているので、私は 2 歳違いの後輩である。当時、氏は 3 年生で、教養部
が置かれていた立正大学熊谷キャンパスの歴史科学研究会の部室と記憶している。その後
も何度かお目にかかっているが、所属する部活も専攻分野も異なることもあって学生時代
には深い付き合いに至らなかった。氏を意識したのは、2 年生の時に品川キャンパス哲学
研究室で私が長野市近傍の出身と知った S 先生から『『学問論の構築へ向けて』を書いた上
条は君か」と強く問われた時である。問題の論考は発行元の F 氏、T 氏から入手し読んで
いたが、詰問のような問いかけ方にたじろいだ記憶がある。

　講演を拝聴し、若き日の氏の思想・思考の形成端梓と自分のそれが意外と類似している
ことに驚いた。成長の環境も過程も、わずか 2 年だが時代環境も異なるが、私も浪人中に
理系から文系に転じた。廣松哲学への注目、民俗学への接近なども同じだ。だが、その後
の当方は日本史・歴史哲学・経済学...と迷走し、しばらく学問との距離を置く羽目になっ
た。

　講演でのバッハオーフェンの「母権論」は恥ずかしながら知らなかった。実は、鎌倉時
代の在地領主（武士）層の経済構造を追っていた時に鎌倉時代中期に行われた「女子一期
相続」に出会い、相続の母系制から父系制への変遷を研究課題としたことがある。貴族社
会の婚姻・相続については『招婿婚の研究』など高群逸枝の膨大な研究があるが、学界で
はあまり重きを置かれていない。地頭・在地領主以下庶民層の婚姻・相続にいたってはほ
とんど手つかずである。多くの研究者は父系相続が確立していることを前提にしていて、
女性史研究者の一部や微々たる経済史・社会史研究者が双系制相続や過渡的な未熟な父系
制相続であることを指摘している状態だった。なにより鎌倉時代より前の庶民資料が皆無
に等しい。これが民俗学に接近する契機となって宮本常一先生とそのグループに学んだが、
推論の域を出ることができなくて中断した。

　私が最初に教壇に立ったのは下北沢の S 高校定時制で、その後に移った学校でも日本史
の担当だったが、千葉県 I 高校では突然「地理」担当に変更となった。苦手分野でほぼゼ
ロからの学び直しだが、理数の知識が非常に役立った。なにより理科・地理の知識で歴史
が見えやすくなる。石塚氏は日韓古代文化交流における朝鮮半島→上越→信濃→上野（群
馬）のルートを紹介されたが、地理、気候と海流、当時の造船・操船技術を考慮すれば石
塚説はいたって当然である。魏志倭人伝から遣唐使北路に至る朝鮮半島—済州島—対馬—北
九州航路は、大和王権が正規使節のために設定した航路と推定される。日本から大陸への
ルート記載は魏志倭人伝にはなく、目印の陸地は見えても対馬海流を最短で横断する博多
－朝鮮半島航路は安全と言い切れない。黒潮の約半分の流速 1.9〜2.8km 毎時（海上保安
庁「海洋速報」No.176　平成 24 年 9 月 13 日）と速いからだ。だから、小舟を使う庶民
は、中国地方・北九州→対馬→朝鮮半島、朝鮮半島→北陸地方の航路が想定される（現在
のように航路や中継地が厳密に定められているわけではなかった）。これも文献での論証は
ほぼ不可能であって、このルート探求も断念せざるをえなかった。

　「石塚さんと語り合えていたら、あの課題はもう少し進展できたかな」と講演の最中に
思ったことは他にもある。頼れる先輩再発見の石塚講演であった。

（世界史研究会会員）

第2部　エッセイ

石塚正英氏と私、大学院修士時代の彼を語る
──生誕70年・古稀を記念して──

尾﨑　綱賀（おざき・つなよし）

はじめに

　石塚正英氏はその若きころ、幾人かの学問上の師に出会った 1。彼は師の学問だけでなく、その生き方も学ばれ、影響を受けられた。そして、この2019(令和元)年の今日、石塚正英氏が、若き学生・研究者にとっての「師」となって久しい。

　ところで、人生論・自己啓発の本を読むと次のような趣旨の文章によく出会う。

　「好きなことをやって、飯が食え、評価される」ことこそ最高の人生である 2。

　石塚正英氏は、故竹内均氏がいう「自己実現」を遂げた人物の一人である。つまり「幸せな人間」である。彼は言う。

　「私事ながら、わたしは立正大学熊谷校舎で歴史学を講じて一五年ほどになるが、毎年向学心あふれる聴講生に囲まれ、充実の教師生活をおくっている 3」と。

　上の文は1995(平成7)年、ほぼ25年も前のものである。大学は変わっていても、その充実した教師生活は、現在まで全く変わっていないと思われる。このような石塚氏について、青木信家前世界史研究会会長の簡潔な叙述がある 4。だが、その青木氏は逝去された。当時を知る学友は少なくなった。幸い私は石塚正英氏と修士課程で同期だった。その思い出を、彼の古稀を記念して、忘れないうちに書き残しておきたくなった。

　石塚正英氏こそは、総合的な人文科学者であり、異例なタイプの研究者と断言できる。石塚氏と交流のある方々は、歴史学・哲学を中心に、その関連分野の研究に従事している方はもちろんのこと、彼の許で将来研究者を目指している、学生・大学院生など、若き諸氏も多いであろう。彼らにとって、石塚正英氏の勉学時代のことは興味があると思う。

　なお本稿はエッセイで、学問的な正確さはない。私の記憶にたよったものである。よって登場人物の生没年、現在の消息の分からない方々もある。ご了承願いたい。

入学試験

　石塚正英氏は1973(昭和48)年、立正大学文学部史学科を卒業された。その彼が大学院に戻って来られたのは、1976(昭和51)年の4月であった。私はこの年の3月に学部を卒業した。

　私が石塚氏と初めてお会いしたのは、その年の2月、大学院修士課程の入学試験の日であった。彼は学部では私の3年先輩であり、4歳年上だった。だがお若く見えた。額が広く、聡明そうな柔和な青年だった。が、眼は鋭く、向こう気の強いところが表れていた。すでに結婚されて長男が誕生したばかりだった。

　試験が終わり、一緒に学食に行って「牛丼」を食べながら歓談した。

　「2問とも、産業革命に関する問題だったので慌てたよ。フランス革命でも出ると思ったのに……」

　試験は西洋史に関する設問が2問、外国語の翻訳。それと面接だった。

　「ぼくの卒論が産業革命だったので、合わせてくれたのでしょう」

「そうだったのか……5」

このとき石塚正英氏が学部の先輩だったことを知った。

「なぜ、大学院を受けたのですか？」

「ぼくは、将来研究者、評論家として活躍したい。そのときに備えるためです。学部卒だけではダメです」

このときすでに石塚氏は、将来「研究者」・「大学教授」となって研究書・一般書を著す、という確固とした、「信念」と「目標」と「計画」があった。

ともあれ西洋史専攻で受けた、石塚氏と私は入学を許可された。ちなみにこの年の史学専攻の入学者は、日本史5人、考古学1人、東洋史2人、西洋史2人の計10人だった6。

当時の立正大学大学院文学研究科史学専攻の教授陣は次のようであった。

日本史…桃裕行（日本古代史・古文書学）・北島正元（日本近世史）・高喬止人（日本古代法制史）・高木豊（教養部兼担、日本仏教史）、考古学…久保常晴（仏教考古学）・坂詰秀一（仏教考古学）、東洋史…酒井忠夫（中国道教史）・大川富士夫（中国古代史）、西洋史…木崎良平（ロシア史・日露交渉史）・宮野啓二（経済学部兼担、アメリカ経済史）。

以上の先生方が、演習・講読・特講（特殊講義）を担当された。

ほかに特講は、小島鉦作（前教授、日本中世神社史・社会経済史）・森克己（元兼任教授、日宋貿易史）・楢崎宗重（前教養部教授、日本美術史・浮世絵史）・山崎宏（前教授、中国仏教史）・酒井三郎（前教授、西洋史学史・文化史）、という錚々たる大家が担当された。そのほかにも、仏教学部の野村耀昌教授の「西域仏教史」、教養部の前田正名教授の「歴史地理学」が「東洋史特講」（ともに学部との共通）として開設されていた7。

石塚氏と私は西洋史が専攻なので、木崎先生の「演習」「特講」、酒井先生の「特講」、宮野先生の「講読」に参加した。「演習」と「講読」は2単位で必修であった。私は2年の間に、日本史（小島・北島・森）・東洋史（山崎・酒井）・美術史（楢崎）の特講に出た。石塚氏は、北島・山崎両先生の特講に出られたと記憶している。

ところで、2年生の西洋史の院生はいなかった。3年生の院生がひとりいた。小田耕司氏である8。彼は履修科目の単位はすべて取っていた。修士論文を提出するだけだったので、授業には出てこなかった。また、青木信家氏がたびたび、外国史研究室を訪れた9。

授業の風景

さて木崎良平先生の「西洋史演習」については、『世界史研究論叢』第7号に石塚氏が詳しく書かれているので本稿ではふれない10。替わりに宮野啓二先生11の「西洋史講読」について記してみよう。

宮野先生の「西洋史講読」は従来なら、西洋史専攻の院生だけである。だがこの年は、日本史専攻の2年生ふたりも参加した。そのうちのひとりが12、法政大学の博士課程に進学するので、その英語の入試に備えるためだった。それで4名となった。英語の苦手だった私にとっては好都合だった。

第1回目の授業は通常通り大学の教室で行われたが、2回目以降は毎月1回、先生の自宅で行うことになった。宮野先生の自宅は川崎市多摩区の生田にあった。その年の「西洋史講読」の授業は月曜日の1時限目だった。朝の通勤、すなわち小田急の大混雑に先生は驚き、1時限目は御免をこうむる、というのが理由だった。院生4人に異存はなかった。

先生宅での最初の授業は、石塚氏と生田駅で待ち合わせ、近所の酒屋でサントリーのウ

イスキーを割り勘で買い、先生へのお土産として持っていった。午後1時ころから授業が始まり、5時頃には終了した。

テキストは、南米の経済史の原書の講読だった。詳しい内容は覚えていない。かなりむつかしい英文で、私にとっては一番苦労した科目であった。私の訳は、基礎学力のなさが露呈した誤訳だらけ。宮野先生には注意のされっぱなしだった。だが石塚氏は、極めて正確な訳で、先生も満足したのではないかと思う。日本史のふたりもそれなりに訳せたと記憶している。夏休みに小田さんの下宿に通い始めたのは、この授業の予習のためでもあった。

さて授業の後は、奥様の手料理が出た。私達の土産のウイスキーも出た。当時の私はお酒を飲まなかった。先生は、メキシコで買ったという、高級なウイスキーも出してくれた。それをおいしそうに飲まれる石塚氏を、私は学問の実力だけでなく、そちらの方もうらやましく思ったものである。先生のお宅でお酒を飲みながら、学問談義ができたことは、院生にとってよい勉強となった。楽しい思い出のひとつであった。

奥様は、大学教授の娘とのこと。当時小学生だった息子さんも私達の前に顔を出し、先生は、「真面目にやってるか？」と聞いておられた。

私は大学院では、アメリカ史、なかんずく第3代大統領・トマス＝ジェファソンの政治と思想を専攻することにした。歓談のとき、それをお話ししたら、先生は、「これを読みたまえ」と、富田虎男『ジェファソン――アメリカ独立革命』（誠文堂新光社、1961年）を貸してくださった。

また私が、「今、S13先生の『アメリカ二百年史』（同文館、1976年）という本を読んでいます」と言ったら、「そんなくだらない本を読む時間があったら他の本を読みなさい！」と叱られた。そのあと、研究者としてのS氏を、宮野先生は批判された。もっとも「政治家としてのSについてはよい仕事をしてくれるかもしれない」と言われた。

察するに、有名タレント教授の書きなぐった本でなく、専門家が苦労して著した名著を読むべきである、と言いたかったのだと思う。

宮野先生は、九州大学文学部で小林栄三郎教授に学ばれ、東京大学の大学院（経済学研究科）では大塚久雄教授の指導を受けられた。「小林先生にはしょっちゅう逆らったが、大塚先生の学問には首を垂れた」と言われた14。ちなみに、私が「今、日本で一番優れたアメリカ史の研究者は誰ですか？」と質問したら、「この宮野啓二だ」と言われた。

そう言えば、一家を成した研究者の方々は、いずれも自身の学問に対して自信を持たれている。初めて木崎先生に、立正大学の外国史研究室でお会いしたとき、「東の堀米15、西の木崎と言われていたんですよ」と、笑みを浮かべながら言われた。これは決して冗談ではなく、本心であったと思われる。

また酒井忠夫先生は、その1年前、非常勤講師として立正大学の教壇に初めて立たれた。その学部の「東洋史特講」のとき、「ぼくは、道教の大家なんだ。ぼくが言うんじゃない。ほかの研究者がそう言うんだよ」と何回か言っておられた。大学院の「特講」でもそう自慢していた。講義の最中、助教授時代の自分の論文を読みながら、「おう、よく書けている。うん、うん、よく勉強している！」と大声で独り言を言われ、東洋史の鳥谷君などは、クスクス笑っていた。

ところで、修士課程に入った翌5月、第26回「日本西洋史学会大会」が東京女子大学で開催された。木崎先生のお勧めで、私と石塚氏は一緒に初めて参加した。このとき、木崎

先生から新田一郎先生を紹介された。新田先生は熊本大学で酒井三郎先生に学び、京都大学大学院へ進学された木崎先生の後輩だった 16。新田先生は当時、島根大学の教授であった。

　その帰り石塚氏と新宿駅で別れた。私は何気なく、紀伊國屋書店に寄った。そのとき、歴史関係の書を眺めていたら、偶然、石塚正英『叛徒と革命——ブランキ・ヴァイトリンク・ノート』（イザラ書房、1975 年 12 月）という本を見つけた。手にとってパラパラとめくってみた。「これは、あの石塚正英さんが書いたものに違いない」と思った。早速買い求めた。このとき、入試のときの彼の言葉を思いだした。

　「この人は必ず、立派な研究者になる！」

　私はそう確信した。そしてそれは現実のものとなった。

　さて 2 年生になると、新たにドイツ現代史の村瀬興雄先生が西洋史専攻の教授として着任され、「演習」「特講」を担当された。それまで「西洋史講読」を担当された、宮野先生が広島大学に移られたので、この年は、東京女子大学文学部史学科教授の平瀬徹也先生が非常勤講師として担当された。

　私はてっきり、原書の講読だと思った。が、さにあらず、普通の「講義」だった。先生が前もってノートに書かれた文章を読む。それを院生が写すという、スタンダードな授業だった。その代わり、木崎先生の「演習」が英文の講読になった。村瀬先生の「演習」は、院生 5 人が各自のテーマに沿って発表を行う、いわゆる通常の「演習」だった。そう、77 年度は西洋史専攻の院生が 3 人入学してきたのだった 17。立正西洋史の黄金時代の幕が上がった 18。

　なお平瀬先生は、フランス近代史が専門で、『フランス人民戦線』（近藤書房、1974 年）という著書や、D・ヴォルフ『フランスファシズムの生成—人民戦線とドリオ運動』を吉田八重子氏と共訳されている（風媒社、1972 年）。さらに、「新渡戸稲造の植民思想」という論文もある 19。

石塚正英氏の人柄

　私達が大学院に入学してから、酒井三郎先生が喜寿を迎えられるということで、その教え子達で「祝賀事業会」を準備した。その事務局は私の家を使った。石塚正英氏には事務の仕事をしていただいた。私と彼はその関係で、水戸市の酒井先生宅を度々訪れた。さらに石塚氏は、高知・熊本時代の教え子諸氏に会うため、先生とご一緒に四国・九州の旅をされた 20。石塚氏は事務能力にも優れ、てきぱきと仕事を処理された。

　ところで高学歴の研究者は、どちらかと言えば結婚が遅い人が多い。だが彼は早く結婚し、3 人の男子に恵まれた。奥様の内助の功も大きかった。

　「酔っぱらったぼくが、駅で電話すると、妻が車で迎えに来てくれる。ぼくは運転免許を持っていないのでね」と、語ったことがある。

　大学院時代は塾の講師、その後は予備校の講師として生活費を稼ぎ、大学講師の肩書で、論文・著作に励み、さらに雑誌の編集を行う 21。このように、石塚氏は、学者にままある天才、奇人、変人といった点はみじんも見られない。社会適応能力に優れた、常識人で、商売気もある良き家庭人である。冗談でよく次のように言われていた。

　「ぼくらが書くのはろんぶん（論文）でなくて、どんぶん（鈍文）だ」

　石塚氏は、自身が決めた遠大な計画のもと、必ずそれをやり遂げる。彼の処世術は理詰

めであり、決して環境にめげない。環境に順応しつつ、逆境を克服していく。彼は、極めて強い意志の持ち主であり、自分が正しいと決めた道は、たとえ恩師の勧めでも断る。こんなこともあった。

　2年間の修士課程を終えたあと、彼は進学を希望していた。幸い78年度から、立正大学の史学科に大学院の博士後期課程が新設されることになった。しかし石塚正英氏に、琉球大学の教員募集に応募してみないか、という話があった。

　任期制の専任講師だったと思う。木崎・平瀬の両先生は、「ぜひ受けてみなさい」と言っておられた。平瀬先生は私に、「よい機会だ。自分も初めは、名古屋の大学の教員から始めた。滅多にあることではない。あとで、東京にもどる機会もある。ぼくは絶対受けるべきだと思うよ」と、言っておられた。

　それに対して、戦後、旧制松山高等学校と愛媛大学に勤められた村瀬先生は、「学問を優先させるのであれば、地方に行くべきではない」と、これもご自身の経験から、反対されたようである。

　石塚正英氏は、迷うことなく、立正大学大学院文学研究科史学専攻博士後期課程に進学された。当初からの計画であろう。石塚正英氏は、学問と家庭を優先させたわけである。

すばらしい業績

　修士課程に入学する前に第1作を出版した石塚正英氏である。入学されてからも、著作に励まれた。修士時代の業績は次のとおりである。

　　○『Vormärz ——社会思想史研究のための準備ノート（青年ヘーゲル派ノート）』、立正大学西洋史研究会、1976年6月
　　○バクーニンの「独裁理論」について、『立正史学』第41号、1977年3月
　　○政治的急進主義とキリスト教——19世紀前半期ヨーロッパにおける——、酒井三郎博士喜寿記念論文集『世界史研究論叢』令文社所収、1977年10月
　　○唯物論的歴史観再考察、『立正西洋史』第1号、1978年4月

　博士後期課程に進まれてからは、『立正史学』『立正西洋史』を中心に次々と論文を発表された。その後の業績に関しては、『石塚正英の研究生活50年誌1969−2019』に詳しい。その中で特に注目に値するのは、石塚正英著作選〔社会思想史の窓〕全6巻——第1巻『フェティシズム—通奏低音』、第2巻『歴史知と多様化史観—関係論的』、第3巻『身体知と感性知—アンサンブル』、第4巻『母権・神話・儀礼—ドローメノン（神態的所作）』、第5巻『アソシアシオンの世界多様化—クレオリゼーション』、第6巻『近代の超克—あるいは近代の横超』——の出版（社会評論社、2014〜15年）である。

　石塚氏自身の言葉で、近年における氏の研究を語ってもらおう。

　　さて、本著作選は、ここ20年ばかりの間に発表してまいりました研究成果を、全6巻からなる著作選に編集したものであります。拙著の第1作は『叛徒と革命—ブランキ・ヴァイトリンク・ノート』（イザラ書房、1975年）です。あれからほぼ40年が経過しました。その間、私の研究は時代とともに紆余曲折を経て進んできましたが、テーマは、おおまかにみて、次の2つに分類されます。1つは行動における価値転倒・地位転倒であり、これはヴァイトリング研究に発しカブラル研究に行き着く、いわば横倒しとなった世界史あるいは多様化史観の探索です。いま1つは思索における価値転倒・

地位転倒であり、これはフォイエルバッハ→シュトラウス→ド・ブロスへと向かう、神々と自然、神々と人間の地位が回転する世界の探求です。あるいは社会と国家の地位が転倒する世界の探求です。いずれもオリジナルであって、昨今顕著になっている〈コピペを見抜かない査読〉体制の転倒した科学論文の世界とは対極にあります。そのような研究足跡のうち、最近20年ばかりの成果からその一部を編んだものが今回の著作選です。本選集全6巻連結のキーワードは〔フェティシズム〕、〔歴史知〕、それに〔アソシアシオン〕です。まずは6巻選集が刊行されることとなりましたが、今一つ、私には完成させねばならない研究があります。これまで断続的に発表してきましたヴァイトリング研究の集大成です。『革命職人ヴァイトリング』と題して明年春に、同じ社会評論社で編集刊行の予定です[22]。

　石塚氏の研究はドイツ文化思想史から出発されたが、哲学、民俗学、歴史知学など幅広く異なった分野・方向に展開された[23]。だが常にその原点にあるのは、郷土愛と真理の追求、そして「マルクス自身の理想とはちがうマルクス主義の断罪」と「万人平等の社会への実現」であろう[24]。換言すれば「社会正義の確立・世界の平和」への理論的貢献である。
　石塚氏は多方面に活躍されている「文化人」である。埼玉県、新潟県など、自身にゆかりのある地域に結びついた文化・学芸にも貢献されている[25]。また、高等学校などにおける、歴史教育の分野でも一石を投ぜられている[26]。
　さらに、石塚正英氏の業績のひとつとして忘れてはならないのは、かつての師の忘れられた業績の紹介、復刻にも力を入れておられることである[27]。旧師の学説を現代に蘇らせているといえよう。

おわりに

　本稿の目的は大学院修士課程時代の石塚正英氏を中心に描くことであった。これ以降の彼の学問を語るにふさわしい方は大勢おられよう。石塚氏は「来年大学を定年退職したら、もう教師はやらない。著作に励む。今から楽しみだ」と、言っておられた。けれども石塚氏のことである、著作のほかにも、講演・研究発表など、これまで通り御研究にご多忙であろう[28]。
　2018(平成30)年の7月、石塚氏は転倒して大怪我をされ、健康を害された。遺書まで書かれたという。だが、現在はすっかり恢復された。天は石塚氏にさらなる文化への貢献を求めているのであろう。
　私も石塚正英氏の修士課程時代の同級生として、彼の研究業績の100分の1でも達せられるよう、これからも努力していきたいと思う[29]。
　今後はご健康に留意され、喜寿・米寿・白寿の日を迎えられますよう、心から祈念する次第である。

注

1「石塚正英略歴」(『立正西洋史』第26号)によれば、石塚正英氏が慕う師として、酒井三郎(1901~1982、立正大学の学部・修士課程での師)、村瀬興雄(1913~2000、立正大学修士課程2年→博士後期課程での師)、大井正(1912~1991、哲学者、社会思想史学者。博士後期課程時代、明治大学大学院にて聴講)、布村一夫(1912~1993、社会学、家族史学者。「第1回女性史研究のつどい」〈於明治大学〉で紹介される)、平野団三(1905~2000、郷土史家。『越後と親鸞・恵信尼の足跡』柿村書店1972年、『越後と謎の石造文

化』などの著書がある)の5氏の名前が挙がっている。

2 竹内均『頭をよくする私の方法』 三笠書房、1987年、16頁、以下を参照。なお竹内均(1920〜2004)氏は、地球物理学者で、理学博士。東大退官後は、科学雑誌『Newton』初代編集長。代々木ゼミナール札幌校校長などを歴任。専門の研究書・科学啓蒙書をはじめ人生論まで多数の著書を、テープレコーダーによる口述筆記で作成。東大名誉教授。

3 『信仰・儀礼・神仏虐待―ものがみ信仰のフィールドワーク』世界書院、1995年、143頁。

4 「石塚正英君の還暦に思う」(『立正西洋史』第26号、1〜2頁)。青木信家(1948〜2012)氏は石塚正英氏の先輩で、大学院在学中にアメリカの大学に1年間留学された。後に酒井先生のお孫さまと結婚され、再びアメリカで学ばれた。元国際学院高等学校教頭で、世界史研究会の初代会長を務められた。

5 私は完璧に近い解答を書いたつもりだったが、単なる事実の羅列でなく、産業革命の意義や学説などを、酒井先生は求められていたことを面接で知った。英文の訳も誤訳があったようで、少し自信をなくした。なお石塚氏はドイツ語(エルンスト・カッシーラーの文化論)を選ばれた。

6 この中で石塚氏のほかに、歴史研究者となったのは、私の知る限りでは、のちに立正大学文学部史学科の助手、専任講師、助教授、教授を歴任(現在退職)した小山田和夫(日本古代仏教史専攻)氏と、同大学で非常勤講師を長く勤めた鳥谷弘昭(中国史)氏のふたりである。

7 当時の学部(史学科)の教員には、日本史の坂本勝成専任講師(のち退職)、博物館学を担当された丸子亘講師(考古学、前助教授)、民俗学の上江洲敏夫助手(中途退職)、仏教学の博士後期課程の研究生から上江洲氏の後任として着任された北村行遠助手(日本近代仏教史専攻、のち専任講師、助教授、教授。現在文学部名誉教授)がおられた。西洋史の専任は翌77年、村瀬興雄先生が着任されるまで、1名であった。私が学部の頃は、竹内直良(1903〜1989、キリスト教史)、井手伸雄(1929〜、フランス近代史)の両先生が、「概説」「特講」を担当されていた。井手先生は酒井先生の熊大時代の教え子で、九大の修士に進み、小林栄三郎教授に学ばれた。当時市川高校教諭。竹内先生は戦後、法政大の教授となられ、立正大の教壇にも長く立たれた。なお久保常晴教授は77年3月定年退職され名誉教授となられた。だが、翌78年12月逝去された。

8 小田氏は1977年修了後、故郷の県立五戸高等学校の教諭となられた。私は1年という短い期間であったが、彼の下宿に赴き「英語講読」の勉強をしたり、ふたりで酒井先生の家で数日間、留守番をしたり(その間、偕楽園へ行き千波湖で一緒にボートを漕いだ)、多摩動物公園に遊びに行ったりと、交友関係にあった。

9 当時、東洋史と西洋史の研究室は一緒だった。「外国史研究室」が「西洋史研究室」と「東洋史研究室」に分かれたのは翌1977年からである。

10 木崎良平著『「ルーシ」という語の意味に関する歴史的一考察』を読む――立正大学西洋史研究会創立40周年記念、『世界史研究論叢』第7号、97〜101頁。なおこの年、石塚氏は中学・高校教諭免許状取得のため、東洋大学通信教育課程で学ばれていた。ある月、教育実習(東洋大学附属牛久高校)のため、2週間大学院の授業を休むことになった。「西洋史演習」は私ひとりなので、木崎先生にお願いして、その時間はアメリカ史の原書講読にしていただいた。

11 宮野啓二(1929〜　) 経済史学者。広島大学名誉教授。愛媛県に生まれる。1952年九州大学文学部西洋史学科卒業。1961年東京大学大学院社会科学研究科経済学博士課程満期退学。78年「アメリカ国民経済の形成『アメリカ体制』研究序説」で経済学博士。立正大学経済学部講師、助教授、68年教授。77年広島大学教授。92年定年退官。名誉教授。その後、呉大学(現・広島文化学園大学)教授を勤められた。著書に『アメリカ国民経済の形成「アメリカ体制」研究序説』 お茶の水書房、1971年。『南・北アメリカの比較的研究――南・北アメリカ社会の相違の歴史的根源』 茶の水書房、2013年、などがある。なお

私は学部 3 年のとき、先生の講義(経済学部では「西洋資本主義発達史」、文学部史学科では「西洋史特講」。「ハミルトン体制」が主要テーマだった)を聴いた。

12 山里純一氏。琉球大学教授(2018 年 3 月退官)。

13 S(1913〜2000)氏は当時、著名な経済評論家で商・法・文の博士号を有していた立正大学経済学部教授で参院議員。自民党中曽根派に属し、のち科学技術庁長官を歴任し、政治学の博士号も授与された。私は高校の頃から S 氏の著書を読んでおり、その後も読んだ。氏の功利主義的な経済学は実際的で分かりやすかった。また、自己啓発の本やイスラム教、日蓮を紹介した本もあった。研究者というよりもジャーナリストで実際家であった。立正大学との関係は古く、1952(昭和 27)年 12 月、石橋湛山が学長に就任したさい、S 氏も学園理事・教授として招かれて、当時財政難にあった立正大学学園の再建に尽力された。当時は中・高等学校の朝礼に出席し、訓示を垂れたという。学園理事を辞したのちも、長く経済学部教授を勤められた。なお、私達の修士課程修了後、すでに主婦であった氏の令嬢は、村瀬先生の学風を慕って立正大学大学院の西洋史(修士)に入学し、指導を受けた。

14 小林栄三郎(1908 年生まれ)　サン＝シモンやドイツ民族の統一運動などを専攻。フランス史、ドイツ近代史を研究。大塚久雄(1907〜1996)　イギリス経済史専攻。マックス＝ヴェーバーやマルクスを研究し、「大塚史学」と呼ばれる独自の理論を確立。戦後日本を代表する社会科学者のひとり。

15 堀米庸三(1913〜1975)　西洋中世史専攻、東京大学名誉教授。ドイツ封建制研究の第一人者であった。

16 新田一郎　古代ローマ史およびキリスト教史が専攻で、島根大学を退官後、京都女子大学の教授になられた (2006 年退官)。

17 舘啓子・秋羽秀夫・石田陽一の諸君である。舘さんは私と学部で同期だった。秋羽君は 1980 年修士課程を修了後、私と入れ替わりに、麻布獣医学園附属淵野辺高等学校の非常勤講師になってもらった。彼はその翌 81 年 4 月から専任の教論となり、以後 30 年以上歴史教育者として活躍した。

18 私が修了し、石塚氏が進学して以降の立正大学史学科西洋史と、立正大学西洋史研究会と研究誌『立正西洋史』の歩みは、石塚氏を中心に編集・発行された『立正西洋史—立正大学西洋史研究会 30 年の記録』第 23 号別冊に詳しい。ただし 2007 年 2 月まで。

19 平瀬先生は『立正西洋史』第 2 号に、〈歴史随想〉として、「ヴェルダン・ノルマンジー・コンピエーニュ」を寄稿されている。

20 酒井三郎先生は、1919 年 3 月、旧制中学卒業後、進学せずしばらく家業に携わっていたが、同年 8 月地元の小学校の代用教員となり、その後訓導となった。1924 年、上京した先生は日大高師部(夜学)に入学。同時に千駄ヶ谷の小学校訓導となり、結婚。文部省検定試験に合格し、26 年水戸の女子師範の教論に就任。日大高師部卒業後は水戸の職を辞し、28 年東北帝大法文学部に入学、西洋史を専攻し、中村善太郎・大類伸両教授に師事した。その間、宮城の中学(夜学)・師範学校などで講師を勤めた。31 年大学卒業後助手に就任、その頃日大高師部(夜学)の講師も勤める。33 年日大三中の教論(高師部兼任)。その頃東京帝大大学院に籍を置き、山中謙二・今井登志喜両教授に師事、「啓蒙期の史学」を研究した。のち日大予科講師。43 年、日本女子大付属高女に転出するも翌 44 年、高知の私立藤蔭高女の創設に携わる。だが、戦争末期の空襲で同校は解散。戦後は新制高知県立高校の創立に携わり城山高校・追手前高校の校長を経て、1951 年熊本大学法文学部教授、68 年立正大学文学部教授、80 年 3 月で教職を退かれた。という訳で教師生活 60 年になろうという当時、旧制小学校・中学校・師範学校・大学高等師範部・大学予科・新制高等学校・新制大学と、教え子諸氏が全国に大勢いらした。

21 1984 年 5 月、『社会思想史の窓』を編集・執筆し、社会評論社から刊行した。石塚氏がテーマを決め、「研究論文」などを依頼・募集した。2009 年 2 月、第 158 号で終刊。

22 『社会思想史の窓』出版記念会出席者への手紙(「お礼のごあいさつ」2015 年 4 月)。なお『革命職人

ヴァイトリング』は 2016 年の 10 月に出版された。

23　1987 年 5 月には、十九世紀古典読書会を設立（2002 年に十九・二十世紀古典読書会と改称、2013 年 3 月をもって休会）。1989 年秋頃には、フォイエルバッハの会を創立、さらに 1999 年 10 月には歴史知研究会を設立された。なお氏の博士論文のテーマは、「フェティシズムに関する社会思想史的研究」で、主論文は『フェティシズムの思想圏』（世界書院、1991 年）、副論文は『フェティシズム論のブティック』（論創社、1998 年）。2001 年 2 月、立正大学大学院文学研究科哲学専攻より博士（文学）を授与された。哲学専攻では田上孝一立正大学・東京電機大学非常勤講師に次いで第 2 号である。なお石塚氏は、博士後期課程在学の間に博士請求論文（「三月前期の急進主義」）を書き、1982 年、大学院事務局に提出した。だが諸事情のため、申請を取りやめた。その間のことは、本書所収の川島祐一「（増補）石塚正英先生の研究生活」に詳しい。

24　『叛徒と革命――ブランキ・ヴァイトリンク・ノート』13 頁、111 頁、参照。

25　1990 年代の中頃、旧浦和市（現さいたま市）の市民有志と「歴史教科書比較研究会」をつくられ、日本史教科書の近現代分野に関する比較調査作業を行った。2008 年 4 月には故郷上越市のご実家を改装して、NPO 法人頸城野郷土資料室を設立し理事長に就任。『頸城野郷土資料室学術研究部研究紀要』を発行され、自ら論文を次々と発表されている。

26　高等学校の歴史教育に関心を寄せられる石塚氏は、2013 年、『世界史プレゼンテーション』（社会評論社）を編集発行された。それを引き継ぐ形で、2019 年の春には「日本史歴史教科書比較調査」を、世界史研究会の会員有志と立ち上げられた。その趣旨は、「今度学習指導要領が改訂され、日本史は歴史総合と日本史探求に改編されます。それに伴い、教科書も大幅に改訂されることになります。つきましては 25 年後の現在、あらためて今日的事情に合わせて歴史教科書比較研究の作業を繰り返したく存じます」（世界史研究会総会〈2019 年 3 月 09 日〉のときのパンフレット）とのこと。25 年前とは注 25 にある「歴史教科書比較研究会」である。

27　酒井三郎・綱川政則両先生の講義録を、石塚氏が編著者として復活させた本に『歴史研究の基本』（北樹出版、2006 年）がある。『世界史研究論叢』第 1 号には、〈エッセイ〉「国家の興亡に立ち会った歴史家たち―酒井三郎『国家の興亡と歴史家』の復刻を記念して」を書かれ、同誌第 7 号には、酒井先生の第 1 作『《中等教員・高等教員》文検　西洋史《系統的》研究法』大同館版、1934 年、の抜粋を〈資料復刻〉として掲載している。これは石塚氏の編集方針だと思う。本稿注 10 に挙げた同誌第 7 号に書かれた〈エッセイ〉も木崎先生の業績を再評価し、新たに紹介したものである。なお綱川政則先生（1934～1996、ドイツ現代史専攻。元東京学芸大学・立正大学教授）は、1995 年立正大学文学部史学科の教授に着任したが、翌 96 年病死された。綱川先生は 1975 年から非常勤講師として立正大学の教壇に度々立たれた。私は綱川先生の講義を聴く機会を得なかった。

28　学問だけでなく、石塚正英氏の人生からは、「勤勉」・「努力」・「誠実」の大切さと、「信念を持って努力すれば必ず報われる」という言葉の真実を学ぶことができるであろう。その意味で石塚氏は「人生の教師」でもある。

29　私は修士課程在学中の 1977 年 1 月から私立高校の非常勤講師を勤めていたが、80 年 3 月退職。その後いくつかの職に就き、2011（平成 27）年 11 月、デイサービスの介護職を最後に無職。その間研究は続け、1990 年代からは日本仏教史を研究テーマとし、1999 年 8 月『日蓮』、2001 年 2 月『北条時宗と日蓮・蒙古襲来』（ともに世界書院）を出版した。『世界史研究論叢』には第 4 号（2014 年）から第 9 号（2019 年）まで、日蓮を中心とした〈研究ノート〉ほかを投稿し続けている。

※本稿は当初『世界史研究論叢』第 9 号〈エッセイ〉に投稿するために書いた。ゆえに注を付けたり、文字数も多い。ご了承ください。

（世界史研究会会員）

石塚さんのこと

白川部　達夫（しらかわべ・たつお）

　石塚さんの思い出と言うことになると、ずいぶんと昔のことになる。あまり正確な記憶ではないが、立正大学の西洋史で研究会をやって、本会の元を作った青木信家さんと私は同期であった。私は古文書研究会の会長だったこともあり、会の運営に苦労していたから話も合って、彼の下宿をのぞきに行ったこともある。そういうなかで、いい後輩がいるといって話題になったことが、石塚さんを知るきっかけであった。後で聞くと、石塚さんは一年遅れて大学に入ったので同年だったが、学年は一つ違った。

　その後、もう経緯は思い出せないが、当時立正短大の方の教員をしていた中尾堯さんと勉強会をすることになって、二人で発表をし合った。石塚さんの方は覚えていないが、私は当時、流行していた佐々木潤之介さんの『幕末社会論』（塙書房）を整理して、話した記憶がある。よく分かりもしないであんな難しい本に取り組んだのは若気のいたりというものである。しかし形を変えながら、これが私の研究のベースとなっていった。

　この時から、つかずはなれずという関係を続けたが、石塚さんはずっと私の意識のなかにあった。石塚さんと青木さんは二人で西洋史の後輩を育てて苦労していたし、私も法政大学の大学院へ移っても古文書研究会との関わりは消えなかったので、時々出合うようなことがあると、お互いに情報交換をした。法政を出て大学の非常勤講師をやるようになった時、Z 会の出題者のアルバイトを北原進先生から紹介されて、以来、金沢経済大学の専任講師になるまで 7 年間、このアルバイトを続けた。その時、機会があって、西洋史の出題者に石塚さんを紹介することができた。二人で交互に連載を書いたこともある。毎月 1 本問題とその解説を書くのは、締め切りに苦しめられ辛かったが、いつの間にか書く体力がついて貴重な経験だった。ところが石塚さんは、いとも簡単に書いているようで、楽しんでさえいるようであった。私など時々スランプ状態に陥るのだが、石塚さんにはそれがないように見えて、羨ましかったものである。それでも私はこれで、なんとか生活を支えることが出来て、大変助かった。非常勤講師や自治体史の仕事は時間に縛られる。そこに居ないと収入にならない。しかし原稿書きは、データさえもっていれば、自宅でも喫茶店でも仕事は出来る。ちょっとした合間を利用できるので、自由がきいて助かった。おそらく石塚さんも随分役に立ったのではないかと思う。

　金沢経済大学に就職できて、密かに石塚さんを迎えたいとも思っていたが、残念ながらその機会には恵まれず、その内、石塚さんは東京電機大学の方へ職が決まった。私が東京の現在の職場に戻ることになって、石塚さんは喜んでくれて、一緒に飲む機会を作ってくれた。13 年も東京を離れていると、もはや過去の人といった感じだったが、迎えてくれる人がいることはやはり嬉しかった。近年は縁があって、中央大学の非常勤で火曜日に毎週逢うことが出来ている。石塚さんは、昼で終わって本務校に向かうが、私は午後からの授業で、大学の非常勤講師室や階段ですれ違いざまに声を掛け合って、無事を確認し合っている。

　石塚さんの研究については、発言する資格はないが、その多彩な活動には敬意をいだいている。アイデアマンで、何事にも積極的に取り組む。私などのように面倒くさがりやで、

何をするにも腰の重い人間には想像がつかないことを軽々とやってしまう。人とひとのネットワークを気軽に作ってくれる。それができるのは石塚さんの裏表ない気さくな性格が大きく寄与している。そういう彼の姿を見ていると、私のほうもまだまだ老け込めないと頑張る気になる。これからも刺激的な仕事をしてもらいたいと思っている。

（世界史研究会会員）

私と石塚正英先生
―著作『歴史知と学問論』にことよせて―

石黒　盛久 （いしぐろ・もりひさ）

　人生の履歴という面において私と石塚正英先生の接点は、左程に密接なものではない。先生の母校・立正大学の同級生や後輩あるいは教え子として、或いは勤務先の東京電機大学の同僚として、先生の現実的・実務的に濃密な時間を共にした人も少なくないだろう。私と先生の交流は専ら、先生が発起人である世界史研究会や歴史知研究会の席であるに過ぎない。先生と私を結びつけてくれたのは、私が立正大学西洋史学科の非常勤講師であった折に、私の授業を受講してくれた、先生の直弟子ともいうべき中島浩貴君であった。最初は何か調べごとについての、石塚先生からの質問の取次であったように思う。それをきっかけに中島君から、先生を中心としたいくつかの研究会に誘われ、顔を出しているうちに居ついてしまった。別に出席しなければならない義理があるわけでもない。私の研究に直接につながる会でもない。会に参加した何人かの人のように、2、3回顔を出してそのまま失礼してしまってもよかった。だがそうはならずこの20年、石塚先生の研究会に通い続け、揚句の果ては世界史研究会の副会長として、形ばかりにせよ先生を補佐することになったについては、先生と私を結びつける何某かの縁があったことを想わざるを得ない。その縁とは、先生の研究の方法や姿勢であったと言う他ない。そのことを先生の著作『歴史知と学問論』にことよせて、少し語ってみようと思う。

　先生の学問の魅力は歴史学から出発しながら、自己目的化した実証主義に陥らず、文化史・思想史研究を窓口に、過去を自身の問題意識の相の下にとらえ返す、その射程の広さにある。「学問」の出発点を「現実なる人間に据え、その到達点、結論をも現実なる人間に据える」という、『歴史知と学問論』第9章に収録された先生の処女作劈頭の一句にこそ、その後の先生の研究の全方向性が懐胎されているといってよい。実にこうした研究の根本姿勢こそが、先生をして実証史学でも純哲学でもなく、古代や中世が現代と相即相入し合う物質的歴史の展開の中で、格闘し開顕していく文化史に基づく思想史へと向かわせることとなったに違いない。そのことをよく示しているのが先生の師の一人である酒井三郎の、更にはその師である大類伸の史学観に触発され創出された、〈歴史知〉なる石塚先生の学問の根底をなす観点を正面から論じる、『歴史知と学問論』第2章の叙述である。「文化史的方法に在っては、同一事実に対する解釈は、研究者の立場に従って種々に変ずる。其の求める所は唯一の決定的なものではなくして、常に変化して止まない解釈の多様性に存する」。大類伸のこの考察ほど、石塚先生の説く〈歴史知〉の在り方をよく示すものはないであろう。研究者はその置かれた多様な現実的課題や条件の中で、事象を多種多様に解釈する。

もちろんそれは自分の偏った解釈に閉じこもることを意味しない。それは個別多様な解釈の彼方の科学的真実の存在を直覚しつつ、それにたどり着こうとすればするほど、更に多様な解釈を生み出すとともに、その場その場の最適の解釈をその良識に即し選び取っていく、経験に裏打ちされた開かれた知である。

実をいえば E・H・カーの『歴史とは何か』に裏打ちされた、大類伸の歴史観は筆者の歴史観の形成に影響を与えた、最も重要な言説に他ならない。彼の言説の影響がなければ筆者は、ルネサンスの文化史研究、なかんずく「ちかごろ起こったことについての長年にわたる敬虔と古のことについての不断の読書」という、理論と実践の往還を通じその思想を練り上げていったマキアヴェッリの思想の文化史的研究に取り組むことは無かったであろう（大類がマキアヴェッリの歴史学的研究の、我が国における先駆者だったことは注目に値する）。筆者は自著『マキアヴェッリとルネサンス国家』の冒頭に、自身の思想史研究を貫く大原則として、「思想は確かに超歴史的性格を持つが、一方それは思想家という歴史的存在の生産物として、常に歴史の影響を受け続ける。歴史環境の影響を受けつつ、その不断の超克を通じ超歴史的なものに届こうとする精神のドラマ追体験すること、これこそが、間領域的知たる思想史のねらい」であると記した。筆者のこうした立場は、石塚先生がプレハーノフを踏まえ『歴史知と学問論』第3章に提示した、「精神や意識、観念としての人間ではなく、日々自然と社会の内で生活し、双方にはたらきかけることによって自らを再生産していく具体的・現実的な人間」が創造する歴史の探究を通じて獲得される知としての〈歴史知〉と重なり合うものである。

冒頭語ったように、その出席に何の義理もなく、いつやめてもよかった世界史研究会や歴史知研究会にぽつぽつと、しかし20年も顔を出し続けたのもそこが、こうした石塚文化史学との照合を通じて自身の文化史論を精錬する道場だったからだと思う。小著ながら『歴史知と学問論』は石塚先生と私自身の思想的な絆を再確認する上で、実に興味深い著作であった。〈歴史知〉の実践の一例として同書の第8章に取り上げられた大井正の『未開思惟と原始宗教』が、ホイジンガの『ホモ・ルーデンス』の一読により現代にまで続く精神の古層の引力に気づき始めた筆者の、文化史的思考を飛躍させ作品であったことなど、石塚先生と自身の思考を結ぶ補助線を私は他にも数多く発見することができる。だが更にそれを語るには、当初予定していた紙幅が尽きてしまった。そうしたことについては、今後私が世界史研究会や歴史知研究会を通じて、石塚先生が育てた多くの若い学徒と共に、〈歴史知〉を基礎とした文化史研究を発展させていく営みの中で、改めて触れる機会もあることだろう。

（世界史研究会会員）

石塚先生の思い出

宮崎　智絵（みやざき・ちえ）

「それは、むかしむかしのことじゃった、、、」というぐらい時が過ぎてしまった。私が学生の当時、立正大学文学部史学科では、1年生の12月に史学概論の授業で2年生の基礎ゼミの希望をとり、2年生以降の専攻が決まっていた。史学科の学生のほとんどは入学

前から大学で研究したいことは決めているため、希望者が多い日本近現代史は、中世史・近世史や東洋史など他の専攻に変更させようと先生が説得をした。（みんな自分が近現代史でなければならない理由を述べ、誰も説得には応じなかったが、、、）そのような状況のなか、史学科110名の中で西洋史を希望したのは20名程度だったためスムーズに決定した。私の場合、研究したい内容が考古学と西洋史のどちらでもよかったため非常に迷った。助手に相談した結果、西洋史専攻となったのである。思えば、この時、考古学にしていたら石塚先生とお会いすることはなかったのである。（アブナイ、アブナイ！）このようにして2年生で無事に西洋史の基礎ゼミを選択することとなった。

　石塚先生の授業を無事に受講することとなったが、第一印象は、「若い！」「何かわからなけど、すごく勉強になりそう！」といったワクワクした感情を覚えている。先生の醸し出す雰囲気が明るく前向きだったのだろう。私たちも知識欲を刺激され、高揚感を覚えた。石塚先生の担当されていた西洋史基礎ゼミは、一番進んだゼミと言われ、他のゼミ生に羨ましがられていた。まさに大学で研究する基礎を学ぶことのできる授業で、論文に使用する資料の選び方、発表や質問のしかた、レジュメの書き方、ドイツ語の歴史の辞書を英訳したものを日本語に訳する課題を通して、専門用語の訳し方や専門用語の基礎を学んだ。さらに先生から論文の抜き刷りをいただき、解説してくださった。「政治的急進主義とキリスト教−19世紀前半期ヨーロッパにおける−」「青年ドイツ派のサン・シモニズム受容とキリスト教批判」「マルクス思想の学際的研究」「ヴィルヘルム＝ヴァイトリングにおけるキリスト教信仰の意味」の4冊である。初めて本格的な論文に触れ、難しかったと同時に、このような論文が書けるようになりたいと強く思った。いま再読してもいろいろ発見することがある。例えば、「政治的急進主義とキリスト教」で先生は、「紀元前6世紀のインド社会において、時の支配宗教であったバラモン教に抗して登場した原始仏教徒とジャイナ教徒の活動は、当初から政治的姿勢を前面に出した社会運動と捉えることができよう。」としている。政治運動・社会運動と宗教との結びつきの事例として挙げているが、先生の視点はインド研究にも大変参考となる。また、発表は通年科目だったため、2回行なわなければならなかった。自分がこれから研究したいことを発表したが、ネアンデルタール人か、フェニキア人か、古代エジプトのミイラにしようか迷っていた私にとって、よい機会となった。このように内容が充実していた基礎ゼミは石塚先生のゼミだけだったのである。また、質問すると次の週に資料を用意してくださり、わかりやすく教えていただいた。自分が教員になってみると、これがとても大変なことがわかり、改めて先生のすごさ、有難さを実感した。この授業は、その後の私の研究者としての基礎となったのと同時に、基礎ゼミを担当した時のお手本となったのである。

　さらに、2年生の時、先生の西洋史概説Ⅰの授業を受講した。特に印象に残ったのは、ヴァイトリングである。先生のヴァイトリングに対する思いが我々にも伝わり、みんな熱心に受講していた。同じ年に哲学概論でマルクスの授業を受けていたが、先生のマルクスの解釈はその授業とは全く違い、学問の奥深さ、面白さ、多角的視野を意識することができるようになった（ように思う）。当時、先生のご著書『ヴァイトリングのファナティシズム』[長崎出版:1985]を購入しているが、今、見てみると、ちゃんと線を引いて最後まで読んだ形跡がある。（当時の自分を褒めたい！）ただ、きちんと内容がわかっていたかは、甚だ疑問である。というか、全然理解していなかったのである。読み返してみると、今まで思っていた、認識していたことと違うのである。とくに、マルクスに関して、「マ

ルクスを、すくなくとも 1848 年までのマルクスをユートピアンと位置付けたほうが三月前期的すなわち現実的だということを強調したいだけなのである。」と、先生はお書きになっているにもかかわらず、先生は単にユートピアンとして批判していると理解していたのである。おそらく、同級生の中で、読み返した人はいないと思われるので、誤解したままであろう。私は再読する機会を得たおかげで、非常に浅く短絡的な読み方をしていたと認識することができた。きちんと一文一文を読み、理解する姿勢に欠けていたことを猛省するしだいである。

　そして、それまでの高校の授業とは違った正に大学の歴史の授業で、我々は多くのことを学んだ。大学で習う歴史の面白さを先生に教えていただいた。また、多くの興味深い本を紹介してくださった。私にとって特にデュメジルの『神々の構造』は非常に面白く、夏休みに夢中になって読んだ。この本は、非常にグローバルな視野で印欧語族の構造を分析しており、当時の私は、目の前のカーテンが開くような、そのような気がした。高校生までを過ごした熊本の限られた読書環境ではなかなか出会えない本であり、自分の読書の狭さを実感し、もっといろいろ読みたいと思わせるものであった。いま思い返すと、先生のご著書とデュメジルの本が研究に足を踏み入れる第一歩となったと言っても過言ではない。

　そして、時は過ぎ、約 30 年。田上先生から石塚先生のことはお聞きしていたが、歴史知研究会にお誘い頂き、石塚先生と再会することができたのである。研究会の教室に入って行くと、口ひげを蓄えてはいらっしゃるが、30 年前と変わらない学問に、研究に情熱を注ぐ先生がそこにいらっしゃった。長い年月が経ったとは思えなかったのである。私は大学院で社会学に専攻を変えたが、先生は優しく受け入れてくださった。先生とお会いしていない間も先生のご著書は拝読させていただいていたが、歴史知研究会に参加させていただくようになって、先生のご著書に触れる機会が多くなり、改めて先生の見識の深さ、研究に対する姿勢などを再認識した。それは、先生の背中を少しでも追うことができるように頑張らなければというエネルギーをいただいていることでもある。

　また、研究生活 50 年記念講演では、先生のそれまでの学問の歴史など貴重なお話を拝聴することができた。先生の研究の時代背景は、非常に興味深いものであった。先生の様々な経験がいまの先生を、そして研究を形成しているのである。また、フィールドワークをする者として、先生の体験談は大変参考になった。（やっぱりお酒はたくさん飲めた方がいいのですね、、、）大学 2 年生の時には、このような日が来るとは想像もしていなかった。たくさんのお話の中で、カブラルのお話は非常に興味深いものであった。私は以前、論文でファノンを用いたことがあるが、カブラルは用いていなかったのである。カブラルを用いていればもっと深い分析ができたのではないかと思う。さらに、『シーシュポスの神話』を引き合いに出されていたが、この本は、高校からの愛読書である。何度も何度も岩を山頂まで押していく罰を受けたシーシュポス。だが、カミュはそのシーシュポスを悲惨な運命とはせず、岩を押し上げていく間には希望があることを教えてくれる。シーシュポスの運命はかれの手に属しているからだ。辛い時、苦しい時に何度も読み返したものである。久しぶりにそのことを思い出させてくださり、感慨深いものがあった。『シーシュポスの神話』を読む余裕さえ失っていたのである。また、バッハオーフェンの『母権論』は、大学院の指導教授が好きな書物で、学生の我々もよく読んだ本である。先生の講義の後で、再読してみたくなった。フレイザーの『金枝篇』は、研究室に原書があった

が、完訳があったらいいなと思っていた。まさか先生が完訳の監修をなさるとは！！そして、やはり一番心に響いたのは、「学問するとは何か」というお話である。長く非常勤講師をしていると、努力が実らないどころか取り巻く環境は悪化する一方であるため、研究の方向性や研究意義を見失いがちになる。そのような私にとって先生の研究姿勢は、改めて研究することの意義や楽しさを前向きに考えることができるようにしてくれるものであった。

　とにもかくにも、先生の研究生活 50 年の講義の場に参加することができたのは、非常に幸運であり、先生と再会することができたのは本当に幸せであった。これからもお元気で、我々の道標となってください。

（歴史知研究会会員）

石塚先生との思い出

梅澤　礼（うめさわ・あや）

　専門を聞かれて答えるたびに、気づまりな沈黙が流れる。その後、相手が文学研究者であれば「歴史の人なんですね」と言われる。ふつうは作家の名前を答えるからだ。相手が歴史家であれば、「文学の人なんですね」と言われる。歴史ではすでに研究されつくしたテーマだからだ。

　石塚先生の研究会に参加するときも、気が重かった。専門を口にしたときの、あの沈黙、あきれたような表情を、また見なければならないのだ。

　「近代フランスの、犯罪や監獄の描かれ方について研究しています。」
言い終わって顔をあげると、そこには石塚先生のきらきらと輝く瞳があった。

　「おもしろいね！ぜひ一緒にやりましょう！」

　『戦争と近代－ポスト・ナポレオン 200 年』、そして『近代の超克－フクシマ以後』。一つのテーマについての共同研究で、自分の専門が必要とされるということが、ただただうれしかった。と同時に、視点を変えるごとに新しい発見をもたらしてくれるこの専門を、誇りに思った。

　そのうち、文学研究者の中にも歴史家の中にも仲間ができるようになってきた。共著の経験を経て、全体のテーマに合わせた発表ができるようになったからだ。単著を出すことになったときも、文学の章と歴史の章をもうけた。渋沢・クローデル賞の授賞式では、文学研究者と歴史家双方から祝福の言葉をいただいた。

　けれどももっとも感慨深かったのは、石塚先生が、あのときのように目を輝かせて駆けつけてくださったことだった。しかも、私が文学研究者や歴史家たちに囲まれていたときには、富山の学生たちが孤立しないよう、話しかけてくださってさえいた。

現在私は、どの研究会でも、どの懇親会でも、見ず知らずの若い研究者たちに声をかけるようにしている。彼らの孤独と不安がわかるからだ。そして機会があれば一緒に発表する機会を提案している。石塚先生がしてくださったように。

（富山大学准教授）

師としての石塚正英先生

中島　浩貴（なかじま・ひろき）

石塚正英先生との出会いはとても偶然でしたが、今から考えると必然であったようにも思います。私が最初に石塚先生のお名前をはっきりと知ったのは、綱川政則先生（ドイツ近現代史、外交史）の『ヨーロッパ第二次大戦前史の研究—イギリス・ドイツ関係を中心に』刀水書房、1997年のあとがきではなかったかと思います。1996年3月12日に急逝された綱川先生の遺稿となった本書では、石塚先生が中心となって原稿をまとめたことが記載されていました。私が立正大学文学部史学科に進学したのは、もともと綱川先生がいらしたためでした。叔父が北海道で教師をしており、その叔父の知人が東京の大学の事情についても詳しく、ドイツ外交史が専門の綱川先生が東京学芸大学から立正大学に移ってこられたことを聞いていました。そのような私にとって綱川先生の急逝はとてもショックでしたが、そのあとがきで力強く研究活動を続けておられる大先輩がいることを知ったことを覚えています。その後、石塚先生がドイツの三月革命前期の急進主義者であるヴァイトリングなどの研究をされていること、さらに三月革命期に限定されない多種多様な著作活動を行われていることを知りました。その著書、研究の出版ペースの速さとそこにとどまらないさまざまなエネルギッシュな活動に驚いたことを覚えています。

石塚先生本人に初めてお会いしたのは、大学院生修士課程であったとき、立正大学史学会の席だったように思います。そこで挨拶をしたことは覚えていますが、その場ではじっくりお話しできなかったように思います。ただ、そのあと個人的にお声がけいただいたり、立正大学西洋史研究会の集まりや活動などで、ご一緒できるようになったように思います。そして、ほぼ同じころ先生が主催されている歴史知研究会にお誘いいただき、気がつくと事務局の一員として研究会の運営にかかわることになったのではないかと思います。

立正大学西洋史研究会・世界史研究会

立正大学では、私自身は佐藤進先生（古代オリエント史、古代オリエント、ペルシャ史）、高橋理先生（ドイツ中世史、ハンザ同盟）にご指導を賜りました。柏倉知秀さん（ドイツ中世史）、吉田裕季さん（ハンガリー近現代史）、桑村政則くんらと西洋史研究会で協力して作業したこともいい思い出です。そのころ、研究会誌『立正西洋史』の発行にもかかわったように思います。発行に際しては、石塚先生が毎号原稿をくださったおかげで軌道に乗ったことが思い起こされます。その後私は博士後期課程は早稲田大学大学院へ移りましたが、引き続きOBとして協力していくことになりました。会員の減少など様々な理由から残念ながら立正大学西洋史研究会は2011年に活動を停止することになり、『立正西洋史』もこれと前後して休刊となってしまいました。とはいえ、『立正西洋史』

はすでに立正大の枠を超えて研究業績を発表する場へと進歩しており、現在の世界史研究会は、この流れを引き継いでいます。

　世界史研究会と『世界史研究論叢』では、特定の大学や地域を超えたより開かれた研究会として活動することを意図しています。論文も歴史学を中心にしつつ、政治学、宗教史、文学や教育学などの周辺領域を含み、広範な領域の研究者の投稿がなされています。投稿される論文は査読による審査がおこなわれたのち、掲載が確定されることになっています。石塚先生は、当会の設立に中心的な役割を果たされ、初代会長の青木信家先生に引き続き、世界史研究会の二代目の会長を務めてこられました。わたしも事務局としてこの会にかかわってきました。

　『世界史研究論叢』はすでに一定の評価を得ており、論文は『史学雑誌』の「回顧と展望」にも取り上げられています。それに加えて論文投稿者には若手研究者が数多く巣立っています。現在『世界史研究論叢』は第9号（2019年）まで出版されましたが、執筆者の中で若手研究者に限っても、投稿後に大学や高校の専任教員になった人物を10名ほど輩出しています。このことだけでも世界史研究会と『世界史研究論叢』が歴史研究の一つの重要な場として機能しているといっても言い過ぎではないでしょう。

歴史知研究会

　歴史知研究会についても、2002年から2017年頃まで事務局の一員としてお手伝いしました。歴史知研究会は、1999年に石塚先生の発案により発足したものです。最初期の歴史知研究会は民俗学、地域のローカルな歴史に近い問題を扱う傾向が強かったように思われますが、時間が経つごとに参加者も歴史、哲学、文学などのさまざまな領域の研究者、大学院生が集うことになった結果、歴史知の「知」の部分は、多様性、学際的な色彩を強く帯びていったように思います。歴史知研究会では、毎年3−4回の定例研究会を行っており、私自身は事務局としてそのたびごとの報告者を探してくるのが結構大変であったことを思い起こします。ただ、研究会も評価が高まってくるごとに、優秀な若手研究者の報告が続くことになりました。歴史知研究会は当初、神田錦町の東京電機大学17階の会議室で行われていました。今現在、東京電機大は神田錦町から北千住にすべて移転してしまいましたので、かつての研究会の雰囲気は完全に記憶のなかにしかありません。休日の電機大に入校するには、鉄の扉を開けて階段を上がり、エレベーターで17階まで登っていく必要がありました。休日でほとんどだれもいない校舎に入り、重厚な会議室で研究会を行ったことは今でも思い起こされます。歴史知研は学際的な内容であったことも幸いしてか、往時には20人以上の参加者を数えることもあり、会議室はいっぱいになりました。研究会に活気がある状況を見て、参加者からこの会には勢いがあるという言葉をいただいたことも一度や二度ではありません。研究会が終わった後の懇親会が盛り上がったことは、今でも思い起こされます。石塚先生は会長としてすべての会に参加くださいました。体調が悪い日もおありだったのではないかとも思いますが、私の記憶の許す限り欠席されたことは一度もなかったように思います。いま思えば、研究会の活気も先生のエネルギーによってけん引されたのではないかと思います。

東京電機大学

　電機大でのご縁も、大学院生時代に外勤副手で呼んでいただいたのがきっかけです。大

学院在学時代、副手業務は大学で働くことを知るうえで非常に得るところが大きいものでした。副手時代には河野次郎先生、工藤豊先生、小畑嘉丈さん、加藤敦也さんたちとご一緒できたのも良い思い出です。その後、石塚正英先生は 2008 年からは情報システムデザイン学系に転出され、その後任として非常勤講師として歴史学を担当させていただいたことが、今の私の仕事につながるきっかけとなりました。電大で働きだしてからも、これまで学内のさまざまな業務でご一緒させていただいています。

石塚先生は、関東での研究活動、教育活動以外にも、生まれ故郷の新潟・高田や北千住での地域貢献活動も数多く行われています。新潟での頸城野郷土資料室（KFA）での活動でお呼ばれし、二度ほど新潟にお邪魔しました。当地で KFA の活動の積極さに驚いたことを覚えています。その後、新潟高田に伺うのは難しくなってしまいましたが、歴史ある雁木の街並みを拝見したことは今でも懐かしく思い起こされます。歴史学の研究者、その中でも外国史の研究者はあまり地域活動には熱心ではない印象が強いのですが、先生は別でした。いま私は電大がある埼玉で北坂戸の「にぎわいサロン」の活動に協力していますが、これも考えてみれば先生の地域活動にインスピレーションを受けたものといえるかもしれません。

人間関係の仲介者

石塚先生が長年教えを受けてきた恩師たちについて、時折うかがう機会があったことは私にとって非常に関心深いことでした。とりわけ、1976 年の立正大学西洋史研究会の創設者が石塚先生であったことや、その歴代の西洋史の教員に関する逸話は興味深いことばかりでした。ルソーの思想史的研究で知られる酒井三郎先生のこと、ドイツ近現代史の大家・村瀬興雄先生のこと、木崎良平先生、そして綱川政則先生のことをお教えいただきました。著作や研究を存じ上げていたけれど、直接面識を受けることのなかった先生方の話を伺えることは喜びでした。また、世界史研究会の初代会長であった青木信家先生についても、先生とのつながりがなければ、お会いすることはかなわなかったでしょう。高校をご退職されてこれから研究を続けていきたいとおっしゃられた青木先生が急逝なさったことは、あまりに悲しい出来事でした。

思い起こせば、私の妻、史香との出会いについても、先生の存在が大きなきっかけであったことが思い起こされます。石塚先生が主催していた研究会の飲み会で出会ったのが妻でした。飲み会に呼ばれたときに、その場に同席していなければ、おそらく私たちが出会うこともなかったでしょう。子どもたち二人を含めた一家四人のいまの家族生活もなかったことでしょう。そうして思い起こしてみると、石塚先生とご一緒してきたここ 17 年間で私が恩恵を得てきたなかでも、人間関係から得たものはかけがえのないものあったように思います。石塚先生を介して、あるいは研究会などで間接的に相まみえることになった人たちとの豊かな実りを私自身満喫してきました。この点、石塚先生の豊かな研究、文化活動の背景に、きわめて肥沃な人間関係が横たわっているように思います。そして現在、社会のなかで希薄になりつつある人間関係を考えてみる際に、石塚先生がなされてきたことは現在へのアンチテーゼとしての意味も持ちうるのではないかとも思います。

私にとっての石塚先生

石塚先生の仕事を見たときに、いつも感銘を受けるのはその視野の広さです。特定の研

究の方法論にとらわれずに、石塚流のやり方で問題を俯瞰して論じておられるように思います。それは、『三月前期の急進主義』に端を発した問題意識が、際限なく拡大していったようにも見えます。ドイツ近代史を発端としながらも、近代以降作られてきた人工物としての現状認識や枠組みに対し、様々な角度で疑念を呈してこられたように思います。石塚先生の視点を限定せずに問題を広く把握していくことと、できるだけ広範に物事をつかんでいこうとする姿勢はいまでも私にとって大きく得ることができるものですし、最大のお手本となっています。私はある意味で先生についてドイツの文豪ヨハン・ヴォルフガング・フォン・ゲーテを思い起こします。石塚先生の研究には、ゲーテ的な多様性、汎神的なものへの視野の広さがあります。ゲーテ的なものとは、人間性、多様性の結びつきが作り上げた世界であり、教養主義ともかかわってきます。視野狭窄をもたらす、近代的、中心主義的、特定の「科学的」方法論とは違う物事への関心の広がりを与えてくれるもののように思います。

　石塚先生の20年近くにわたる学恩は、私自身の物の見方を狭いものに限定しないことの大切さ、特定の方法に安住しないことの大事さを深く気づかせてくれるものであったように思います。私自身の問題関心は、ドイツ近現代史、その中でも軍事史という非常に狭い領域であることは変わりません。しかし、歴史知研究会や世界史研究会などでの活動で、その専門の領域にとらわれないことの大事さを骨身にしみて知りました。とくに、特定の領域を考えるうえでも、脱領域的、総合的な問題認識を忘れてはならないことを学びました。

　最近の社会全体の余裕のなさ、硬直化した社会常識にとらわれることなく、幅広い視野でものを考えることの重要性のなかで、「教養」の重要性が唱えられる必要があるばかりか、それを考えていく方策の一つとして先生のフレキシブルなものの見方は大いに示唆に富むものではないかと思います。専門的、実用的な世界観に伴う負の問題を克服するために、教養を強化ないし再構築する必要性がことに増しています。その根源に脱近代的思考の重要性、柔軟な知が必要であることを先生から学んだように思っています。私の人生にとってあまりに多くのことを、石塚先生から学んだようにも感じられます。今後も末永く、ご教授賜りたく存じます。

（世界史研究会会員）

石塚正英さんとの絆と学恩

やすい　ゆたか

1、熱海のホテル『季刊クリティーク』の創刊編集会議で

　今から35年以上前の話になりますが、『季刊クリティーク』という雑誌が青弓社から出ることになって、当時三重短大の鷲田小彌太さんから編集委員に成れと言われまして、熱海のホテルで編集会議に臨んだことがあります。当時はまだ民学同系だった鷲田さんが編集長になると思っていたのですが、全く毛色の違う小倉利丸さんがなったのです。

　そのせいもあり、結局『季刊クリティーク』ではほとんど活躍できませんでした。そんなことは今となってはどうでもいいのです。奇跡的な出合いがあったのですから。石塚正

英さんとの出会いです。驚いたことに編集長をだれにするかで石塚正英さんは私を推薦したのです。これにはぶったまげましたね。私にとっては編集委員の面々はほとんど得体のしれない人たちです。私はどちらかというと旧左翼の影響が強かったのですが、面々はほとんど新左翼系、あるいはノンセクト・ラジカルの人々だったのです。

　ですからとてもまとめていける自信はないし、石塚正英さんのことも初対面で何も知りませんでした。どういう意図で推薦してくれたのかも分からないからパニックになってしまったのです。後から彼はアフリカのカブラルを研究していて、その関係でフェティシズム論に関心があり、それで私の論稿も読んでいて、なかなかシャープだと思ったからという極めて素朴な動機だったと分かったのですが。

　ただ『季刊クリティーク』は 1985 年 5 月創刊です。拙著『人間観の転換―マルクス物神性批判』が 1986 年 4 月刊ですから、熱海の編集会議は拙著が出る一年以上前だったことになります。石塚さんは原稿段階で目を通されていたのかも知れませんね。

2、五軒長屋で飛び出したイエス聖餐仮説

　石塚正英さんとはそれ以来のお付き合いで、石塚正英さんには極めて大きな思想的影響を受けています。その一つは石塚さんを大阪の住吉区の五軒長屋の自宅に招いて行った『フェティシズム論のブティック』(1998 年 6 月)のための対談で飛び出しました。イエス・キリストに対する聖餐仮説です。

　まあ二人は夢中で議論に没頭しました。あんなに充実した議論は一生そう何度もあるものではありません。まさに私には至福の時間でしたね。そこでアニミズムとフェティシズムが融合するとカニバリズムに繋がりやすいのではないかという議論になり、なんとイエスを弟子たちが食べたのではないかという議論に発展したのです。

　後日、私はその議論を元にして、イエスの聖餐によって聖霊を引き継いだと思った弟子たちは全能幻想が肥大化してイエス復活を共同幻想したというイエスの聖餐復活仮説に到達しました。それで『キリスト教とカニバリズム』(三一書房、1999 年 4 月刊)『イエスは食べられて復活した』(社会評論社、2000 年 9 月刊)の二著を出しています。石塚さんの場合、アニミズムとフェティシズムの融合によって、イエスを弟子たちが食べてしまったことまでは、大いに可能性ありとみておられます。しかし残念ながら、宗教心理学的に全能幻想が極大化して、イエスの復活を共同幻想として弟子たちが経験したという私の解釈については、納得されていないようでした。

3、新宗連シンポで「三つのL」を提唱

　2007 年 2 月東京の如水会館で新宗連 55 周年シンポジウムが開催されました。そこに石塚さんと一緒に私もコメンテーターとして招かれたのです。もちろん石塚さんの紹介があって呼んでいただけたわけですが。石塚さんは「共苦する神―21 世紀のヒューマン・インターフェイス」と題して、人間同士はもちろん、人間と機械、人間と自然、生者と死者、正義と悪、物神たちと人間たちの間の共苦することによる対話の可能性を感動的に語られました。

　このシンポは大掛かりのものでしたので、準備会もあり、そこには各宗派の最高幹部格の人が集まりました。私はそこに妻のお手製のドラ焼きを持参し、共に食べるというところに宗教の原点があるということで話題を提供しました。当時はオーム真理教事件や 9・

１１同時多発テロ事件を経て、宗教に対する忌避ムードが広がり、新宗連に属する新宗教の各団体も教勢の維持に腐心していました。こういう時こそ宗教の原点を見据えて、そこから再出発するしかないという思いを込めたドラ焼き作戦だったのです。

実際にキリスト教の場合、礼拝を主イエスを食べることを意味する聖餐式（ミサ）といいますし、日本神道の原点は毎日三度の食事を神として手を合わせ「いただきます」というところにありますからね。

私は、宗教間の和解が出来ていないことによって、ハルマゲドンの危険さえあることを見据え、もう一度、信仰の原点を見直し、宗教や宗派を超えた共通の信仰を明らかにし、各宗教はその現れの違いに過ぎないという認識を共有し、共に人類が抱えている問題を解決するために力を合わせるべきだという話をしようと思いました。そこで思いついたのが「三つのL」です。

私は「光であり愛であり命である、そしてあなたである」と題して話しました。光 Light、命 Life、愛 Love の「三つのL」は誰もが信仰せざるをえないのではないかという教えです。光は万物の根源ですし、希望ですし、理性をも意味します。光が存在することを信じ、光に頼らないでは日々の営みは全く成り立ちません。命は光の現れであり、活動ですね。生きているということは、感じることであり、求めることであり、行うことです。今を生きているからこそ、命を信じるからこそ我々は充実できるのです。しかし愛がなければ、すべては虚しくなってしまいます。愛に生き、愛のために活動するからこそ、生きることは喜びにあふれる事ができるのです。

ですから、どの宗教も「三つのL」への信仰の現れであり、違いはウェイトの違いであったり、それらを一つの神に還元するか、すべての現れに神をみるか、あるいは主客未分な状態において悟りとして捉えるかの違いなのです。ですから全ての宗教は三L教の現れに過ぎない、みんな根源においては同じ信仰なのだということです。そのことを自覚すれば宗教的和解は可能になり、恒久平和は夢ではなくなります。

まことに「三つのL」についての考えをまとめることが出来たのは私自身の宗教的自覚を深めることが出来ましたし、人類の宗教的和解への灯明を掲げる事ができたということで、その機会を与えてくださった石塚さんには感謝しています。もっとも異教との差別化をアイデンティティにするのが宗教の宿命なので、三L教のような普遍宗教の原理は職業的な宗教者からはシカトされるかもしれませんが、真の宗教者の胸には必ず響くものがある筈だと確信しています。

４、第四本宮の祭神は元は神功皇后ではなかった？

『フェティシズム論のブティック』についての対談よりもずっと前だったように記憶していますが、石塚さんは何かの帰りに大阪に寄られ、住吉神社を案内して欲しいと頼まれたことがあります。私は 22 歳で結婚するまでは大阪の大正区に住んでいましたが、住吉区に親類があり、毎年住吉大社には年賀で参詣していました。実は我が家は明治以来の四代目のクリスチャンの家系なのですが。石塚さんはフェティシズム研究家として、住吉信仰は海神信仰なので、崇拝の対象は海だということで、本宮には御神体がないということに大変興味をもっておられたのです。

今思えば、この時の住吉神社訪問が住吉神社への私の愛着を強めて、後の日本古代史研究に大いにプラスに働いています。その時以来ひっかかったのが本宮配置です。というの

が、第四本宮だけ列から離れているのです。それに第四本宮は住吉大社を創建した神功皇后を祭祀しています。つまり神功皇后は祀る神なのに、祀られているのです。

　創建者は住吉三神を祭祀しているのです。だから自分も祭祀するのは理屈にあいません。元々新羅征伐での神々の貢献に感謝して祭祀したのです。天照大神が神功皇后に憑依したという記紀の記述から見れば、天照大神が第四本宮に祭祀されていて当然の筈なのです。

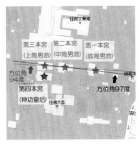

　住吉神社の後継者が、創建者を祭祀したくなったら、本宮に祭祀するのではなく、神社の境内に別宮を建てる筈です。ところが禰宜の津守氏は神功皇后が、ぞっこんに惚れ込んでいた上筒之男命の側にいたいということでと、気を利かしたかに説明しています。しかしそれでは何故天照大神を祭祀しなかったかの説明にはなりませんね。

　私の仮説通りに、天照大神が主神だったことにされたのが七世紀からだったとしたら、第四本宮に祀られていたのは、元々主神だった天之御中主神だったことになります。ところが七世紀になっての主神差し替えで、第四本宮も天照大神に差し替えるよう朝廷から命令があったのですが、住吉大社はそれでは天之御中主神が祟って世界が滅びるぐらいに言って、断ったと思われます。しかし元のままでは主神差し替えがばれるので、朝廷を敵に回してしまいます。そこで神功皇后を祭祀することで折り合ったというのが私の解釈です。つまり第四本宮に神功皇后を祭祀しているのは、主神差し替えの一つの証拠だというわけです。

5、歴史知と包括的ヒューマニズムのコラボから日本古代建国史の脱構築

　今世紀に入ってから石塚さんの「歴史知」と私の「ネオヒューマニズム（包括的ヒューマニズムと改称）」のコラボをウェブの『やすいゆたかの部屋』で展開しました。私は歴史知から大いに刺激を受け、科学的歴史学にこだわりすぎた戦後史学を私なりに再構成した「歴史知」で乗り越える試みを展開しているのです。

　七世紀までの日本古代史はほとんど確かな文献史料がありません。史実を科学的に確定することはほとんど不可能です。それで戦後史学は大和政権の大八洲統合も考古学的資料の前方後円墳や三角縁神獣鏡の分布で説明しようとするのです。

　しかし国家統合がなされていなくても、倭人通商圏ができていれば文化的共通性は成り立ちます。古墳や鏡の分布が大和中心というだけで、大和中心の国家統合が成り立っていたとは決めつけられないのです。つまり箸墓古墳の築造年代と卑弥呼の没年が一致するだけでは邪馬台国大和説は証明されたことにはならないのです。

　戦後史学は、戦前に記紀を盲信して皇国史観に陥り、軍国主義に悪用されたことを反省するあまり、記紀の神話を四世紀の英雄時代を含めて記紀編纂期の創作と決めつける議論が幅をきかしてしまいました。つまり記紀の矛盾から元の伝承をあぶり出すことで、史実に接近するという方法が取れなくなったのです。

　元の伝承があって、それが改変されたというのがオーソドックスな方法の筈なのに、日本神話に限って記紀編纂期のでっちあげだとか、藤原不比等の夢だとかいうのです。これ

は他愛もない、根拠薄弱な決めつけです。それが科学的歴史学の名の下に横行してしまっているのです。

　もちろん記紀編纂期に創作された部分もあるでしょうが、古い伝承もそれ以上にあった筈ですね。先ずは記紀の矛盾点を精査して、そこから改変される前の元の伝承を浮かび上がらせ、それでどこまで説得力ある建国史像が再構成できるかやってみるべきではないでしょうか。それが「歴史知」的方法ではないかというのが私の発想なのです。

　つまり今となっては科学的には実証できないけれど、その意味で歴史物語の枠内にとどまるけれど、誰もが納得できる建国史はどういうものかについて、記紀の矛盾から再構成されたものでどこまで迫れるかが重要なのです。その際に外国の史料や考古学的資料との整合性ももちろん必要ですよ。

　物語と科学は違うということにこだわり、歴史物語は科学でないから歴史ではないということになれば、だれも建国史について語れなくなってしまいます。歴史物語においてよりリアリティのある説明はどちらかという議論は、学問的に成り立ち得るのです。そうである限り、科学でなくても学問ではありうるということでしょう。

　石塚さんの「歴史知」という発想は「科学知」だけが知ではないということで、科学知にこだわれば到底語り得なかった、日本建国の端緒を展開することを可能にしてくれたのです。その意味で石塚さんの学恩は計り知れないぐらい大きいです。拙著『千四百年の封印―聖徳太子の謎に迫る』と『天照が建てた国』（いずれも SQ 選書）はその成果であると言えます。

（ウェブマガジン『プロメテウス』編集長）

石塚さんの本

入江　公康（いりえ・きみやす）

　2012 年の夏に現在の住所に引っ越した。それまで住んでいたのはせいぜい 5 畳程度の部屋だったが、学生時代からなので通算で 25 年ちかくそこにいたことになる。よくまあ、そんなところに長いことと住んだものだとじぶんでも呆れるばかりだが、引っ越す金もままならなかったのだからしょうがない。

　そんな折の 2011 年の 3・11 だった。せまい空間にひしめくように積んであった本が雪崩をうって倒壊した。つくえのうえ、本棚のうえ、棚に重ねていれていた本が一斉に降ってきた。重い本もあるから打ち所が悪かったらと、いま考えてもヒヤヒヤする。太ももまで本に埋まったくらいだ。外では大きな揺れに不安になった近所のひとたちが、家から出てきてざわついていた。

　それからまる一日、あとかたづけに追われ、原発がとんでもないことになっているのを知らなかったくらいだ。いくえにも重なっていた本が崩落したのだから、古層にあった本が露出した。ひさしぶりに陽のもとにあらわれた本たちに、かたづけをしながら懐かしさを覚えつつ余震とたたかっていた。

　その露出した本のなかに石塚さんの『三月前期の急進主義』（長崎出版）、『ヴァイトリングのファナティシズム』（長崎出版）、『アソシアシオンのヴァイトリング』（世界書院）、『フェティシズムの信仰圏』（世界書院）があった。

こういうふうにいうと、なんだか石塚さんの本をずっと放っておいたように思われるかもしれないが、そうではなく、すこし時間が経つとすぐにそこらじゅうを本が覆ってしまう、それほどまでに狭い部屋だったということをわかってほしいのだが……。

　さて、本そのものはこの4冊しかもっていなかったが、古書店があればついついはいって古本探索をするたちだから、石塚さんのお名前は背表紙などで学生時代からよくお見かけしていた。

　マルクスやマルクスにつらなる人物についての研究者であるにとどまらず、せっかくのマルクスの発想を、ちんまりした権威主義的な学問の枠にとどめないで、マルクスのその豊かな着想をいっそう押しひろげるような仕事をしているひとという認識だった。

　そういう、まだまだ距離の遠い、書物を介した活字のうえでの、しかもたんなる読み手というだけの石塚さんとの一方的な関係でしかなかったわけだが、「こんな研究会をやっているよ」とマルクス研究の田上孝一さんに紹介されて歴史知研究会に顔を出したのはたしか2015年の春だったろうか（その田上さんと会ったのは90年代前半で共通の知人がやっていた研究会だったが、組合に顔を出すようになったらそこにも田上さんがいた。その組合の会合の帰りに誘われたのである）。

　歴史知研究会はとてもウェルカムな研究会で、初顔のわたしにもまったくハードルはなかった。若いひともいれば年配の人もいる。話されるテーマも雑多で多岐にわたっているし、いわゆる社会思想にとどまらない、アカデミズムのお約束には縛られない空気が横溢している。終わったあとは、皆でテクテク歩いて居酒屋にむかう。

　会ってみたじっさいの石塚さんは、目配りのきいた、テノールの声（？）でとても温和な話し方をするヒゲのひとだった。あたりが柔らかいので、じつは重要な示唆をあたえてくれているのをついうっかり聞き逃しそうになるくらいだ。そんなわたし自身は石塚さんから「遅れてきすぎた革命青年」のごとく思われているふしがあるのだが——もう青年という齢ではないわけで——すこしは落ち着かねばと反省しきりである。

　そして、研究会ではもちろんのこと、終わったあとの飲み会でも、しゃべっているとその言葉の端々に石塚さんの見識の深さと関心の広さを感じとることができて、これらの時間がじぶんにとっても貴重な機会となっているのはまちがいないところだ。そういうわけでこの研究会では楽しい時間を過ごさせてもらっている。

　こんなふうに、じっさいにお会いしてまだそれほどの時間は経っていないわけだが、そのような機縁から、僭越ながら『革命職人ヴァイトリング』（社会評論社、2016年）の書評を『図書新聞』（2016年12月10日号）に書かせてもらった。石塚さんのヴィルヘルム・ヴァイトリングにかんする著作を一冊に合冊したありがたい本である。これを機に革命家ヴァイトリングの生涯と思想を俯瞰することができてたいへん勉強になったとともに、そこはそれ500頁の大部の本、読むのにエネルギーがいったのはいいとして、石塚さんのその旺盛な筆力にあらためて驚かされもしたのだった。

　以前に目を通した文章もあったはずなのに、じぶんの散漫な読み方では忘却や読みおとしが数多くあって恥じいるばかりだったが、それにしても、いまさらながらヴァイトリングという人物に惹かれもしたし、石塚さんの「ヴァイトリングの革命」を浮かびあがらせるその筆致におおいに啓発させられたのであった。

　もちろん、広範囲にわたる石塚さんの研究の魅力はこれにつきるものではなく、新鮮な視点や着想をくりだしつつ、つぎつぎと論考と著作を発表しつづけるその姿勢には、今の

ところ見習うべきものしかみいだせない。とどうじに、あらたな見方や発見、興味ぶかい事実や知識に、文字どおり「驚き」を隠さないその子どもっぽさ（?）こそ、石塚さんの学問の持続の根底にあると思っている。

　さきごろも歴史知研究会で現在準備している人形劇の本についての報告をさせてもらった。気ははやっているものの、しかし遅々としてすすまず、じぶんでも不甲斐ないとは思うのだが、それにしてもはやく書きあげて石塚さんにお目にかけたいものだ。

　まだまだ健筆を奮ってもらいたい——とはいうものの、わたしなどがお願いするまでもなく書きつづけるだろうからいらぬ心配ではあるが——と思いつつ、前方を見やると、現在では、石塚さんの本が本棚のすぐみえるところに収まっている。

（歴史知研究会会員）

大学 20 年生

増山　岳志（ますやま・たけし）

　東京電機大学理工学部情報科学科、これが私の大学在学時の学科である。主にコンピュータの仕組みやプログラムに関するアルゴリズム、それらを解析するための数学について学び研究する学科だ。時は 1998 年、Windows95 以降マイクロソフトがコンピュータ OS の市場シェアを大きく伸ばし、世間では IT 革命が叫ばれていた。私はプログラミングを学びコンピュータ技術者になるという志を持ち、この大学の門をくぐった。

　そして時は大きく流れ、平成から令和へと元号も変わった今、私は熊谷堂書店という個人書店を営んでいる。普通の書店ではあるが、商品にいわゆるベストセラーはほとんどない。主な取り扱いジャンルは図書館の NDC 分類でいうと「00：総記」「10：哲学」「20：歴史」などである。文系か理系かでいうと大きく文系に偏った品揃えをしている。理系の大学でコンピュータサイエンスを学んでいて何故、とよく言われる。それには私自身の性格なり趣味嗜好が大きく起因しているのはもちろんだが、その好みの「核」は石塚先生と出会わなければ生まれなかったかもしれない。私にとって先生との出会いは人生の転機であった。

　先生と出会ってから約 20 年。今回、先生のことについて思い返すことは、不惑の歳の私にとって自分の人生の半分を振り返ることに等しい。半生を全て振り返るわけにもいかないので、大学在学時の先生との思い出を振り返ってみたい。拙い文ではあるが、最後までお付き合いいただければ幸いである。

出会い

　石塚先生と初めて出会ったのは、私が大学 2 年の 1999 年「歴史学」の授業である。出会ったと言っても、こちらは授業を受ける多くの学生の 1 人に過ぎないので、こちらが一方的に知ったに過ぎない。だが、その後の先生の授業を選ぶきっかけになったのは間違いない。

　先に述べたように私の専攻は情報科学でコンピュータの授業以外はほとんど数学である。そのため、いわゆる一般教養科目は必修ではなく選択であり、履修しなければいけない科目数も決して多くはない。その中で歴史学を選んだのは、中学高校と理系を目指していた

ため避けてきた文系科目の中では、比較的好きな科目であったからだ。

　というよりも、理系を目指していたとはいえ、数学はそれほど好きな科目ではなかった。だが、プログラムを勉強するのに数学は根本的な科目である。好き嫌いで避けられるものではないため、盲目的に勉強をしていた。不得意ではなかったが、苦手意識をずっと持っていた。

　だからか、私は可能な限り一般教養科目を選択した。中でも先生の歴史学は最も楽しいものだった。先生の著書『情報化時代の歴史学（北樹出版、1999.4）』をテキストとした授業は、まさにこの大学でテクノロジーを学ぶ学生に必要な思考を教示するものだった。授業はもちろん全て出席し、課題もこなし、授業後には質問したこともあったと思う。そして、翌年も先生の他の授業を取ることにしたのだ。

「学び」の再発見

　この大学の一般教養科目の中に「教養ゼミナール（以下、教養ゼミ）」というものがあった。これは少人数に分かれての授業で、何人かの講師の中から一人選び、その講師が設定した形式の講義を受ける科目である。普通に教壇に立つ講義をする人はもちろん、学生たちに課題を与えてプレゼンテーションをさせる人もいれば、学生たちに自由に課題を決めさせグループワークをさせる人もいた。担当教員の中に先生の名前を見つけた私は一もなく二もなく、その授業を選んだ。

　先生の教養ゼミはフィールドワークとそのレポートだった。テーマは「祭祀と儀礼について」だったと記憶している。教室での座学ではなく、学外に出るフィールドワークはこの時が初めてだった。

　前期のフィールドワークは石仏や板碑を研究・愛好している団体に同行させてもらい、キャンパスのある鳩山町（埼玉県）周辺の東松山市や滑川町を中心に比企丘陵を見て回った。それまで修学旅行などで神社仏閣の仏像や石碑を見たことはあったが、路傍にある石仏などに意識を向けたことはなかった。そのため、最初の内は何をどう見ていけばいいのか分からず、ただ戸惑うばかりであった。私以外の履修生も同様であったと思う。だが、先生と団体の人たちの説明を聞きながら見ていく内に次第に楽しさが分かるようになっていった。石仏ならそれがある地理的・地形的な位置、台座に彫られているモチーフとその意味、板碑なら彫られている文言から時代や謂れなど「読み解き方」が分かった途端、それらは石で作られた何かではなく、多くの文化情報の集成物であると認識できるようになった。

　そしてこの日、私は初めて大学での学びというものを理解した。大学3年になるこの時まで、自分から専攻を選び、それに向かって能動的に勉強しているものと思い込んでいた。だが、実はカリキュラムとして予め用意された科目を、言われたとおりにこなしているだけの受動的なものに過ぎないのではないかと気付いたのだ。しかし、この日のフィールドワークでは、自分で全く分からないものの中から疑問の種を見つけ出し、質問をし、得られたものから仮定を構築し検証するという、真に能動的な学びの形を見出すことができた。そしてまた、専攻の数学中心の科目にはない、生の人間の営みを読み解く面白さに目覚めたのだった。この時から、私の中の価値観が大きく変わった。そして、続く後期の教養ゼミでも大きな変化があった。

本に魅せられて

　後期のフィールドワークはある祭を調査することになった。ただ、祭の開催が8月初旬だったため、取材自体は後期に先駆けて夏休み中に行った。その祭とは大学キャンパスのある鳩山町の2つ隣の鶴ヶ島市で行われる「脚折雨乞」である。この祭はその名にある通り雨乞いの祭である。藁や竹で作られた「龍蛇」といわれる36メートルもある蛇体を担ぎ、市内を2キロメートルにも渡って練り歩き、雷電池（かんだちいけ）に沈めることで降雨を願う祭である。もともと旱魃の年に行われていたものだが、1976年以降は4年に1度開催されることとなっていた。その1度が、この教養ゼミを受講した年に重なったのは大きな幸運であった。朝から出発地点の神社で蛇体の撮影と取材、そして町内巡行に合わせて移動し、目的地である雷電池では多くの観客に揉まれながら蛇体が沈められていく様を撮影した。掛け声と水しぶきをあげながら、担ぎ手たちが池になだれ込む様はそれ自体が蛇体を成す龍神のようで、勇壮で神秘的であった。

　夏休みが終わり、後期の授業が始まった。後期の教養ゼミレポートは紙の報告書でなくビデオ動画にまとめることだったので、その動画編集と進捗報告は先生の研究室で行うこととなっていた。研究室に入ると正面に大型のモニターと編集用のビデオデッキ、そしてノートパソコンがあった。どれも目新しく、最新の機材であろうと思われた。理工学部の生徒なら、それらのスペックやら機能に目が向くのが自然だったろう。だが、私はそれらの周囲にあるものに心奪われた。当時の先生の研究室に入ったことのある方なら、それが何かお分かりになるだろう。そう、壁面のほとんどを覆う蔵書である。

　もちろん、それまでにも自分の所属学科の教授の蔵書は目にしてはいたし、その量も皆ほとんど違いはない。しかし、そこにあったのは当然ではあるが、数学やプログラミング等の本が中心で、当時専攻の勉強に行き詰まっていた自分には魅力的には映らなかった。先生の蔵書ジャンルは哲学、宗教、歴史、地理、社会科学、芸術、言語、文学で、私はそれらに飢えていた。そして、この日を境に先生の研究室に足繁く通うようになる。もちろん教養ゼミの動画編集のためだったが、何よりも先生から本を借りるためであった。最初の内は教養ゼミのための本がメインだったが、次第に目を引いた本はジャンル問わず片っ端から借りていった。例えどんなに自分には畑違いで難解な本でも、次から次へと乱読していった。

　それまでの私は、人並みに本を読むことはあっても決して本の虫というほどではなかった。読むのも主に小説ばかりで、学術的なジャンルはレポートを書く時以外に読むことはなかった。それが、先生から本を借りて読んでいる内に、専門的な学術書にも興味を持つようになっていった。あまつさえ書店でバイトを始め、四六時中本と時間を供にするようになった。今の私の店の選書はこの時読んだジャンルに強く影響を受けている。

迷い、そして新たな道

　こうして後期の多くの時間を本とともに過ごしていたが、後半ともなるとその楽しみに耽ってばかりいるわけにはいかなくなった。この時の私は3年時、卒研の研究室選びをしなければいけない時期となっていた。合わせて、就職活動もしなければであったがその方向性を決める上でも、卒研の研究室選びは重要であった。ここまで教養ゼミでお世話になったのだから、そのまま先生の研究室に、といきたかったがそう都合良くはいかなかった。何故なら、当時はまだ先生の研究室を卒研に選ぶことはできなかったのだ。

何度も述べているように、専攻の勉強に行き詰まりを感じていた私は、所属学科の中から研究室を選ぶことに強い不安を抱いていた。確かに３年後期までの時点で必修にしても選択にしても、卒業に必要な単位はほぼ取得できてはいた。しかし、専門科目の多くは「辛うじて」合格してきたもので、身に付けられたという自信が全く無かったのだ。

　そして、またこのころ一つの強い欲求が私の中に生まれていた。それは本を浴びるようにして読んでいく中で生まれてきたものであるが、あまりに突拍子もないので、ここまで拙文を読んでいただいた諸氏には先にお詫び申し上げておく。だが、当時私はまだ20代入りたての若輩者。若気の至りということでご容赦いただきたい。その欲求とは「作家になりたい」というものだった。思い返すと身悶えするほど青臭く恥ずかしい限りである。ただ、この欲求はこの大学のこの学科を目指す時に持っていたものと、方向は違えども同質であったろうと思う。その質とは「何かを作る」ということ。入学当時は「プログラミングを学びコンピュータシステムを作る」というものだった。それが、時を経て「物語を作る」となったのだ。

　とは言え、さすがに非現実的というか逃避的であるということは十分に自覚していた。人にはもちろん、家族にも話すことはできない。悶々としながらも、その思いは内に秘めつつ卒研の研究室見学を開始した。しかし、どこを見て回っても不安は募る一方で、逆にそれに煽られるように欲求の方は強くなっていった。何も決められないまま時間だけがまたたく間に過ぎていった。目の前の選択とその後の進路への不安、そして新しい欲求が綯い交ぜになり、自分の中で考えることに限界を感じた私は先生に相談することにした。私の方から何をどう話したかははっきり覚えてはいない。おそらく、支離滅裂に洗いざらい全てを吐露したと思う。一通り話を聞き終えて、先生は以下のようなことをおっしゃった。「情報化社会を迎えた現在、テクノロジーの進歩のスピードは目覚ましい。この大学で学ぶような技術者の社会的な必要性はこれから否応なく増えていく。進歩は加速度的に上がっていき、世の中の情報を爆発的に増加させていく。人はその膨大な情報の中から必要なモノを素早く選ばざるを得なくなる。だが、人間はコンピュータと違って、素早く正しい選択をし続けることはできない。だから、正しい選択だけをすることはほぼ不可能だ。だが、「間違った」と気づくことができたのなら正すことはできる。情報の奔流の中で一度立ち止まることができたのなら、それはチャンスと考えていい。別の選択をしてみて、駄目ならまた立ち止まって別の選択をすればいい。はっきりとやりたいことがあるなら、やってみてはどうか」

　全て吐き出しすっきりとした私の心に、先生の言葉はストンと収まった。まるで始めからそこにそうであったかのように。憑き物が落ちるというのは、このような感覚なのだろうと思う。それからの私の心に迷いはなくなった。不安が消えたわけではなかったが、目標とするものが決まり、それに対する覚悟ができたのだろう。だが、それだけでその後の進むべき道は開けていった。

　まず、作家を目指すにしても何にしても大学卒業はしておいた方がいい。そして、卒業に必要なのはあとは卒研だけ。学科で勉強してきたことに自信はなくとも、一応とは言え合格してきたのだから、一通りのことはできる。なら、どこの研究室に行っても臆することはない。少しずつでも課題をクリアしていけば、卒研も成し遂げられる。そして、卒業後はとにかくやりたいこと一つに全力を注ぐ。時間が何よりも惜しいので就職はしない。だが、生活費を工面するために世話になっている書店でそのまま使ってもらおう。そして

また、卒業の見込みが立ったなら、けじめとして家を出よう。というように、腹をくくった途端、芋づる式に計画が立てられたのだった。その結果、全て計画通りというわけにはいかなかったが、なんとか卒業するに至った。

これまでも、そしてこれからも

さて結果から言うと、当の目標の「作家になる」は残念ながら達成することはできなかった。その過程ついては、ここまでの倍を費やしても語り尽くせないので省かせていただく。そして、その後もなかなかまっとうな道を歩んだとは言い難い。紆余曲折、浮きつ沈みつしながらも辛うじて生きながらえ、今に至っている。その間、道に迷い、心がどん底に沈んだことも多々あった。そんな時は、大学へと足を運び先生から助言や手助けをいただいてきた。先生の前では 20 年間あいも変わらず、学生のままなのである。

最後に先生への言葉で締めさせていただきたい。

石塚先生、古希を迎えられたこと、心よりお祝い申し上げます。これからも益々のご活躍を願っております。そしてまた、これからもこの手のかかる生徒をよろしくお願い致します。

（東京電機大学卒業生）

石塚正英先生

小沼　史彦（こぬま・ふみひこ）

私の先生との出会いは、この文章を書いている時点からさかのぼること 11 年ほど前のことである。場所は川越駅前の居酒屋であった。

その年、東京電機大学理工学部共通教育群の非常勤講師に採用され、鳩山キャンパスに通っていた私は、ある日、「日本語リテラシー」なる科目の飲み会があるから来ないかと当時の共通教育群主任からお誘いを受けた（現在、私がその「日本語リテラシー」を担当していることは、なんとも不思議な縁である）。私はお誘いいただいたことを光栄に感じてお受けすることにし、講義の帰りにその居酒屋で先生に初めてお目にかかったのである。

そのときの先生はちょうど還暦の頃であり（この文章が古希記念の文章であるから書くまでもないことではあるが）、私のような非常勤暮らしの者とは無縁の大御所の先生であるとお見受けしたのである（先生が大学に専任教員として就職されたのが現在の私の年齢とさほど変わらない頃だということを、後々知ることになるのだが）。当時の私から見て大ベテランに見えた先生は、その後、私が東京電機大学理工学部の常勤教員となり、一緒にお仕事をすることが増えたこともあり（つまり近くで一緒に歳をとる関係になったということである）、まるで時が止まったかのようにそれ以来歳をとったように感じられず、むしろ、親しくさせていただくようになった分、歳の差を強く意識することが減り、私の主観的観察によると、むしろ当時より若くなられたといってよい。

その席上、お名刺を頂戴しお話しさせていただいたのであるが、私のように国際法という非常に conventional な学問分野に身を置く者としては、先生がご専門の「感性文化論」なる新領域の学問は、そういう学問領域があるのかとの驚きが率直な感想であって、どのようなことをされているのかについては、ほぼ想像が及ばなかった。ただ、様々な分野と

接点を持ち、様々な分野の研究者との共同作業を可能にする分野らしいということがうっすらと感じられた。

そのとき先生は、「私は若い人と一緒にやるのが好きなだから、ぜひ一緒にやりましょう、連絡をください」と仰られた。学問領域のコネクション、大学のポスト等に関してがっかりすることばかりであった当時の私は根深い懐疑論者になっており、ご連絡しても相手にしてくださることはないだろうと考えていた（現在においても、私の懐疑的性質は変わっておらず、このようなネガティブな期待は、多くの場合に現実のものとなる）。まあしかし、先生がそう仰ってくれたのだからと、飲み会から帰宅すると早速ご挨拶のe-mailを差し上げた。そのとき、驚いたことに、先生はすぐにお返事を下さったのである。私の経験上、初めての例外であったかもしれないし、現在に至るまで私の経験ではいまだにレアケースである。何だか私がどれだけ世間から相手にされていないかを述べる文章のようになってきてしまったが、それを論じるのがこの文章の目的ではなく、見知らぬ無名の若手研究者を、研究仲間として分け隔てなく扱ってくださる先生のお人柄がこのエピソードのテーマである。実際、この後に、先生から共著のお誘いを受けることになる。

その仕事は、先生が編集される技術者倫理の教科書に執筆させていただくというということであった。私は以前から関心のあったロボット兵士の問題とたまたまそのとき興味をもった生物多様性条約におけるABS問題（生物資源の利用とその利益配分の問題）を題材に、技術と倫理の問題について記述することを試みた。特に後者については初めて勉強する分野であり、本論とは関係ない部分のちょっとしたミスも含めて大変勉強になった。また、私の大学院時代の同期（法哲学専攻）も推薦したところ共著に加えてくださるなど、良い経験を積ませていただいたと思っている。先生はこの教科書を使った技術者倫理の講義についても挑戦してみてはどうかとお考えのようであったが、私以外の執筆陣は、哲学、倫理学、歴史学、そして社会学といった分野の方々であり、私の執筆箇所だけが毛色が違うものになっていた感は否めず、他の分担執筆者の部分を読み込んで指導することは私の能力を超えると判断し、じりじりと後退していき、結局その科目にはタッチすることなく終わった。この件についてだけは、先生にたいしてなんとも申し訳ないような情けないような気持ちでいっぱいである。ただ、私が先生に無礼を働いたのはこれだけではなかった。

先生の著作集出版記念パーティーが九段下の学士会館で行われた日のことである。この会は、軽食が用意され、食事とアルコールが出るような場ではないことが事前に通知されていた。私は、このことに物足りなさを隠せないK氏（こう書いてみると私もK氏である）と、神保町で待ち合わせて昼食をとってから会場へ向かう約束をした。三省堂地下の放心亭に席をとり、私は通常のランチをとったが、せっかくだからとのK氏の提案で、ワインを1本とることにした（1杯ずつではなく、なぜか1本である）。結局のところ、何のランチを頼んだのかも覚えていないが、空になったワインの瓶が2本、テーブルにあったことを覚えている。私はもうすっかり酔っぱらってしまって、見るからに酔っぱらっていることが明らかなのではと内心ドキドキしながら会場へ向かい着席した（K氏が携帯用のボトルにウィスキーを入れて懐に忍ばせていたことは、彼を知る人なら驚くには値しない）。

その日のパーティーは、先生の師匠筋の方からご指導を仰いだ若手研究者まで、テーブルを囲みながら先生の業績について、それぞれコメントを述べたり、評論を発表したりするきわめて真面目な集まりであった。すっかり酒が回った状態で難しい話を聴く場合、そ

の結果は明らかである。パーティーの終盤で酔いが冷めてくるまでは、睡魔との闘いであった。そのときのことで覚えているのは、会場の様子と、出席者が皆、先生のご業績を称賛するのを、俯きながらしみじみと、そして恥ずかしそうに聴かれている先生のお姿のみである。しかしながら、言い訳じみたことをここで申し上げることが許されるならば、先生の研究分野からは遠いところにいる門外漢の私にとっては、そのような先生のお姿が目に焼き付いたことで十分であったかのもしれない。

　私は大変な粗相をしてしまい、せっかくパーティーに出席させていただくという栄誉に浴したにもかかわらず、このような始末で先生はお怒りになったのではないかと恐れていた。ところが、会合の後、もう夕方であったので、数人で飲み屋にでも入ろうということになり、ちょうど開いていた庶民的な居酒屋に入ると、偶然というべきか、先に先生もその店にいらしていて、陽気に手を挙げて迎えてくださったことが忘れられない。これも、先生の気さくなお人柄を象徴するような出来事であろう。もちろん、先生には厳しいところもおありになり、直接の後輩や指導を受けた者は先生に叱られた経験も多々あることだろうと容易に想像できる。そのような経験も、先生から学問的恩恵を被った幸せであるといえるだろうし、そのような経験のない私は少々損をした気分ではあるのだが、先生との思い出が、陽気で朗らかで楽しいことばかりであったことが、とても幸せなことに思えるのである。

　たまたま出会った無名の若手研究者と正面から向き合ってくださり、10年を超える期間にわたって共に働き、楽しい思い出ばかりを残してくださった先生には、感謝の念でいっぱいである。これからも時々お目にかかることを楽しみにしつつこの文章を閉じたいと思う。

（東京電機大学教員）

石塚さんの歌と石塚先生の講義

古賀　治幸（こが・はるゆき）

　石塚さんとの出会いは、約40年前、私が立正大学文学部史学科に入学し、西洋史研究会に入ったときである。当時、石塚さんは大学院の博士課程に在籍しており、学部の1年生にとっては雲の上の存在で、気軽に話ができる相手ではなかったが、すぐに気さくに接していただいた記憶がある。その後、現在に至るまでの付き合いになるが、最近は特に頸城野郷土資料室の活動でお世話になっている。というのも、私自身が新潟県上越市の直江津で小中学校時代を過ごしており、石塚さんが高田の出身であるということで、当初からほぼ同郷の大先輩として親しみを持って接していただいたことによる。

　石塚さんの思い出として記憶にあるのは、大学2年生の春に村瀬興雄先生のゼミ合宿に特別参加させていただいて、八王子の大学セミナーハウスで開かれた、大学合同セミナーに参加したときである。テーマは「現代における民主と独裁－1930年代と1980年代－」で、石塚さんは大学院生として先生方のサポート役的な形で参加されていたと思う。一泊二日のゼミ合宿の最終日、打ち上げの宴会が行われ、各大学のゼミ生がそれぞれ余興を演じ、最後のトリだったと思うが、石塚さんが歌を披露した。

　大学セミナーハウスという場所柄もあるが、当時はまだカラオケがほとんどない時代で

あったため、石塚さんはアカペラで、トワ・エ・モアの「誰もいない海」を熱唱（？）した。ゼミ合宿が行われたのは３月の八王子の山奥であったが、歌った曲の出だしが「今はもう秋、誰もいない海」とは、今思えばおかしなものである。だが、当時は、石塚さんの世代的にはトワ・エ・モアが妥当であったのかなと思っていた。とにかく、やさしい歌声で、しっとりと歌っていた印象がある。

一方、石塚先生の講義を最初に受けたのは、大学３年での西洋史特講Ⅰであった。当時の講義要綱を見ると、「本講義では、19世紀前半のドイツにおいてかのドイツ三月革命を準備した諸勢力・諸思想に注目し、その中でも、絶対主義ドイツを民主主義的ないし共和主義的に変革しようとした急進的潮流－その代表例にはハイネらの青年ドイツ派、ルーゲらの青年ヘーゲル派等がある。－について、社会思想史的な観点に立って検討する」とあった。確か、大学ではじめて講義を担当されたのが、この西洋史特講Ⅰで、奇しくも石塚先生としての最初の学生となった身であったが、その際にも、やはり、身内というか、関係者ということで便宜をはかってもらった記憶がある。それは、決して、成績や単位での便宜ということではなく、出席する講義の時間についてであった。

当時の立正大学では、昼間のⅠ部と夜間のⅡ部があり、石塚先生の講義も土曜日の昼間と夜間で開講されていた。私が大学３年生の時、西洋史研究会には２年生がおらず、教養課程の熊谷校舎で１年生の活動を支えるため、毎週土曜日には学バスで熊谷に行っていた。当然、Ⅰ部所属の学生としては昼間の講義に出席することができないわけであるが、夜、熊谷から大崎に戻ってきてからⅡ部の講義に出席することで対処してもらった次第である。現在のようなＩＣＴ環境での出欠管理システムでは融通が利かないところであるが、当時は、石塚先生の裁量により、Ⅰ部の講義を受講していた事にしていただいたわけである。熊谷から戻ってきてからの講義であり、疲れていたためか講義を聴きながら寝てしまったこともあったかもしれないが、一応ノートはきちんととっている事から、関心のある講義であったことは確かだと思う。

また、翌年の西洋史特講Ⅱでは、「ドイツ三月革命前夜における種々の革命勢力のうち、ドイツの外（パリ・ジュネーヴ・ロンドン等）で展開される手工業職人の政治結社について講義する」とあった。テキストはないが、参考書としてあげられていたのは石塚先生の『年表・三月革命人』であった。

講義での石塚先生は、自らの著作を読み上げ、句読点に至るまで正確に記述させるという、旧制大学以来の教授法で、講義を受講すれば、筆記により専門の文献の内容がノートに出来上がるというものであった。実際、手元に「Vor März に至る急進主義について」と記されたノートがある。出だしは「三月前期の急進主義運動の中で特に注目されるのは、共産主義同盟と言える。」とあり、その中で特にヴァイトリングについて論じていた。西洋史特講という科目上、かなり専門的な内容であり、また、時代的にもまだ社会主義や共産主義に対して様々な観点からの関心や取り組みがあったころである。

話は飛んで、石塚さんの歌であるが、最近また耳にすることができた。それは、2019年10月12日の頸城野郷土資料室での活動、くびき野カレッジ天地人での報告においてである。当日は、近年稀に見る災害をもたらした台風19号が接近していた時で、報告者の１人が見合わせたために石塚さんが代理として、「上越地方の子守唄」と題する報告を行った。報告では、「子守唄というと、なにか物悲しい調べであるような気がします。昔、子守役はたいてい貧しい家の少女でした。」と社会学・民俗学的な考察を加えて、実際に「ねんね

んころりよ おころりよ ぼうやはよいこだ ねんねしな」と自ら子守唄を披露された。子守唄ということもあり、また、石塚さんのやさしい歌声もあり、はたまた、当日の自分自身の報告のため徹夜で資料を作成して台風を警戒し始発の北陸新幹線で上越入りしたこともあって、少し、夢見心地で拝聴した。

　石塚さんには約 40 年にわたりさまざまな面でお世話になっているが、今回振り返ってみると、夢のように過ぎ去ってしまったさまざまな思い出がある。その一部はもうすでに歴史となり、また、現在進行形の状況もあるが、この先も、石塚先生の新たな歴史研究の講義はもちろんのこと、何かしらの機会があれば、石塚さんの歌声を聴いてみたいと改めて思った次第である。

（頸城野郷土資料室学術研究員）

私的「歴史学事始」
-立正大学入学、石塚先生との出会い、立正大学西洋史研究会の想い出、そしてその後-

瀧津　伸（たきつ・しん）

　私が歴史学を学ぶにあたっての一番の恩師は、村瀬興雄先生です。先生からドイツ史について、最先端の研究に触れる機会をいただくとともに、（特に、フィッシャー論争の紹介から）良心的な歴史研究から生まれる新たな歴史認識が、学問の世界、さらには社会を進歩させるということを教えていただきました。村瀬先生に私を繋いでくださったのが石塚正英先生でした。村瀬先生は、純粋な研究者で、研究動向について最新の情報を提供してくださると同時に、研究の方向性について鋭く有効なサジェスチョンをしてくださいますが、後は自力でというタイプの指導者でした。それに対して、石塚先生は、研究者としての側面は同じですが、先生の恩師酒井三郎先生の影響で教育者としての側面もあり、私が苦境に落ちた時も何かと支援をしていただきました。2000 年 3 月、村瀬先生が亡くなられた後、石塚先生は学問の上で最も頼れる存在になりました。

　石塚先生と最初にお会いしたのは、1978 年 11 月の立正大学西洋史研究会（以下西洋史研究会と略）の定例会でした。大学 1 年生の私は、歴史研究の方法も知らず、問題意識や問題の所在なども理解できずに、手当たり次第、よく理解できないままに本を読んでいる状態でした。

　中学生の時まで私のナチスドイツに対する認識は世間一般で言われているものと同じでした。高校生になって、リデル＝ハートの『ヒットラーと国防軍』（岡本鐳輔訳　原書房 1976 年）を読み、私のドイツ現代史に対する認識が変わりました。リデル＝ハートが戦後、ドイツ国防軍の将軍から聴き取った証言を知り、ドイツの軍部がこんなにヒトラーと対立していたのかと、驚きました。その後、グデーリアンの回顧録やパウル＝カレルの翻訳を読み、すっかり「国防軍潔白神話」に洗脳されてしまいました。

　高校 3 年生の夏、村瀬先生の『ナチズム-ドイツ保守主義の一系譜-』（中央公論社 1968 年）に出会い、先生が在職する立正大学史学科を志望校に決め、幸い合格することができました。

　1978 年 4 月、史学科に入学したものの、歴史研究にどうやってアプローチしていいも

のか、全くわからず、取り敢えずは、大学の授業と独学で歴史の勉強に取り組むことになりました。後期の講義が始まった頃、歴史研究会（以下歴研と略）に所属していた小池秀幸君と出会いました。市井三郎『歴史の進歩とは何か』（岩波書店　1971年）等の影響を強く受けた彼の「問題意識」に大きなインパクトを受け、歴研に入会することになりました。当時の歴研には、非常に多種多様なメンバーがいました。研究対象も方向性も様々、唯物史観の信奉者もいれば、司馬遼太郎の歴史小説にはまっている人もいました。延々と議論が続き、混沌とした日々が過ぎていきました。そのような状態の中で、私を西洋史研究会に誘ったのが、歴研西洋史分科会の井上徹先輩でした。活動内容を尋ねると、会誌『立正西洋史』の創刊号を渡し、定例会に誘ってくれました。

西洋史研究会の定例会は埼玉県蕨市の学習塾の1室で行われていました。石塚先生と会ったのはこの時が初めてでした。第2次世界大戦中のドイツの軍事史を研究したいという私の希望を聞くと、先生はすぐに1月の定例会で発表するように言いました。発表を承諾したものの、今考えてみると、非常に無謀な決断で、その後ずっと不安を抱えている状態でしたが、何とか発表原稿をまとめました。「ドイツ参謀本部とヒトラー－1940年フランス侵攻作戦における両者の関係について－」というタイトルで発表しましたが、その内容はほぼ、リデル＝ハートの『第2次世界大戦』（上村達雄訳　フジ出版社　1978年）と『ヒットラーと国防軍』に依拠したもので、その論旨は「国防軍潔白神話」に沿ったものでした。振り返ってみると、稚拙な文章と内容で厳しく批判されてもおかしくなかったのですが、石塚先生は優しく丁寧にアドバイスをして下さり、次に繋げてくださいました。研究については、自分が気付いた（気になる）ところから取りかかり、掘り下げ、裾野を広げていくというスタイルをサジェスチョンしてくれました。

この例会で、石塚先生は、1・2年生が学ぶ教養部がある熊谷に西洋史研究会の支部を立ち上げることを告げました。私は文化系のサークルがどんなものか全く想像がつかない状態で、正に青天の霹靂でした。この時点で1年生の会員は私一人、2年生は井上先輩一人、しかも、井上先輩はまもなく3年に進級して熊谷には残りません。4月になると、新入生勧誘をしなければなりません。歴研の小池君たちの助けを借りて新歓をした結果、2年生3名、1年生5名で西洋史研究会熊谷支部は発足しました。しかし、何をしていいかがわかりません。思い余って、石塚先生に尋ねたところ、H.G.ウェルズ『世界史概観』（長谷部文雄、阿部知二訳　岩波書店　上下巻　1966年）の読書会をしてみてはどうかとアドバイスしていただきました。そこで、各会員に関心がある場所を読んでもらい、その概要を発表することから始めましたが、各会員の関心がバラバラなので、意見は出ず、何とも締まりのない状態になりました。そこで、まずは、歴史研究の意味を学んで、共通認識をもとうと考え、歴研の有志と合同で堀米庸三『歴史をみる眼』（日本放送出版協会　1964年）の読書会を開始しました。その後は、歴史叙述の内容紹介（トレース）を中心とする個人研究の発表と例会参加という形で1年間の活動を進めました。

私自身は、しっかりした内容の発表をしなければと、気負っていました。6月頃、歴研の方で機関誌『創史』第19号の編集を担当することになりました。当時、私の関心は、ドイツ現代史における伝統的支配層の動向に向いていました。そこで、まずはユンカーのことから調べようと思い、村瀬先生の『ドイツ現代史』（東京大学出版会　1979年）に依拠して「ユンカーの成立とその特権－村瀬興雄著『ドイツ現代史』を中心にして」という原稿を書き、この号に掲載しました。19号には、他に古文書研究会の斉藤司君が「安良

城盛昭『太閤検地の歴史的意義』に関する覚書」、歴研の小池君が「マルク・ブロック『比較史の方法』の紹介とファシズム研究の方針」を寄稿し、充実した内容になったと自負していました。その後、私はユンカーについての研究を進め、12 月の西洋史研究会の定例会で「19 世紀末のユンカーについて－ユンカー経営の生産関係の変化を中心に－」を発表しました。この発表をまとめる中で、支配勢力の連続性の問題にも関心をもつようになり、発表では、その視点から「ユンカーのブルジョワ化」に着いても述べました。この回の定例会には村瀬先生がいらっしゃっていて、発表をまとめたことに対して暖かい言葉をかけていただくと同時に、「支配勢力の弱い点だけではなく、強い点、とりわけ、ドイツ革命の試練を乗り越え、ヴァイマル共和国やナチス時代にも支配勢力であり続けたしぶとさやしたたかさのも触れていく必要がある（先生は、その後のナチス統治下における民衆の研究の中でナチス期における民衆生活の連続性について述べられ、「民衆のしぶとさとしたたかさ」について言及されました）」という助言をいただきました。「ドイツ現代史のおける支配勢力の連続性」という研究のテーマを得た私は、フィッシャー論争やヴェーラーの社会史（「ドイツ特有の道」）のフォローを中心にして研究を進めることになりました。フィッシャー論争や連続説に関する論文を読む中で、「ドイツの伝統的支配勢力もナチスもめざす方向や目的は一緒で、ただ実現に至る方法や手段に違いがあっただけだ」という考えに共感し、私の中ではこの時点で「国防軍潔白神話」はすっかり消えました。私の研究の方向性は西洋史研究会熊谷支部や歴史研究会での活動や議論を経る中で形成されていきました。

1979 年は、個人として、手応えを感じた 1 年でしたが、西洋史研究会熊谷支部をまとめることには失敗し、会員が次々に去って行き、1980 年 3 月の時点で私の他は会員が 3 人という状態にまで衰退してしまいました。当然、私の支部の運営方法や研究会に対する考えに対して、後輩たちから批判が起きます。大学 3 年生になり、大崎の本学に行くと同時に、研究会からは距離を置き、1 会員として西洋史研究会の例会に参加する以外は、自分の勉強に没頭するようになりました。1981 年 7 月の例会で、会の活動に対する私の消極的な姿勢に対して、先輩・後輩から批判が出ました。この例会から数日後、石塚先生から一通の手紙が来ました。手紙には、君の研究に対する考え、姿勢は正しい。ただ、後輩をまとめるに当たって、ミスリードがあったのだ、というフォローが書いてありました。手紙は、今の考えを大切にして自分の研究を成就してほしいと結んでいました。例会で厳しい指摘を受けて、落ち込み、放心状態だった私は、この一通の手紙で元気を取り戻し、卒論完成に向けて集中することができました。

1982 年、卒論（「ビスマルク後ドイツにおける諸政党と諸団体」、Dirk Stegmann、Die Erben Bismarcks. Köln 1970 に依拠してドイツ第二帝政の結集政策を支えた諸勢力について論じたもの）を提出し、大学院修士課程に進学した私は、再び西洋史研究会に積極的に関わるようになり、例会や大崎の学生が主催するサブゼミに参加したり、熊谷支部の会合に時々顔を出したりして、諸先生、諸先輩方、諸学兄、諸学姉と意見を交換し、大いに刺激を受けました。この年、石塚先生は、立正大学の文学部・教養部で初めて講座をもち、新進気鋭の大学教員としてデビューしました。基本的に昼間の講義は、講師控え室から講義室に向かわれていましたが、夜間の講義（当時の立正大学には夜間に講義やゼミを行う二部がありました）の前後には私が教務補助のアルバイトをしていた西洋史研究室に寄られました。講義が終わった後、石塚先生は研究室に二部の学生を何人か連れて来

て、私に紹介してくれました。中には研究テーマが私に近い学生もいて、参考文献を紹介したり、アドバイスをしたり、意見を聞いたりして濃厚な時間を過ごすことができました。この時、二部の勤労学生の学問に対する熱意に触れたことが、後に高校教員になった時、主に夜間定時制での勤務を希望する一つの動機になりました。今考えると、この時期が、自分の研究人生で一番充実していて、幸せな時期だったと思います。

　1983年は、前半は村瀬先生の古希記念の想い出集『Erinnerungen』の編集、後半は自分の修士論文の作成に追われた年でした。その中で、私は、新たにアルバイトを始めることになりました。また、反核運動に強い関心をもつようになり、大学を卒業して大分に帰って就職していた小池君が発行していた『平和通信』を手伝いました。研究の方では、当時日本のドイツ第二帝政史研究者の間で注目されていたイギリスの若手のドイツ社会史研究者イリーやブラックボーンの研究をフォローしようとしていました。興味関心が多岐にわたっていた私ですが、どれも中途半端で、手を付けていたもの全てが遅れ、滞って収拾がつかない状態に陥ってしまいました。とうとう想い出集の編集が予定よりも大幅に遅れてしまい、関係の先生や先輩方から厳しい叱責を受けることになりました。八方塞がりでどうすることもできなくなっていた私を救ってくれたのは石塚先生からの電話でした。石塚先生は私の現状について話を聞き、叱ることなく、「どんなに厳しいことを言われても、どんなに辛かろうと耐えて、今取組んでいることを頑張るのだよ」と優しく仰りました。先生の言葉で、暗く不安な気持ちは払拭され、気を取り直し、目の前の課題を仕上げました。想い出集は、先輩・諸学兄・後輩の助けを借りることで秋口に何とか仕上げることができました。その後、修論の作成に集中し12月に何とか完成させることができました。今後取り組むべき課題等が明らかになり、博士課程に進んでからの研究の展望が開けました。しかし、父親が病に倒れ、実家がある福岡に帰って仕事をし、両親の世話をすることになり、博士課程に進学して自分の研究を深めること断念しました。

　これで、歴史との縁は切れたと諦めていた私に、石塚先生は一冊の本を下さいました。先生が著された『三月前期の急進主義-青年ヘーゲル派と義人同盟に関する社会思想史的研究-』（長崎出版　1983年）です。夜間定時制高校の非常勤講師の職を得たものの、週4時間だけの授業でした。歴史を諦め、他の仕事につくことも考えましたが、先生から頂いた本を読み、もう少し頑張って、歴史の教員で自立できるようになろうと思い踏み止まりました。やがて、夜間定時制高校の常勤講師、正教諭になることができ、生活も安定しました。常勤講師になった頃から、年に一度上京し、村瀬先生や石塚先生にお会いし、歴史研究の現状について話を聞き、研究書を読み、仕事の合間に少しずつですが、研究に取組むようになりました。研究を継続したことが実り、縁があって九州ドイツ現代史研究会でドイツ第二帝政期の中間層運動の研究について発表することになりました。ここで発表した内容は九州西洋史学会の『西洋史学論集』に研究ノートとして掲載されることになりました（拙稿「全国ドイツ中間層連盟創立に関する一考察-20世期初頭の中間層運動の一側面-」　『西洋史学論集』第33号　1995年）。これでまた研究のスタートラインに立てたと思ったのですが、運命は思わぬ方向に進みます。勤務先の高校で文部省指定の学校研究の担当者になったのを始めとして、養護学校の教育研究担当、通信制高校の研修担当と研究は研究でも組織のための研究に取組んで今日にまで至りました。

　結局、歴史学研究においては、未だ実績を上げていないことになります。しかし、世界史や日本史の授業においては、学生時代に西洋史研究会や歴研で、諸先輩、諸学兄、諸学

姉、後輩から教えていただいたことが大いに役に立ちました。授業で生徒に紹介したエピソード・トリビアや主題学習のテーマを、嘗て歴研の研究発表、西洋史研究会の定例会やサブゼミにおいて皆で議論した内容から取り上げたこともかなりあります。世界史の教科書において、19世紀の「社会主義思想の成立」の項目で「空想的社会主義者」として10行前後でしか記述されていないサン=シモン、フーリエ、プルードン等を「ユートピアン」として、彼らが何を考え、どんな「ユートピア」を目指したかということを生徒とともに考えてみる試みをしたこともあります。

　石塚先生に出会って、41年経ちました。先生は古希を迎え、私も還暦になりました。その間、先生の研究の世界は、「三月前期のユートピアン」、「ヘーゲル左派」、「フェティシズム」、「カブラル」、「頸城野」、「技術者倫理」等々次から次へと広がり、歴史学を越えて「歴史知」にまで到達しています。古希という区切りで、石塚先生は大学という組織からは退かれることになると思いますが、元々組織にこだわらない先生ですから（組織に振り回されている私と違って）、むしろ、組織から離れてさらにパワーアップして、ますます活躍し、その世界を広げていくだろうと期待しています。そのような先生と今後も研究について議論をしたり、色々な話をしたりして、さらに多くの刺激を受けたいと願っています。

（世界史研究会会員）

秩父、上越、ときどき「インターナショナル」

茂木　謙之介（もてぎ・けんのすけ）

　石塚先生と酒を飲み、酔いが深まると、私はいつも歌を、特に左翼でもない（少なくともその自己認識がない）のになぜか「インターナショナル」を歌っている気がする。そしていつも酒量を過ごしている気もしている。他の飲み会ではそうそうこんなこともなく、そして知り合ってからそこまで時間を経ていないにもかかわらず、石塚先生との飲み会だと特にそうなるのはなぜなのか——

　この原稿のため、今回検索語「石塚」でメール履歴を遡った。ある課題に対するには、とりあえず過去に生起した出来事を整序し、そこから問い返す必要がある（まさしく「歴史知」的な思考法である）。

　そもそも石塚先生は極めてメールの早い人である。こちらがえっちらおっちら文面を考え、メールを送ると、場合によってはものの数分でメールが返ってくることすらある。現代の情報処理速度に合わせるかのように、石塚先生も加速している。ゆえに、不確かで取り留めない語りではなく、メールのデータを導きに、加速する先生との思い出を叙述することが可能となる。本稿は同時に2010年代後半における研究者間のコミュニケーション記録行為でもある。

　私が石塚先生に初めて出会ったのは2015年12月6日、中野の租税資料館で開催された歴史知研究会の会場であった。その時、私はまだ博士課程在籍の学生であり、ツイッターで知り合い、共に秩父のフィールドワークを行っていた碩学・黒木朋興氏に紹介されてのことだったが（かかる恩人・黒木氏に就いては別稿を期したい）、私自身はすでに秩父の狼

信仰に関する論文を発表されていた石塚先生とのご縁を勝手に感じていた。その日の飲み会は方南町の焼き鳥屋で開催されたはずだが、その時「インターナショナル」を歌ったかどうかは記憶が定かではない。

2016年3月、同じく黒木氏を交えて秩父のフィールドワークへと向かった。その時は街歩きを中心にしていたが、飲み会は秩父のホルモン焼きのお店で、何かを歌った気がするが、へべれけになるまで秩父の地酒を自由闊達に飲んだのでそのあたりは曖昧である。

この時期に前後して、石塚先生が中心的に関わっているNPO法人頸城野郷土資料室が研究紀要を作ることになり、そこに論文を投稿した。掲載された「戦前期地域社会における皇族表象—埼玉県秩父地方における秩父宮をめぐる諸言説の検討から—」(『研究紀要』1巻5号、2016年5月)は、戦間期の埼玉県秩父地方における秩父宮表象について検討を行い、地域の名前を冠した皇族との関係形成が近代化の中で〈傷〉を負った地域としての秩父地方における天皇(制)国民国家参入の欲望と密接であったことを論じるとともに、天皇をも超越するようなかたちで地域において皇族神格化が進展するなど、地域からの過剰な親密さが時として天皇(制)の権威性を撹乱していたことを示す論文だった。

その時の査読者の一人(もちろん覆面なので誰だかはわからないが……)が「僻地民衆のフェティシズム」研究だと評してくれたが、まさに石塚先生ご専門のフェティシズム研究との接合が図られたことで、むしろ私の目的意識も明確化した側面が大いにあり、これは大変な僥倖だった。というのも同時期は博士論文の執筆最終局面であり、論文全体の構造化を図る段階だったからである。この論文を、しかも文字数制限も必要とはせず、査読の受けられる環境下で執筆できたことは、間違いなく研究課題の先鋭化に役立つものであった。

その後、2016年5月には依然と同じく秩父は小鹿野の木魂神社で田舎歌舞伎を鑑賞し、同月には日本語表現の可能性を追求するアルテス・リベラレス研究所の立ち上げに立ち会った。同年12月には同研究所の会合にも参加した。これらには漏れなく饗宴が付随していた。特に12月の飲み会では日本酒が非常に豊かな代々木の酒場・悠杜比庵ではあまりの解放感に「インター」をがなり立てた覚えがある。(ああ、これか……)

2017年4月に石塚先生から東京電機大学の「日本語表現力」非常勤講師を半年間任されたことで、先生とは短期間同僚だった時期もあった。この授業の担当は後の日本語表現の授業の足掛かりとなり、理系を中心とした学生からはわかりやすいと評判になった。

2019年10月には頸城野郷土資料室にて開催された大嘗祭に関するシンポジウムにコメンテータとして招聘された。市民に学知を積極的に還元しようとする石塚先生の強い意志を目の当たりにし、その重要性を改めて思い至った。もちろん、シンポジウムの終了後はかの上越の名勝・大鋸町ますやにて別の(原義的な方の)シンポジウムに参加し、飲み歌った。

こう思い返すと、石塚先生との思い出は秩父と上越という土地、そして酒と歌に接続されている。「地域」と「土俗」を重要な視座とする石塚先生には、このまとめを笑って諒とされたい。今後も先生のよき「シンポジウム」にご一緒できることを願って已まない。

(頸城野郷土資料室学術研究員)

「夕鶴」を書いたころ

杉山　精一（すぎやま・せいいち）

　本文中にもあるように筆者の杉山は哲学科出身であり、史学科出身の石塚さんの古希祝賀の記念誌ということで、その執筆者は史学を専攻される方が多いかと推測される。以下の文章はジャンルの違う他専攻の者が書いた思い出として読んでいただければ、と思います。

　わたしは哲学科出身なので、本来は石塚さん（「先生」と呼ぶべきところなのだろうが、学科は違えども同じ大学出身の先輩として、親しみと尊敬を込めて石塚さんと呼ばせてもらっている）と縁もゆかりもなかった。それが研究会を通してさまざまな場面で縁をつなぐことになったきっかけは、わたしが大学院の課程を学んだ専修大学で「再会」したことだった。このことは 2014 年に刊行が始まった『石塚正英著作選』第 1 巻の月報に書かせていただいたのだが、わたしが大学院生として在籍していた専修大学へ石塚さんが非常勤講師として来ていて、その授業の終わりを見計らって訪ねていったのだ。その「再会」後、次に会うことになるのは、また 10 年近くあとの話である。

　ちょうど世紀が変わったころ、石塚さんから研究会に来ないかという電話をもらい、その研究会「歴史知研究会」に参加するようになった。その研究会は石塚さんと若い院生・学生の集まりで、妙な熱気が渦を巻いているような空間だった。それまでのわたしの研究環境といえば、文献の精緻な読解を基礎にした（いい意味で）理論偏重の哲学の研究会や学会だけだったから、正確な読解に欠け研究上のルールも覚束ないような一面もありながら、とにかく情熱だけは 120％ある、というような集まりは居心地もよく、毎回お邪魔させてもらうようになった。同時に、石塚さんやその仲間の先生方がやられていた「古典読書会」にも可能な限り出席させていただいた。こちらは古典の研究発表が主であったから、自分の中で棲み分けのようなものができていたのだと思う。

　歴史知研究会に参加させていただいて 1 年ほどたった時に、研究会で論文集を出そうという話を、当時の研究会での若頭格だった故鯨岡勝成君から聞いた。鯨岡君は立正大学哲学科の出身で、わたしの 10 年ほど後輩に当たる。この話は、研究会発足当初から予定されていた話のようで「目論見」だけはずいぶんとされてきたらしい。彼によれば、その本に 1 本書けという。とは言っても、参加メンバーは誰と誰で、そのジャンル、タイトルなど、具体案となるとまだまだこれからの話で、誰のどのような論文をもってして（それをまとめて）1 冊とするか、そのようなところから話が始まった。

　この頃のわたしの研究テーマは、18 世紀イギリスの哲学者ジョージ・バークリの哲学思想で、研究発表数回、修士論文その他で論文を数本書いていた。その頃のわたしは年齢も 30 代半ばで、せっかく純哲学系ではない研究会に参加したのだから、哲学思想以外のジャンルに挑戦したいという希望を持っていた。そこで選んだのが、木下順二作の戯曲「夕鶴」の分析だった。わたしが文章というもの、論文というものを書き始めた当初から、いつかはこの「夕鶴」という戯曲をテーマに論文を書こうと、前々から温めていたテーマであった。

　ここで話題にしている論文集は、のちに 2004 年理想社から『歴史知の未来性　—感性知

と理性知を時間軸上で総合する試み―』として発行された。（この本は石塚さんのご厚意で、石塚さんとの共編ということになった。自分の名前がはじめて本の背表紙に刷られた思いで深い本である。）この『歴史知の未来性』の中で「ポーランドにおける『ハムレット』の系譜」を書かれた谷山和夫氏は、わたしの恩師である。単に高校時代の担任であった、ということから付けられる文飾上の「恩師」ではなく、哲学科に進学したこと、大学院に進んだこと、研究を志したことなど、本来的意味で使われる文字通り恩師である。演劇部顧問であった谷山氏は、体を鍛えることしか知らなかったわたしに演劇との出会いを用意してくれ、「夕鶴」という戯曲に出演までさせてくれた。この経験がさまざまな紆余曲折を経たにせよ、自分を研究に向かわせたことは間違いない。

　さて、歴史知研究会の第一論文集である『歴史知の未来性』に載せた「夕鶴」論文（「戯曲『夕鶴』に内在する論理」）は、演劇・戯曲研究者が分析する戯曲研究ではない。あくまで哲学思想を専門としてきた者が、戯曲を題材としてその中に作者の思想的態度を読み取っていく、というスタイルで書かれた、いわば思想史（的）研究の文章といえよう。それにしても、文中その執筆態度をテリー・イーグルトンを援用して表明したり、カントの定言命法をわざわざ註にして記したりと、かなり緊張していたことがうかがわれる。というのも、これを書いている時には、すでに石塚さんから序論は杉山君が書くように、と申し渡されていたからだった。え、それは石塚さん発足メンバーが書くべきでは。論文集の序論といえば、通例収録した論文の紹介や狙いを、そして全体的には本全体のコンセプトを提示しなくてはならないだろう。とりわけ、一つの研究会が論文集を編むというなら、その研究会の紹介を兼ねていることは言うまでもない。そんな。石塚さん、歴史知って何ですか。論文集の具体的中身がだんだんと形になってきたころ、アメリカに半月ほど出張があった。０時過ぎまで仕事があり、翌朝は６時起きという毎日だった。それでも夜ごと１時間くらい、宿舎に割り当てられたシアトルの大学のレジデンスで序論のための下書きを書いた。それというのも、（「歴史知とはいったい何なんでしょう」というわたしの質問に対して、）石塚さんからは自分が考える歴史知というものを書きなさい、と言われていたからだ。自分が考える歴史知。いったい自分は、歴史知を何だと思って研究会に参加してきたのだろう。結局、序論を書く行為は、論文集全体の概論を書く行為と同等となり、概論は概論が覆うその範囲を自分がどう捉えたかの自己言及の行為となる。浅学非才のわたしは、そのようなことを思いつつ、かなり曲解した歴史知像がちりばめられた序論を書いた。

　論文集刊行後、石塚さんに「夕鶴」論文については、過分なおほめをいただいた。序論については、特に何らかのお叱りはなかったが、今でも不安を覚える時がある。しかし、論文集末尾にある石塚さんが記した「あとがき」で紹介される、静岡県伊東市で開催された合宿におけるエピソードを読む時、わたしが考える「歴史知」はまさにこれだと、読むたびに思いを新たにする。このエピソードは石塚さんもことあるごとに言及されるので、聞いた方もいるかと思うが、非常に印象深い話なのでこのエピソードを改めて紹介させていただいて、この文章をしめたいと思う。

　歴史知研究会では論文集を編むために、その執筆予定者を参加者とする合宿を行った。２泊３日のほとんど各自の研究発表と質疑の繰り返しだったが、２日目のいっとき、気分転換のために街へ繰り出した（合宿先は伊豆高原の山の中だった）。

「……彼は我々を佛現寺という、まさに神仏が鎮座していそうな名の寺に連れて行った。」

この彼というのはわたしのことなのだが、佛現寺というお寺は地元では有名な古刹で、日蓮宗の本山の一つ。その寺に「天狗の詫び状」といわれる巻物、および「天狗の髭」といわれるものが所蔵されている。それを見に行こうということになった。これらは一般公開されているものではないが、歴史の研究者の集団にならば見せていただけるのではないか、そして幸いにも石塚さん（わたしもだが）は立正大の出身。ご存じの通り、立正大は日蓮宗の大学である。加えて、出発時点では知らなかったが、日蓮宗のお寺ならば住職も立正大学の出身者である可能性が高い。以上のような理由で佛現寺を訪問した次第。そして、住職自ら手厚いもてなしをしていただき、「詫び状」および「髭」を見せていただいた。もちろん、それらは客観的に見て、天狗の「詫び状」らしきもの、「髭」らしきもの以上のものではなかった。しかし、このことを石塚さんは以下のようにいう。

「……天狗にまつわるこの二つの資料を、我々は文化財として軽んじてはいけない。……それらになにがしか意味深長な価値を見いだす生活様式・日常文化が存続してきた事実に注目すべき、と言っているのである。」

　本物である、偽物である、ということを超えて、過去の人びとはそれらを「尊重」してきた。そうした歴史を思い至れ、と言っているのである。ここに石塚さんが主張する歴史知というものの神髄がある、とわたしは思っている。

（歴史知研究会会員）

マルタとチュニジア、そしてアイスランド

柳澤　隆規（やなぎさわ・たかのり）

　石塚先生との出会いは大学1年生のときだった。授業ではなく、ある哲学の先生をきっかけに始めた「これでエン会」という自主ゼミがきっかけである。毎週金曜日に18時から21時頃まで、自分が主張したいテーマを持ち寄って自由に討議をするものだった。授業ではないので単位が出るわけでもなければ、カリキュラムもない。お菓子や飲み物を囲みながら、楽しく自由に話すものだった。そのゼミの存在すら学生はほとんど知らない中、私は先輩に誘われてゼミに参加することになった。はじめた当初は学生3人程度と哲学の先生だけだったが、私も友人などを誘い出席者が5人程度まで増え、まさに物好きな学生が集まったこぢんまりとしたゼミとなった。このゼミのことが伝わり加わってくださったのが石塚先生だった。哲学者、歴史学者、物好きな学生が集まって、あるときは哲学、あるときは歴史学、あるときは社会学についてなど、毎週多岐にわたるテーマについて楽しく討議した。その後、多くの先生がゲストティーチャーとして参加してくださった。そのおかげで、問題意識をもつ大切さや、課題設定の難しさなど、多くのことを学ぶことができた。

　このゼミをきっかけに石塚先生と親しくさせていただく機会を与えられた。石塚先生は、とても知的好奇心が高く、多くの国に出かけて研究調査を行っていた。その話を聞けば聞くほど、海外旅行への興味が高まっていった。私自身、大学生になるまで海外旅行をした経験がなかったため、外国は物理的にも精神的にもはるか遠くにあった。しかし石塚先生は、面白みあふれるストーリーの数々を話してくれたことにより、外国への距離が一気に縮まり海外旅行をしようと決心した。そして、初めての海外旅行をアメリカに決め、しか

も一人旅をすることにした。それをきっかけにバックパックを背負ってシンガポールからベトナムのハノイまで1か月間かけて縦断した。

　2年生になってもこのゼミは続いた。ますます日常の多くのことに問題意識を持つことが楽しくなっていた。同時に、海外旅行ではなく、海外留学にも興味がわいてきた。そして、2年終了時の春休みから3年夏休みまでの半年間を使って留学しようと思いたった。今回の海外生活ではただ単に外国で暮らすだけではなく、建前的ではあるが一応英語を学ぶという目的があり、留学先として英語圏を選択しようと思っていた。人に流されやすい性格の私が英語を身に付けるには、なるべく日本人の少ない国に行き日本人と行動を共にすることのできない環境を作らなければならない。しかし私は、外国と言えばアメリカ、アメリカの首都はニューヨークであると胸を張って答えていたくらい地理に疎く、旅行に行って初めてその国の首都を知ったり、実物を見たあとでそれが世界的に有名な建造物であることを知ったりすることが多かった。さらには、自分の行く国が世界地図のどこに位置するかすらわからないときだってあった。その私がいくら英語圏の国々を一生懸命思い浮かべたところで、人と違ったアイデアなど出るはずもなく、アメリカ、イギリス、オーストラリア、ニュージーランド、など、典型的な留学地ばかりが選択肢となった。あるとき留学雑誌を眺めていると、アイルランドの記事が掲載されていた。それによると、アイルランドは英語圏でありながら比較的日本人が少ないということだったのでアイルランドへ留学することを決め、早速代理店に見積もりを依頼し、着々と準備に取りかかった。

　その数週間後のことだった。マルタ共和国という聞いたことのない国名を聞いたのは。その国名を発したのは石塚先生である。石塚先生は、研究のためマルタの地を踏んでおり、マルタで利用されている言語はマルタ語であるが国民のほとんどが英語を話せる、言わば英語圏のような国であり、日本人の数も少なく治安も良いということだった。この話を聞く限りでは、私にとってマルタはアイルランドにも勝る理想の国であった。しかし、すでにアイルランド留学への準備に取りかかっていたものを捨て、もう一度ゼロからスタートすることに少しとまどいを感じていた。なぜなら、大学や資金のことを考えると旅行期間は半年間が限界だからである。今までのものをすべて白紙に戻すことによって出発日が押し、限られた時間をロスすることは目に見えていた。さらに、マルタという名を私は全く聞いたことがなかった。どこにあるかもわからないうえ、どのような国であるのか想像することもできない。しかし、石塚先生の強い勧めと、全く情報がない国で暮らせる好奇心が勝り、今までの計画をすべて白紙に戻すことにした。そして、聞いたこともない異国の地であるマルタ共和国に半年間の留学をすることになった。

　留学生活が始まった数か月後、石塚先生がマルタに来た。大学の先生はよくフィールド調査のため海外に行くと聞いていたのだが、実際どのようなことをしているのかいつも気になっていた。石塚先生が、これからどのような研究をするのか、マルタという小さい国でどのような行動をとるのかとても楽しみだった。石塚先生がマルタに着いた日の晩、久しぶりの再会を祝し二人でワインをたしなんだ。その時私は、マルタにいる間にイタリアのシチリアやギリシャのアテネに行ったこと、そして、チュニジアに行くつもりだったが時間的な問題から考えてあきらめていたことを話した。すると先生は、「話を聞いているうちにチュニジアに行きたくなっちゃったよ。今からチュニジア行きのチケット取れない?」と私に言った。そして翌日、無理を承知で代理店に行き頼み込んだ。すると、「翌日の夜出発の飛行機だったら取ることができますよ。」と言うのである。出発前日に飛行機のチケッ

トが予約できるなんて思ってもいなかった。チケットが取れると聞いて行きたくなってしまっていた私を、「一緒に行かないか？」と誘ってくれた。私は、迷うことなく御供させてもらうことにした。そして、3泊4日のチュニジア旅行が急遽決定したのである。マルタを午後9時に出発し、チュニジアには午後9時に到着する。おかしなように感じるが、マルタではサマータイムを使用しチュニジアではサマータイムを使用していないため、サマータイム期間のみマルタとチュニジア間に1時間の時差が生じるのである。計算してもらえればすぐにわかるが、マルタからチュニジアまでは飛行機でたった1時間で着いてしまう。いくら近いといっても、チュニジアはれっきとしたアフリカ大陸の一部であるため、私にとって生まれて初めてのアフリカに足を踏み入れることとなった。チュニジアの首都チュニスの空港で、たまたま語学学校で友達となった同世代の二人組の日本人男性と出会い、20代3人と石塚先生の4人で一緒に行動することになった。お互いに宿泊場所をとることもなくまったくのノープランでの旅行だったため、チュニスに午後9時に到着したあと、タクシーを貸し切り一気に南下し、スターウォーズのロケ地であるマトマタに行くことにした。チュニジアは、有名な建造物が多く、石塚先生が楽しそうに解説してくれた。あっという間にチュニジア旅行を終えたが、研究者の海外旅行を垣間見ることができた。マルタは、首都ヴァレッタが世界遺産であり、多くの遺跡も残されている。街中にはキリスト像など石仏も多くある。石塚先生はそれらの写真を撮りながら歩いていた。また、マルタを含め各地の旅行ガイドブックを出版している出版社の社長さん、マルタ滞在の日本人ガイドさん、ドイツ文学者など、石塚先生と行動を共にさせていただくことで、一人ではまずお会いすることのできない方々と会食する機会に恵まれた。短い期間ではあったが、石塚先生と過ごした2週間は、自分だけでは到底できない経験をすることができた。

　留学を終えて日本に戻り、大学3年生としての日常生活に戻った。しばらくして、石塚先生から「留学経験がいかせるのではないか」とこれまた貴重な話をもらった。それは、日本に初めてアイスランド大使館ができることを記念して、日本とアイスランドの学生が交換で学校を訪れそれぞれの文化を伝えるというものだった。まずは、アイスランドの学生が数名日本にやってきたため、観光名所の案内や大学でアイスランド文化を伝えるための企画調整、さらには、両国の要人が集まるアイスランド大使館への記念パーティーに学生として出席した。次に、スカンジナビア・ニッポンササカワ財団にアイスランド渡航のための費用を助成してもらうために様々な企画や手続きのために行動した。そうこうしているうちに、卒業研究のゼミを選択しなければいけない時期となった。当時一般教養課程の教授だった石塚先生のゼミに入ることはできなかった。しかし、教務課等に働きかけを行っていただき、めでたく石塚ゼミの1期生としてゼミに所属することができるようになった。もちろん、一人だけのゼミ生である。そのため前期は、夏休みに予定しているアイスランド渡航のための助成費獲得、航空機や宿泊場所の手配、現地大学で日本文化を伝えるための企画などに没頭することができた。アイスランド渡航は、現地学生と議論をし、遺伝子研究施設を訪問し、夜にはオーロラを見ることもでき、多くの収穫を得ることができた。後期には、本格的に卒業論文に取り掛かり、学会に連れて行っていただいたり、研究会に参加させていただいたりと、論文提出ギリギリまでご指導いただいた。同時に、マルタの留学記の執筆も行っていたため、出版に向けてのアドバイスもいただき、無事に『世界という学校を目指して！　～マルタ島での出逢い、そして大切なもの～』を出版することができた。

大学 4 年間だけでもこれだけ多くの物語があり、石塚先生には感謝してもしきれないほど人生において影響を与えていただいた。大学を卒業し、社会人として働き始めてから、なかなかお会いする機会には恵まれないが、お互いの近況報告をし続けられる関係を保っていただいていることは、本当に感謝の気持ちでいっぱいである。近況報告の中には、石塚先生がそのときに携わっている活動や書籍出版等もあり、いつも刺激を受け、力を与えられる。その好奇心旺盛な研究者としての石塚先生に一歩でも近づけたらと思い、現在は社会人として博士号取得のために博士後期課程の学生となった。まだまだ研究者としては未熟ではあるが、石塚先生に間近で学ばせていただいた研究者としての心得や研究方法を胸に今後も研究活動に励みたい。この度、古稀記念祝賀記念誌への執筆の依頼を受け、石塚先生への感謝の気持ちをこうして綴ることができ、思い出をふりかえることができた。まだまだ若々しく、好奇心旺盛でアクティブ、そして何よりも研究活動を楽しんでいる石塚先生の研究成果は今後も大いに楽しみである。そして近い将来、研究者として石塚先生と一緒に研究活動に励むことができることが私の夢である。

（東京電機大学卒業生）

アドと私と恩師のゼミ生活

南波　美咲（なんば・みさき）

　私が電大を卒業して半年が経った。今も通勤時に電車に乗るとスマホをいじったり、車窓からの都会の景色を眺めたり、席が空いて座れれば寝たりがほとんどである。そんな中でも毎日楽しみにしているのはトレインチャンネルを見ることである。ニュースや天気を見る、面白そうな CM を見る、小さな豆知識を手に入れるなど、電車に乗る時間がたった数十分でも話題探しのために外せない。

　トレインチャンネルというサービスが始まったのは 2002 年からである。そこから 20 年経たないうちに SNS が誕生したり、スマホで物が買えたり、電化製品と連動できたり等便利なコンテンツが急増した。トレインチャンネルも最先端の広告の一種として生まれ今に至る。私はデジタル化した広告コミュニケーションの世界とともに、どういった広告が世に出されているのかが気になりざっくりとした内容ながら卒業研究のテーマにした。

　まず広告って何か、どんな広告があるのかという話から始まった。起源を知れば何かつながるのではとインターネットでたくさん調べて歴史と媒体を書いていったが、自分の論文を読んでいくにつれて内容が曖昧になり「本当かな?」が心の中で連発した。当然先生からも指摘があった。そこで広告に関連する博物館・図書館があるのか、そこに行けば多くの情報が得られると思い調べた結果、東京・汐留にアドミュージアムがあることが判明した。しかも当時はリニューアルしたばかりで真新しい空間でかつ広告図書館もあり自分の調べたい事柄が詰まっており情報が集められると確信した。活字だけでは伝わらないものもたくさんあり見学した甲斐があって、幅広い視点から見つけた情報を絞りだすという意味で就活の自己 PR にもつながった。

　就活という荒波と戦いながらも論文は続けていった。この時期は広告コミュニケーションについて調べていった。そこで出会った本が卒研発表会で報告する内容になった。その本は広告作りの戦略を述べており実際に人気だった広告を例に分かりやすく説明していた

ので論文のお供にと思い購入した。横文字が多く読書を頻繁にしなかった私にとって分かりづらく苦戦したが、本とパソコン(たまにスマホ)、そして A4 を二つ折りにした紙そしてシャーペンを使い論文を進めた。ちなみに個人的に論文中に紹介した広告の中で一番印象に残ったのはサラサ(ZEBRA 社の水性ボールペン)の利点とアイデアである。これに関してはお供した本には載っていないオリジナルのアイデアである。仕事や授業でかなりお世話になっておりとても気に入っている商品なので創造力を働かせて書いた。

本当はビジュアルをもっと挿入して広告を紹介していきたかったが、論文制作終わってみれば約 70 ページ、32,000 字程度の少ない項目ながら超大作となってしまい、不要な文たちを削り、広告紹介が少なくなってしまったことが心残りである。広告業界の成長ぶりを書いたり、野球が好きなので引退した有名な選手の新聞広告を紹介したり、お酒の飲みすぎはだめだよという紹介とともにゼミで父親の愚痴を漏らしたりしたが、卒研発表会前に泣く泣く削除したのも記憶に新しい。

論文の最後にして重要な項目である考察では、広告コミュニケーションの在り方を中心に書いていったが、人の数だけアイデアがあり意見があり個性・価値観があるということは社会人になっても感じる点である。その個性やアイデアを失うことなくこれからかかわる人たちに伝われればと考え今を生きている。

最初は「テーマは自由」という中で何を研究するか迷っていた私が、ただ電車内の広告を眺めデザインに興味を持って「広告の研究をします!」と宣言してから、たった 1 年半で内容の濃い論文ができるなんて思ってもいなかった。また文を書く、それを話すという機会がなく不安ばかりだったが、このゼミがあったから少し成長した私がアピールできたのかもしれない。このような環境を作った恩師にはとめどない感謝をしたい。

数ある卒業論文の思い出も恩師がいなければ 20,000 字強の論文も完成していなかったもしくは広告の研究もしていなかったはずである。恩師の経験豊富で多彩で内容の濃いエピソードはゼミ生であった私たちを笑わせたり驚かせたりもしたのに、もう聞けなくなると悲しい思いになる。卒業直前に一人で論文提出に行った際に、たまたま出会った恩師が水疱瘡になった時の腕の写真を見せられた時はさすがに言葉を失ったが、それもまたいい思い出である。

今このエッセイで思い出を半年の時を経て振り返ってみたが、大学生活の中で一番充実したことだろう。改めてこの期間にお世話になった恩師には感謝したい。

石塚先生、短い間でしたが本当にありがとうございました。

(東京電機大学卒業生)

石塚研究室での卒業研究
―「ギャンブルの社会問題」―

下田　充希(しもだ・みつき)

私は、平成 31 年 3 月、東京電機大学を卒業いたしました下田充希と申します。石塚教授には、益々お元気でご活躍の事と存じます。在学中は格別のご指導を頂き、ありがとうございました。おかげさまで今は、サービス業の仕事に就き、毎日、無我夢中に働いており、新入社員として忙しい日々を送っています。しかし、楽しく、愉快な同期や、熱心に指導

してくださる先輩や上司に恵まれ、毎日楽しく過ごしております。これからも、教授に教えていただいたことを活かし、早く一人前の立派な社会人になれるよう精進してまいります。

　在学中におきまして、石塚教授にはアミューズメント業界の問題や成り立ちの仕組み、また著作権について学ばせていただきました。今、様々な情報をインターネットで発信できる時代になり、便利になりました。私も、ブログや動画をアップロードしたりしていましたが、著作権については、高校を卒業したばかりの私にとっては、曖昧なことばかりであり、もしかしたら、何かに違反していたかもしれません。著作権の種類をはじめ、小さなことでも著作権に違反してしまうことを知り、これからのネットの使い方、論文やレポートの書き方について、考えを改めされたことを鮮明に覚えています。

　また、3年生の時に受講しましたアミューズメント産業論（石塚教授担当）が印象に残っております。アミューズメント業界の現状や、どのように成り立っているか、また、そこで働く人がどのような考えで働いているかを学び、私も今、アミューズメント関連のお仕事をさせていただいておりますので、大変役立っております。また、一緒に講義を受講している学生が自分の好きなアミューズメントを発表する機会があったのですが、そこで、私は大好きな花火について発表させていただきました。花火については知っていたものの、今、協賛金が集まらなくて、廃止してしまうところが多くなっていること、一度の花火大会の収益はどのくらいなのか、自分の知りえなかったことをいろいろ学ぶことができました。また、何よりも大好きな花火について皆に知っていただいたことをうれしく思います。

　卒業研究におきましては、論文の書き方をはじめ、私のテーマにおきまして、一つ一つ丁寧にご指導いただきましてありがとうございました。石塚研究室におきましては、皆が違ったテーマを研究し、どれも印象深かったことを覚えています。また、皆が発表した後、教授が皆にアドバイスや自分の経験談をお話ししていただく時間がとても、興味深いものが多く、毎回どのようなお話しをされるのか楽しみでした。逆に、私の研究や経験談を教授にお教えできたことを大変うれしく思います。私のテーマは「ギャンブルの社会問題」という卒業研究の中では独特のテーマでした。依存症の現状をはじめ、現代のギャンブル市場、カジノについて発表しましたが、「それについては知らなかった。」とおっしゃっていただいた時は、熱心に調べ、教授にお伝えすることができてよかった、と思います。また、研究室においては、コミュニケーションを図る場として最適でした。もともと人前で発表することが苦手な私にとって、短い時間でありますが、何回も発表をこなしていくことは、緊張をなくし、人前で話す勇気を与えてくださりました。発表している際、「君はすごく笑顔で楽しそうに話しているね。」と石塚教授がおっしゃっていただいたことを覚えています。このことは就職活動においても大変役立ちました。普通は緊張から真剣な顔になってしまう人が多いと思います。私は、この言葉をいただいてから、どんな時でも笑顔で相手に伝えれば、良い印象をもってくれると信じ、プレゼンや面接等に臨みました。実際、サービス業界から何社も内定を頂き、この機会を与えてくださったことに感謝しております。

　最後になりますが、長い教員生活お疲れさまです。これからも、お体にお気をつけ、最後まで、教員の仕事を全うしてください。先生のご健康をお祈り致します。今後ともよろしくお願い申し上げます。

（東京電機大学卒業生）

「絵本」を題材に卒業研究

吉原　真生（よしはら・まお）

石塚先生、この度はご退職おめでとうございます。

石塚先生には、大学1年生時の保護者懇談会に始まり、数々の授業、大学3年、4年時のゼミや就職活動で大変お世話になりました。特に進路で悩んだ際は、先生に何度も相談にのっていただき、その時の私に必要なお言葉をくださいました。その度に前に進もうという元気が湧き、晴れやかな気持ちになって研究室を後にしたことを覚えています。

私は大学1年生の時、保護者懇談会に際した事前面談を石塚先生にしていただきました。面談はほんの数十分の短い時間でしたが、優しく対応してくださり、楽しくお話できたことが今でもとても印象に残っています。

大学2年生で進路に悩んだ際には、その時のことを思い出し、思い切って先生に相談に伺いました。その時、先生が背中を押してくださったので、私はより自分の好きなものに近づくことができました。

3年生の時には迷わず石塚先生の感性文化学研究室に入り、「絵本」を題材に研究を進めることを決めました。

小さい頃から絵を描くことが好きで、将来は絵に関われたら楽しいだろうなと思っていたものの、高校生で理数科を選択した時から、そんな理想からはどんどん遠ざかっているような気がしていました。それがまさか、理系大学の情報科に進んで、小さい頃から大好きだった絵本の研究ができるとは全く予想していませんでした。そんな自由な環境を作り上げてくださっていた石塚先生、研究室の先輩方、共に研究を進めてきた同学年の皆に感謝しています。

他の研究室では、代々受け継がれているテーマを引き継いだり、各々が与えられたテーマに取り組んでいるといったお話も伺いました。それに対し私たちの研究室では、皆がそれぞれ自分の興味に従ってテーマを選び取り組んでいたため、とてもバラエティに富んだ内容になっていました。今まで自分の周りでは聞いたことがないような題材もあり、毎週のゼミで「この研究はこういうふうに展開していくのか」と大変興味深く聞いていたことを思い出します。

自身の研究に関しては、調べ足りないところがあったり、改善点はたくさんあげられます。しかし、1年という月日をかけて仕上げたのは、卒業論文が人生で初めてです。至らなくとも、少しずつ進めてきた卒業論文を提出した日はとても達成感がありました。

このように大学3年、4年生の間は授業もあまりなく、ほぼゼミのみという時間を過ごしていました。この時期、研究室と同じくらい印象に残っている出来事は、やはり就職活動です。どういう道に進もうか大変悩み、その都度先生にご相談にのっていただいたからこそ、辛かった時期を乗り切ることができました。

私には、勉強してきたことを生かしてエンジニア志望で就職活動した方が安全であるという気持ちと、でもやはりどこかで絵に関わっていきたいという、ふたつの気持ちがありました。どこで折り合いをつけるべきか、折り合いをつけたとして、その企業はどこにあるのか、答えを見つけられずにいました。日が経つにつれ焦りは大きくなっていき、地に

足をつけて就職活動をしたいと思っても、なかなか気持ちの整理ができませんでした。この状況を打破するために、信頼できる人に相談しようと思い、石塚先生のところへご相談に伺いました。

この時、「どうすればいいと思いますか」という私に、「答えは自分の中にありますよ」というお返事をいただいたことが、今でも私の指針となっています。

出口が見えず、いっそ「こういうお仕事が向いていると思います」と誰かに決めてもらいたい気持ちでいた私でしたが、この言葉で目が覚め、自分とよく相談することにしました。

そこから私の就職活動は一気に加速しました。焦りから進めていた企業を早急に取りやめ、おそらく無理だろうと挑戦する前から及び腰になっていた企業に応募し、多くの方々の協力を得て内定をいただくことができました。

始める前から色々と考えを巡らせてしまう心配性な私でしたが、そういうものを一旦取り除き、自分の中で見つけた答えを実現させるため思い切って取り組むことができた就職活動となりました。これは私にとって大きな変化でした。

現在、仕事を始めて3ヶ月ほどになります。良い面も悪い面も、これからたくさん見えてくることと思います。この先、どうしたら良いか分からなくなり、立ち止まってしまうこともあると思います。しかし何があっても、「答えは自分の中にある」という石塚先生のお言葉を指針に、怖がらずに自分と向き合いたいと思います。そうあってこそ自分の答えにたどり着けるのだと学びました。

大学生の4年間は、長いようであっという間の時間でした。これからも、様々な経験を通して、その度に先生のお言葉を思い出しながら、少しずつ成長していきたいと思います。

最後に、石塚先生、本当にありがとうございました。

（東京電機大学卒業生）

卒業パーティで石塚教授に花束贈呈

上原　駿（うえはら・しゅん）

1. 卒業研究「日本におけるサバイバルゲームの正当性についての研究」

2018年度石塚ゼミ卒業生の上原です。石塚教授への感謝の意は、私の言葉足らずな表現力では伝えきれないほどに多大であります。先にあつく御礼申し上げます。

私の卒業研究のテーマは「日本におけるサバイバルゲームの正当性についての研究」というもので、概要としては、日本でも娯楽の一つとして認識されつつあるサバイバルゲームは安全であるのか、今後他のメジャーな娯楽と同様に世間に浸透することはできるのかといったことを検討したものであります。このテーマで論文を作成すると進言した際、石塚教授は難色を示すことなく温かい心で承諾して下さり、結果として最後までモチベーションを高く維持した状態で研究を書き上げることができました。ゼミでの進捗報告の際は、文章や内容の校正、指摘だけでなく、進め方に詰まってしまった時や表現の仕方に困った時など快く相談に乗って下さったり、途中経過を受けて関連する話題を提供していただくことで文章構成をより発展させることができたりなど、約1年半の作成期間の間手厚くご

指導をいただきました。おかげさまで私の書きたかったことに加え、それをより強く立証させることができるような内容や、別の視点から再検討するような、私一人の力ではとても書くことのできなかったものを作成することができました。

　ゼミでは同期のゼミ生の研究の進捗発表も聞くことができ、そこでは私の知らない非常に興味深い内容の研究を多数拝見させていただきました。レベルの高い研究を見ることで自信の論文の制作意欲を高められただけでなく、純粋に興味深い情報を得ることは非常に楽しい時間でありました。研究テーマはそれぞれ関連性があるわけではなかったので、直接的に参考にすることはできませんでしたが、文章の書き方、構成、事象のとらえ方など参考にできることは多く、勉強させていただきました。同期の皆様には、私の進捗発表に少なからずお時間を割いてしまい申し訳ない気持ちと、興味深い内容についてのお話を伺えたことに感謝の気持ちを抱いております。この場を借りて謝罪、並びに御礼申し上げます。

2. 論文後付け

　サバイバルゲームの正当性を研究する中で、サバイバルゲームの安全性についてもいくらか記述したのですが、それについて先日屋内のサバイバルゲームに参加した際感じたことを研究に至らないレベルで記述いたします。

　そのフィールドは決して広くなく、フィールドルールによって使用できるエアガンは対象年齢 10 歳以上のもの（威力が 0.135J 以下のもの。以後 10 禁と呼ぶ。一般的にサバイバルゲームで用いられる対象年齢 18 歳以上のエアガンは 0.989J 以下。こちらを以後 18 禁と呼ぶ。）に限られ、対象年齢 18 歳以上のエアガンの使用は禁じられていました。フィールドからお借りしたエアガンも当然 10 禁であり、その威力は撃った弾の弾道から明らかでまちがいなく 18 禁ではありませんでした。ゲームをプレイしている中で何度か被弾することもありましたが、10 禁のエアガンだったためほとんどの場合大きな痛みはなく楽しくプレイすることができました。しかし、とあるプレイヤーが所持していたエアガンから放たれる BB 弾に被弾するとこれが非常に痛い。近い距離ならやむを得ないと思っていましたが、ある程度距離があっても、当たり所が悪くなくても他のプレイヤーから被弾するより痛いように感じました。この痛みについては一緒に行った友人 2 人も感じています。フィールド受付には弾速計があったため、まず計測しているでしょうしそのプレイヤーは常連とのことだったので違反をしているとは考えにくいですが、疑惑の念を抱いてしまいました。ルールが適切に守られているかということも問題ではあります。しかし、今回の件でより重要な問題であると考えるのは、このような現象を経験した初心者プレイヤーは、10 禁でこの威力なのだから 18 禁のエアガンは非常に危険であるという過度な印象を受けてしまうことです。屋外フィールドにて過度に近づきすぎることがなければ、18 禁の威力を用いることは身体に損傷を与えることは少なく、適切な距離感でゲームをより楽しいものとすることができます。屋内フィールドは交戦距離が近いため、少し威力の大きいエアガンを使ってしまうと被弾時に激しい痛みを与えてしまいます。フィールド側にはプレイヤーにルールを守るよう促すだけでなく、交戦距離等からも安全を確保してほしいと感じました。浅い内容ではありますが、後日談でございました。

3. 最後に

　卒業パーティ運営が教授への花束贈呈イベントを削除した情報を当日（2018 年 3 月 18 日）に受けて、卒業式（日本武道館にて）が終わった後に花束の購入に走り、パーティで教授にお渡しすることができたことは、些細なことではありますが私にとって光栄なことでございました。ゼミを通して学んだこと、石塚教授から賜りました温かいご支援、恩恵は生涯の宝であります。教授ならびに石塚ゼミ卒業生の方々におかれましては、お体にお気をつけてお過ごしください。

（東京電機大学卒業生）

第3部　コラム

チェスコフスキーの「歴史知」と
マルクスの「歴史的生活過程」

田畑　稔（たばた・みのる）

　あくまで印象であって、実証ではないが、石塚正英は、1960年代末から70年代初頭にかけて日本でも激しく闘われた学生反乱の、知的反乱という側面をその後もずっと実践し、体現してきた人ではなかろうか。知的反乱はなによりも知のスタイルの反乱であって、「窓」をいつもこじ開けては外部を突き付け、知の対象の固定化を避けて転々と彷徨・移動するエネルギーを示し、知の営みは永続的途上状態であることを体現し続ける。議論と共同作業の対抗的な場所を作ることの決定的意味を文字通り「身につけ」、「勝負は現場」を鉄則とし、声を荒げるべき時には一人でも声を荒げることで、反乱者としてのアイデンティティーを再確認する。石塚正英という名前や彼の仕事に触れると、こういう姿が思い浮かぶ。石塚の本には何人かの「師匠」がでてくるが、これらの「師匠」との間の、知的反乱の緊張を前提にした独特の和解感が読者に伝わってくる。

　石塚の思想的ポジション取りはアンチテーゼではなく、むしろジンテーゼであろう。ただしあくまで周辺や外部を探索し、そこに足場を置きつつ〈歴史的課題として中心や内部に突き付けていくジンテーゼ〉である。これが知的偏狭からも知的迎合からも、体系癖からも現状埋没からも、石塚を大きく隔てている。

　『石塚正英著作選』第6巻の巻末に収められた「石塚正英主要著作解説」を見ても、主な仕事はヴァイトリング、フェティシズム、シュトラウス、アミカル・カブラル、クレオール、アソシアシオン、バッハオーフェン、フレイザー、裏日本、離島、身体知、「近代の超克」など目が眩むほど多面的であり、かつ周辺的である。通常視界の外部に置かれているものに焦点をあて、そこから中心へと攻める姿勢が一貫している。中心に置かれるのは近代世界であり、理性主義や科学主義であり、伝統的マルクス理解などである。当然、体系構築よりも、構築され既成化された体系にゆさぶりをかけることが直接の課題になるが、そこにとどまらずジンテーゼを歴史的課題として突き付けていくのである。

　石塚のジンテーゼの中心には「歴史知（Historiosophie）」があり、これをめぐって若い世代を巻き込んだ色んな議論を展開していることも、実に石塚的である。ただジンテーゼのキーワードとして「歴史知」を採用するのだから、私の趣味から言えば『歴史知と学問論』（2007）の柱の一つにチェスコフスキー『歴史知のためのプロレゴーメナ』（1838）の紹介と自分との異同を正面から扱う論文を収めてほしかった（石塚のことであるから、すでにどこかで書かれているかもしれないが）。

　私も石塚と同様、思考のみでなく行為を、過去だけでなく未来を、哲学だけでなく組織化（Organismus）を包括する総合の歴史観への先駆的挑戦として、チェスコフスキーの「歴史知」に注目している。実は私は、マルクスの「生活過程」の概念に、つまり分節化と相互媒介の複雑な「生活過程」に着目しつつ、マルクス思想全体の現代的再構成を試みている。マルクスの用語で「総過程」としての「生活過程」を表現するものとしては「現実的生活過程」「社会的生活過程」「歴史的生活過程」の三つがあがるが、この三つの「総過程」

の内、もっとも包括的なものは言うまでもなく「歴史的生活過程」である。これをどう展開するのか、今、いろいろ熟考中なのである。

　さて、私は愚直タイプの人間で、どちらかというと同じ事柄を何度も考えるスタイルである。安定した感のあるシステムに外部を果敢に突き付ける石塚と異なり、内部から「こじ開ける」地味な努力に傾注するタイプである。しかし共通点もある。私は石塚より7歳も年上だが、ドクターコース在籍中に学生反乱を体験し、これは人生にかかわる体験となった。また季報『唯物論研究』の編集は81年からなので40年近くになり、大阪哲学学校の運動も1985年からなので35年近くなる。石塚とは形は違うが、知のスタイルや現実形態を強く意識し、また他者の魅力に対する感受性を長年の編集者としての経験から身体化してもいる。この点で自然な連帯感がある。

（季報『唯物論研究』編集長）

石塚正英さんの「文化的感性」

河上　睦子（かわかみ・むつこ）

　この度、石塚さんの「古稀祝賀記念誌刊行」のためにコラムを書こうと思い、彼と一緒にした仕事にはどういうものがあるのか、調べてみました。私が石塚さんと一緒に著した本は、以下のようでした。

『神の再読・自然の再読』理想社、1995

『哲学・思想翻訳語事典』（「身体」）論創社、2003

『フォイエルバッハ―自然・他者・歴史』理想社、2004

『戦争と近代』（「食文化から見る日本の近代化」）、石塚正英編著、社会評論社、2011

ほかに『社会思想史の窓』などにフォイエルバッハ関係の小論があります。また19・20世紀古典読書会でのフォイエルバッハ研究の会合（これは「フォイエルバッハの会」のホームページの通信に載っています。「食の記号学」という文化講座を2013年に石塚さんに依頼されておこなったことがあります。

　膨大な石塚さんの著作や教育・研究活動のなかで、私がご一緒したのは本当にわずかでした。私は他の人と一緒に仕事をすることがあまりないのですが、それでも、私のなかではもっと多かったように思っています。そうした私の「想い」は、おそらく彼との「繋がり」も、私の狭い研究対象との関係からくるようです。私は【フォイエルバッハ、感性、食、女性思想など】を主題とする研究を長く続けてきましたが、そうしたなかで、石塚さんから研究上の刺激と共鳴する思想を少なからずいただきました。それがどういうものだったのかを述べることは、彼の「思想」（そのほんの一部分ですが）についての（私なりですが）紹介・解釈・記録になるだろうと思うので、以下書いてみたいと思います。

　ただ彼の「研究」はあまりに広大なので（それは、社会評論社から2015年に出版された『石塚正英著作選』6巻に現わされています）、ここで述べるのは、あくまで一人の思想研究者としての私が理解したかぎりの彼の「思想」の一部です。

　私が石塚さんに直接お会いして話すようになったのは、「フォイエルバッハの会」だったと思います。日本では当時（今も）フォイエルバッハ哲学・思想の研究者は少数でしたが（多

くはヘーゲルやマルクスなどとの関係や系譜からの研究・解釈者です）、世界的な研究動向の流れを受けて（『国際フォイエルバッハ学会』成立など）、日本でも彼固有の哲学・思想を研究しようと、少数の研究者が集まってできたのが「フォイエルバッハの会」です。そしてその「会」で何回か行われた談話のなかで、私は石塚さん固有の「思想の根」に出会ったように思います。それは「文化的感性」といえるものです。

　その内容については、私はすでに彼の『著作選・月報』「文化感性のゆくえ！」NO3. 2014.12）に書いていますが、そこでは彼の文化的感性について、私が近年研究している「食の哲学」の「美味しさ」という観点から述べていますが、彼にあっての「文化的感性」は、そこで述べたことよりも、もっと深いものであるように感じています。

　彼の文化的感性は、感性知はもちろん、歴史知、多様文化知、身体知、宗教・儀礼知、情報知などの「多様な知」を追い求めさせるもの、どちらかといえば、「知」ではなく、むしろ彼の「知」の探求の根源にあるものといえそうです。彼にとって「感性」とは、「知」とは違う、彼の多様な「知」を促し、底辺で支えているものであるように、私は思っています。

　実は、私は彼の文を読んでいるときに、「なぜはっきり否定しないのだろう？」「直前のことと矛盾していると分かっているのになぜ説明しないのだろうか？」「なぜ結論を言わないで、こういう曖昧な表現をするのだろう？」などと思ったことがあります。彼の文は必ずしも「悟性的」ではないからです。

　彼との「お付き合い」のなかで私が得られた答えは、「知」を相手とすることは自分の「狭い知」でもって語るのでない。「多様な知」の方が語ってくれるのだ、と。彼の「多様な知」への探求を促しているのが、彼の「文化的感性」であるように、近頃、私は思っているのです。こうした「文化的感性」に促されて、彼はこれまで、そしてこれからも、多様な知の探究者であるだろう、と期待しています。

（フォイエルバッハの会会員）

石塚正英さんと私をつなぐフォイエルバッハ

川本　隆（かわもと・たかし）

　私が石塚正英さん（「さん」づけでお呼びすることをお許しいただきたい）と初めてお会いしたのは、国際フォイエルバッハ学会設立の気運が高まった 1989 年 3 月に、新宿の中村屋でカレーを食べながら「フォイエルバッハの会」結成のための会議をしたときだったように思う。あるいは、ヘーゲル左派を中心とする「19 世紀古典読書会」の会合が先だったろうか？　いずれにせよ、30 年も前に遡る話である。当時を鮮明に記憶しているわけではないが、とにかく「頭の回転が速い人」という印象が残っている。ゆっくりにしか物事を進められない私から見ると羨ましいかぎりで、「石塚さんはこれだと思いついたら、半年後には本にして出版するらしい」という噂を耳にしたときは、愕然としたことを覚えている。歴史や民俗文化を研究する者と哲学を研究する者のスタイルの相違といって片づけられるようなレベルでないことは、院生当時の私にも明らかだった。あれから 30 年。石塚さんは幅広い分野で優れた業績を数多く残し、活躍されている方なので、細々と地味なフォイエルバッハ研究をかろうじて続けている私などは足元にも及ばない。気がつけば石塚さ

んは自身の著作集を出すほど数多くの著書を出版している。研究対象が違うとはいえ、質・量ともに優れた業績を残している点は敬服するばかりである。本来なら「先生」とお呼びすべき方なのだろうが、(「フォイエルバッハの会」が堅物の研究者の会でなく、広く一般市民に開かれた会として上下関係を廃した「さん」づけが慣例化している事情もあり)私にとっては「石塚さん」という呼び名が馴染んでいる。

　フォイエルバッハの会では私自身が事務局長や記念出版の編集長を務めたりもしたが、処理速度が遅く、優柔不断な私の言動に苛立ちを覚えるような場面も多々あったにちがいない。しかし、そんな私を遠巻きに温かく見守ってくださったのも石塚さんだったように思う。1989年の発足当時から幹事を務めて今日に至っているが、大事な局面で至らないところをきちんとサポートしてくれる石塚さんの存在は私にとって心強いものだった。2004年のフォイエルバッハ生誕200年記念出版『フォイエルバッハ--自然・他者・歴史』の質を高めようと、定期的に執筆者会議を開き、葉山の施設で合宿まで開いて執筆者相互の意見交換を行ったことがあったが、(編集長だった私も含め)誰よりも早く合宿施設に赴いてその後の段取りを取り計らっていたのは石塚さんだった。私は集合時刻少し前くらいに行ったはずだが、記念出版という一大イベントを成功に導くための合宿となれば、準備のために一足早く来て当たり前という頭があったのであろう。私を見つけるや「まだ誰も来ていないなんて、この会の人たちの考えていることはわからない」と一喝されたときには、苦笑せざるをえなかった。時間にルーズな私の空気がメンバーに伝播していたとすれば、その責は私にある。石塚さんは他の会も切り盛りしており、当時は幹事役から退いていたはずだが、傍に退いていても会の行く末を幹事以上に案じ、機敏に忠告や助言をしてくれた。時にその言葉は厳しさを増すことがあったが、会がおかしな方向に行かずに現在も存続しているのは石塚さんのおかげといっても過言ではあるまい。現在の新体制になってからは、石塚さんも幹事の1人になっているが、事務作業に直接タッチしないとはいえ、会の方針や動向に関しては常に気遣っている人である。フォイエルバッハの会はもともと大きな会ではないが、60名ほど登録されていた会員も、実質的あるいは積極的メンバーに絞り込もうという石塚さんの案で、現在は十数名になった。しかしこの改革は、単なる規模の縮小化というより、等身大の姿への環帰といったほうが適切ではないかと思っている。年4回の通信発行と若干の研究交流会を行う程度のささやかな活動ではあるが、スリム化によって通信発送の無駄な出費が大幅に削減され動きやすくなったことは、「火を絶やさない」という意味ではプラスだったように思う。

　学会でも研究会でもマルチな才能を発揮する石塚さんだが、フォイエルバッハの会にとっては実質的な意味で「影の立役者」という印象がある。昨年(2018年秋)には、「フォイエルバッハの全体像を求めて--改めて問う、そのアクチュアリティー」と題した研究交流会が東洋大学白山キャンパスで開かれた。会場の手配や連絡をしたのは私だが、企画立案は石塚さんだった。この年はフォイエルバッハの会の主要メンバーの著作や研究がかなり出揃った時期で、一つの節目をなしていた。しかし、初期の研究(服部健二・川本隆)と後期の研究(石塚正英・河上睦子・柴田隆行)が別枠で独自に取り組まれているために、トータルなフォイエルバッハ像が描かれているとはいえず、それゆえに彼の今日的意義も十分には掴みきれていない感があった。その現状をとらえての立案である。私も幹事の一人として活性化をはかろうと、頭を巡らしてはいたが他のことに気を回しすぎて思うように立ち回れなかった。メールで有志に呼びかける石塚さんの一声は、パーンと弾けるよう

な響きがあった。即座に4人の報告者が決まり、実際に会を開いてみると（会員以外のメンバーも含め）11人の交流会となり、多岐にわたる実り多き質疑が交わされた。詳細については、私がまとめた「フォイエルバッハの会通信」第110号（2019.3.25）の報告を読んでいただくとして、普段、ほとんど顔を合わせない人たちが、フォイエルバッハ思想の1点で意見を交えるというのは実に刺激的だ。研究に関する意見交換なら他の学会でもある、と言われるかもしれない。しかし、この交流会は、フォイエルバッハ以外の研究者やいわゆる一般市民も参加する。学会などでは専門研究者の視点が際立つであろうが、ややもすると専門意識が先行して問題領域を狭めかねない。しかし、この交流会は多様な人材が集い、幅広い問題群、多様な問題意識を引き寄せるところがある。少人数ながら、いや、少人数だからこそ、立場の相違を気にせずに、一つの問題についてじっくりと自由に討議できる空気がこの会にはある。

　フォイエルバッハの研究スタイルに関していえば、石塚さんと私とは実に対局的だ。石塚さんの基本的スタンスは、後期フォイエルバッハの原始信仰観・唯物論的フェティシズムにある〔と思われる〕が、私は初期フォイエルバッハの思弁から中期や後期を展望する。「断絶説」か「連続説」かで分けてしまえば水と油だ。私の著書『初期フォイエルバッハの理性と神秘』をわざわざ買って交流会に来てくれた人がいたが、その人の帰り際に「その本にあまり深入りしないほうがいいですよ。偏っているから…」とアドバイスしたのは石塚さんだった。冗談半分に言っていることではあったが、しかし、半分本気だったようにも聞こえた。では、石塚さんと私が全面対立しているかというと、そうでもない。私の関心は後期フォイエルバッハに至る思想の推移を内在的にたどり、その発想の斬新さを従来の研究とは異なる形で浮き彫りにすることであって、初期フォイエルバッハを再興することではない。その地道な苦労を感じ取ったのか、フォイエルバッハの思想の歩みを石塚さんは「断絶」ではなく「転回」と呼んで、私に譲歩してくれたことがあった。研究を重ねることによって今後関係がどうなるかは未知数だが、対立でもなければ、同調でもない、微妙な距離感・緊張感が石塚さんと私との間にはあるようだ。

　時折緊張が走るとはいえ、会えば親しげに話しかけてくれるのが石塚さんである。フォイエルバッハの会などの会合がなくても、大学への移動の折、東武東上線の車内で何度か石塚さんには声をかけられた。取るに足らない世間話もあるが、意外と本質的な話題へひょんなことで飛び火することもある。私が一番印象に残っているのは、フォイエルバッハの「自己対象化」を「自己投影」と読むことの問題性だった。「投影」という用語をフォイエルバッハが「対象化」の言い換えとして用いることはまずない。つまり、「投影」論はのちの解釈者たちの言い換えにすぎない。神は人間の本質が「対象化されたもの」というべきところを「投影されたもの」に替えるとわかりやすいが、石塚さんの問題としている「フェティシュ」な自然そのものの信仰にまで適用しようとすると不適切な面があるとのことだった。「投影」という語は今日のプロジェクションマッピングを連想させるが、どうも「好き勝手」に「投影」できるところがよろしくないらしい。古来、原始信仰の神々は、勝手に想像したこしらえものではなく、自然そのものとしての神々だった。フォイエルバッハは自然からひきはなされ、自然とは無関係に成立するところの神学に対して「幻想」と呼ぶことはあるが、生活の必要から信じざるをえない宗教的信仰心については、（批判的にではあるが）容認するところがある。このような見方に「投影」を当てはめるのは誤解を生みやすいのではないか。「非恣意的な自己対象化」という言葉はあるが、これを「非恣意的

な投影」と呼んで済むことだろうか？　整理ができていないが、なぜ多くのフォイエルバッハ研究者が、「投影」の語を多用して解説するようになったのか、また、解釈上の齟齬をきたしていないかなどは、今後、明らかにすべき私の課題となっている。このように石塚さんとの雑談は、私にとって貴重なヒントであり、かけがえのない発想の源泉である。フォイエルバッハを介して石塚さんと刺激的な対話が今後も続けていければ幸いである。

（フォイエルバッハの会会員）

「裏日本」、パトリオフィル、クレオリゼーション

唐澤　太輔（からさわ・たいすけ）

石塚先生との出会いと「裏日本」

　2007年春、突然知らない番号から電話があった。「『理想』の論文読みました。面白かったです。一度会ってお話しませんか」という内容だった。電話の主は、石塚正英先生。『理想』の編集部から私の電話番号を聞いて、わざわざかけてきてくれたのだった。『理想』678号に掲載された拙文「森羅万象を掴む思想―南方熊楠の創造性について―」は、私が修士課程2年生のときに執筆した論文だった。

　当時神田錦町にあった東京電機大学内の一室で、石塚先生と初めてお会いし、南方熊楠の思想について色々と話をした。その会話の中で（どういう話の流れだったかは覚えていないが）、先生は、今、NPO頸城野郷土資料室の設立準備中だということを仰った。そして、私に、「このNPOの活動に加わってみませんか」と付け加えた。

　先生の口から飛び出すのは、「頸城野」「越国」「妙高山」……といった、私にとっては余りにも馴染みのないワードばかりだった。日本海側のことを、昔は「裏日本」と呼んでいたことも、このとき石塚先生から教えていただいた。現在では、この言葉は太平洋側に比べて「近代化の遅れ」をほのめかす言葉ということで、一般的には使用されることはほとんどない。しかし一方で、私には、先生から初めて聞いたこの「裏日本」という言葉が、妙に魅惑的に感じられた。

「裏日本」文化研究の発端

　博士課程に進学したばかりの私は、正直、自分の今後の研究の方向性に迷いを感じていた。これまで南方熊楠の思想を研究してきたが、それだけでは何か足りないのではないかと漠然と思っていた。もっと自分の研究に厚みを持たせたいとも考えていた。修士課程の頃、南方熊楠という強力な「知的武器」を手に入れて有頂天になっていた私は、指導教授の那須政玄先生（早稲田大学社会科学総合学術院教授、現在名誉教授）から「このままでは、単なる熊楠フリークで終わってしまう」という助言をいただき、悩み苦しんでいた。私自身も、そのことは薄々気付いていた。そこで私は、博士課程では、那須先生のご専門でもあるドイツ観念論について、もう一度真剣に取り組み始めていた。

　私は、それとは別に、もう一つ、全く未知のことにも取り組みたいと考えていた。そのようなときに、石塚先生と出会い「裏日本」というワードを教えてもらったのである。この語は、私のその後の研究において、まさにキラーワードとなった。「裏日本」という語が魅惑的に聞こえたのは、おそらく私がそのとき、日本文化における裏表は、哲学における

自他論に通ずるものがあると直観したからだった。

　私は早速、NPO 頸城野郷土資料室の活動に加えてもらうことにした。石塚先生から私に課せられた「使命」の一つは、「裏日本」について徹底的に調べることだった。先生は、決して妥協を許さず、曖昧な点は、とんでもないスピードで（時に冗談交じりに）、的確に指摘してくる。この真剣さとユーモアの兼ね合いが心地よい。

　そして私は、石塚先生の推薦で、上越郷土研究会が主催する頸城文化講演会で「裏日本文化と韓神信仰」という題名で、講演を行うことになった。確か 2008 年 11 月だったと思う。私にとって、初めての講演会であった。今思えば拙い講演会ではあったが、「裏日本は古代においては表玄関であった」ということを述べたところ、聴衆のみなさまからは大変温かい反応をいただいた。

「裏日本」文化研究の展開

　設立された NPO 頸城野郷土資料室で『くびき野文化事典』を出版することになり、私も「裏日本」に関する項目をいくつか執筆させていただいた。頸城野という一地域に特化しながらも、実は、この事典からは世界が見えてくる。例えば、頸城野に残るいくつかの十一面観音像。これらは、日本で作られたものであるが、その起源を辿ると、朝鮮半島、中国、そしてインドまで行き着く。日本では馴染み深い十一面観音像は、実はインドのバラモン教の荒神エカダシャ・ルードラが原形なのである。

　世界から一地域を見るのではなく、一地域から世界を見る——これは、「顕微鏡をもって大宇宙を見る」と述べた南方熊楠の在り方を彷彿とさせる。しかし、おそらく「真実」とはそのような姿勢でこそ見えてくるものなのだろう。

　実は、最も身近なものの中にこそ「真実」が隠されていて、我々はその事柄を往々にして忘れている。大事なのは、立体的深度と言えるかもしれない。その場に立ちながら深くそこを掘っていく。真摯に掘っていけば、きっと大宇宙に出ることができるのだろう。

　事典が出版され、ひと段落かと思いきや、石塚先生は、今度は「裏日本」に関する共著を出そうと、私に持ちかけてこられた。その名も『「裏日本」文化ルネッサンス』。石塚先生のスピード感とバイタリティには、いつも驚かされる。先生は、おそらく、これらの著作の刊行の間にも、いくつもの論考や著書を発刊していたはずである。『「裏日本」文化ルネッサンス』は、2011 年 2 月に、石塚先生、工藤豊先生、石川伊織先生、そして私の共著として発刊された。

　私は、この著作の中で、「裏日本」文化は、「表日本」文化の「内なる他者」であることを述べた。ユング心理学で言う、ペルソナに対するアニマ・アニムスのように、日本文化とは、ペルソナである「表日本」文化だけでも、アニマあるいはアニムスである「裏日本」文化だけでもなく、両方があって初めて成り立つものである。我々が普段忘却しがちな「裏日本」文化に目を向けることこそ、真に日本文化を考えることなのだと思う。このような事柄を、本書を執筆しながら確信した。

パトリオフィル

　「内なる他者」に目を向けることは新鮮でもあり、強烈でもあり、恐ろしくもある。私自身にとって、「裏日本」に目を向けることは、まさにそのような感覚であった。生まれも育ちも「表日本」であり、親戚も友達もいない「裏日本」は、私にはある意味、未知の領

域であった。

　「表日本」をデラシネのように過ごしてきた私にとって、実は、正確に「故郷」と呼べる場所はない。幼少期を過ごしたのは神戸市だが、両親は 20 年以上前にここから引っ越し、今は川崎市に住んでいる。私は、東京や千葉、京都にも住んだことがある。そんな私には、故郷愛、郷土愛というものが、おそらく希薄なのだ。それに対して、石塚先生は大きな「郷土愛」＝「パトリオフィル patriophil」の持ち主である。「パトリオフィル」は、郷土を意味する「パトリ」と、愛を意味する「フィル」を合わせた、先生の造語である。また「パトリ」という語は、古代ギリシャ・ローマにおける父権とは相対的なものであり、つまり母権に優越する支配権ではなく、皇帝権=中央集権に抗う抵抗権を含意している。そして、それは政治的・国家的であるよりも社会的、あるいは文化的な概念であり、権力的であるよりも倫理的な規範概念であるという。「パトリオフィル」とは、国家を愛することよりも、それを産出する基盤である社会を愛することに意義を有するものなのだ（石塚正英「造語「パトリオフィル（愛郷心、　patriophil）」の解説」『頸城野郷土資料室学術研究部研究紀要』Forum26、2018 年）。石塚先生のこの「パトリオフィル」という信念が、NPO 頸城野郷土資料室の設立へと確実につながっている。

　顕在的な国家の基盤となっている潜在的な郷土。石塚先生は、この顕在的な場と潜在的な場の両方を往還する。ただ潜在的な場へダイブするだけではなく、そこからたくさんのエレメントを掴み浮上し、現代社会の在り方としっかりと比較する。これが、石塚先生の基本的姿勢だと思う。

NPO くびき野カレッジ天地びと

　NPO で私は、学術研究員兼任講師として、高田小町で年に 2 回、「「裏日本」文化」の公開講座（NPO くびき野カレッジ天地びと）をさせていただいている。市民向けの一般公開講座であるが、雰囲気はさながら学会のようである。「講義」という名の「発表」では、毎回、鋭い指摘や時に厳しい意見も出る。

　私が、越のヤマタノオロチについて発表を行った時、石塚先生が「八つの頭の龍と言うけれど、「ヤマタ」ってことはマタが八つ、つまり頭は九つなんじゃないの？」と質問された。――確かに。私は何も答えられず、「次の発表までの課題にします」と言って逃げた。

　その後、私は、色々と調べたが、どの文献を見てもやはりヤマタノオロチの頭は八つと相場が決まっていた。そこで私は、ヤマタノオロチが越国をその出自としていることに目を付け、越国・越前の九頭竜川に関係のある人々との関係を考察した。つまり、九頭竜信仰を持った越前の人々こそ、ヤマタノオロチの比喩であると考えたのだ。彼らが、出雲へ攻め入った際に出雲族は、彼らをヤマタノオロチとして見立てた。要するに、ヤマタノオロチは、八つのマタを持つ九頭の龍＝九頭竜信仰を持った越国（九頭竜川周辺）の民である、という大胆すぎる説を考えた（※実際には、今の九頭竜川がそう呼ばれるようになったのは、9 世紀に入ってからで、それまでには黒龍大神信仰はあったが、黒龍は多頭の神ではない。したがって、ヤマタノオロチ＝九頭竜川周辺の民ではないようだ）。

　この説をカレッジで発表したところ、石塚先生は笑いながら「あれは冗談で言ったんだよ。ヤマタノオロチのマタは「岐」で「分かれる」という意味だから、八つに分かれているってことでいいんだよ」と仰った。続けて「でも、よく考えたね」と付け加えられた。ホッとするやら拍子抜けするやら、なんだか不思議な気分になったが、後から思い返すと、

私にとって、この出来事はとても貴重な体験だった。「当たり前」に使われている既存の言葉や概念を注意深く見ること。この、研究者として、それこそ「当たり前」の事柄を、思い知らされたからだ。そして、一つの語を深く考えることで、様々な「結びつき」の可能性を見出せること。これも改めて知った。今となっては、私の説は荒唐無稽で突拍子もなかったことは明白だ。しかし、一見無関係と思えるような事柄の間に「結びつき」を見出すことこそ、実は民俗学や人類学において、最大の醍醐味なのだと思う。おそらく、創造的な仕事の多くは、そのようにして生まれるのではないだろうか。勿論、資料的・理論的裏付けは大事だが。

　石塚先生は、このような事柄の重要さを含意して、私に質問をしたのだろうか。もし、そうでなかったとしても、あの質問は、石塚先生の一つの語に対する真摯な姿勢や自由な発想がなければ出てこなかったと思う。

クレオリゼーション

　石塚先生から学んだことは多々あるが、その中でもクレオリゼーションの考え方は大変刺激的だった。クレオールは、もともと言語について用いられたものであり、普通は、フランス植民地において市民権を得た植民地出身者のことを指す。交易や侵略で複数の言語が接触すると新たに混合言語ピジン語が発生し、さらにそれが本格的な地域語つまりクレオール語になっていく。このような過程、つまりピジン語のクレオール語化が、本来のクレオリゼーションであるが、石塚先生は、現在のグローバリゼーションの欠点を補う、ハイブリッドで多様な社会・文化の共生をクレオリゼーションとしている（石塚正英「二一世紀の新たな価値基準と「裏日本」文化ルネッサンス」『「裏日本」文化ルネッサンス』社会評論社、2011年）。行き詰まりを見せている欧米の価値基準に基づいたグローバリゼーションを補完するクレオリゼーションは、今後間違いなく重要になってくる。その大きなヒントとなる場所こそ「裏日本」であろう。中国・朝鮮文化から多くの人々が流入し、多様で豊かな文化を営んでいた古代「裏日本」の在り方を探求することは、今、最も新しい学問なのかもしれない。

　小泉八雲は、カリブ海のマルティニークで、クレオリゼーションを目の当たりにした。彼はそこで魂を揺さぶられ、クレオールの料理本やクレオールのことわざ辞典などを出版している。日本へやってきた八雲は、「裏日本」の出雲に、マルティニークと同じクレオリゼーションを感じ取った。古来、出雲は神と人間が混じり合う場所であり、また日本文化と中国・朝鮮文化の混じり合う場所であった。私は、八雲が残した日本に関する様々な著作には、このクレオリゼーションの概念を深化し展開する可能性がかなり含まれているのではないかと睨んでいる。

　互いの特性を残しつつも混じり合う状態。つなぎつつ混ぜ合わせることの重要性。単なる「共同体」を超える概念の提出、「裏日本」「パトリオフィル」「クレオリゼーション」をキーワードに今後考察を深めていきたい。

これから

　不思議なことに、私は今（2019年10月）秋田市に住んでいる。日本海に面した秋田市は、いわゆる「裏日本」だ。石塚先生と出会って「裏日本」を知り、そして今、私は「裏日本」で教鞭をとっている。私には、これが単なる「偶然」だとは思えない。これは、原

因―結果の直線的な関係で分かるものでもない。背景には、余りにも複雑な要素がからまり合っている。しかし、そこに、2008年春のあの一本の電話があることは間違いない。これは、結果論だろうか。そうだとしても、おそらく重要なのは、そこに「意味」を見出せるかどうかだと思う。「意味」を見出した時、それは単なる偶然ではなく、「縁」になる。

　常に既に、この世界には「縁」の力が働いているわけだが、それに気付いた時、我々はそれを「縁」と認識することができる。石塚先生のまわりに学界のみならず様々な人が集まるのは、石塚先生自身が、このような「つながり」の構築にとても前向きであり、さらに「縁」を大事にしているからに違いない。

　私が石塚先生からインプットした事柄は、今後必ずアウトプットしていかねばならない。「裏日本」でもありいわゆる蝦夷との国境でもあった「辺境」の地ここ秋田で、これまでのインプットに何を付加し、それをどのようにミックスし、新たに何を構築するか。まだ時間はかかるが、これを遂行していくことで、先生へのこれまでの恩返しをしたいと思う。

（頸城野郷土資料室学術研究員）

地域文化誌叙述のためのモデル論
―石塚正英著『地域文化の沃土　頸城野往還』を素材として―

真野　俊和（しんの・としかず）

I　小論の課題と視角

　本稿は地域文化を記述し論じるにあたって、どのような方法があり得るか、という課題に関する考察を目標としている。

　地域の文化に目を向け、その実態を余さず記述し、その地域で暮らす人々との関わりや意味を明らかにすることを目標と掲げる地域文化誌は、人文学という学問領域にとって大きな場所を占めている。地域文化誌（論）を理論的かつ抽象的な概念として、場所や時代を特定することなく考えることも不可能ではないだろう。しかし場所も時代も問わず、つまり一切の個別性と切り離して論じようとしても、それではたとえば「生きるとは何か」などといった問いと同じくあまりにも漠然としすぎており、哲学ならばともかく経験科学として生産的な議論には発展しにくい。

　そこで本稿はまず議論のための素材を限定する。具体的にはサブタイトルに示した石塚正英の著書（石塚正英 2018）をとりあげることとした。石塚のアカデミックな意味での専門を簡単におってみると、19世紀ドイツの社会思想にはじまり、広く捉えるならば近代ヨーロッパの社会哲学であったといってよい。ただ近年ではジェームズ・フレーザーの『金枝篇』翻訳に監修者として携わる（神成利男・石塚正英 2004-）など、文化論への関心も強く持つようになってきた。もっとも石塚の地域文化誌への関心は『金枝篇』をはるかにさかのぼるもので、頸城野を対象とする文章のほか、いくつもの編著書をすでに刊行してきた。本書はそれらの延長上にある現時点での最新刊行著書である。

　けれども本稿は石塚のこれまでの研究・著述活動全体にまで目を向けるものではない。あくまでこの著述のみに考察の範囲をしぼり、それがどのような方法や思考形式によって叙述がなされているかを考えてみようとするものである。したがって冒頭で「どのような方法があり得るか」という問いかけをした意味も、通常の理解と少し異なってくるかもし

れない。論者たちは考えをめぐらせてみれば、さまざまに「あり得る」方法を考えつくことができるだろう。すなわち可能性はじつに多様な方向に広がっているはずである。だが本稿はそれらの可能性のそれぞれについて何らかの評価、つまり実現への確率的期待度とか、実現された結果に表れた質の高さ（同時に、低さとも言える）などへの評価判断を試みようとするものではない。本稿の方法は、そうした価値的評価という態度に対して可能な限り慎重であろうとする。つまり石塚が叙述の対象とした頸城地方の"文化"の内容には必要以上に踏み込まない。あくまで本書において著者が表現し終えた、叙述の枠組みに関心を絞りこむつもりである。それが小文を草するにあたっての基本方針であることだけを、最初にことわっておきたい。

II　書名から読み取れること

　前置きが長くなった。本書の紹介、ではなく、考察に入ることにしよう。

　本書に現れた著者の姿勢あるいは心情を端的に言ってしまえば、限りない（頸城野という）郷土への愛である。この心情は著者自身のものであると同時に、本書のあるくだりでは考察の対象ともなっているので、その意味するところはもう少しあとで明らかになるであろう。

　ともあれ著者のその愛は、頸城野の地域文化に「沃土」という表現を与えた。沃土とは「地味の肥えた土地。肥沃な土地」（『広辞苑』）という意味である。だが沃土とは単に土そのものや土地の特長だけを取り出した言葉ではない。そこにどれだけの作物が実り、家畜を育て、人々の暮らしを豊かにしたか、そしてどれほど豊かな文化を産み育てたか、というところにまで視線が伸びたとき、初めてこの言葉がふさわしくなるのである。

　ここまで書いたなりゆきで、タイトルにある「頸城野」という地域名称についてひとこと付け加えておこう。といってもじつは「頸城」と呼ばれる地域は厳密には存在しない。もちろん「頸城」は古代から続くきわめて古い地名にはまちがいないのだが、あくまでそれは越後国に属する一つの郡名、つまり「頸城郡」であった。明治以降になると頸城郡は上・中・下にわかれ、全体として頸城地方とよびならわされてきた。もっとも 2005 年の全国的な合併政策のなかで、これら 3 郡はいずれも姿を消した。

　では頸城地方の範囲はといえば、おおよそ米山山塊よりも西側から富山県との県境にいたるまでの間で、今日の新潟県の地域区分では上越（京都に近い一帯をさす「上越後」の短縮形）地方と呼ばれるほうが普通である。富山県との境には糸魚川静岡構造線という大断層があり、その西側には（新潟県分に限ってみれば）飛騨山脈＝北アルプスとよばれる険しい山岳地帯が形成されている。もっともこの山脈稜線の東側だけが新潟県に属するにすぎず、急峻な山岳地帯はそれほど多くの面積を占めていない。しかし頸城地方全体を見渡せば、圧倒的にいわゆる中山間地が多くを占めている。だから「野」というにふさわしい範囲といえば、東端を流れる関川の両側に形成された氾濫原、つまり高田平野とか頸城平野などと呼ばれる平地部分にあたる程度に過ぎない。それでも人々はしばしばこの頸城地方全体をさして「頸城野」と呼ぼうとするのである。

　つまり頸城野の「野」とは決して野原とか原野とか平野など、広い平地を連想させる地形カテゴリーには含まれない言葉だと理解できる。そのような意味合いで使われる「野」地名は、たとえば京都市周辺に見つけることができそうである。京都には鳥辺野、蓮台野、あだし野と「野」のつく地名が三つもあり、いずれも古い時代からの葬送・墓所の地だっ

たと言われる。そしてこれら三ヶ所はいずれも京の都の中心部、洛中から外れた、洛外にあることで共通する。そのうち蓮台野は京都市北区に位置しており、さらに紫「野」地名に隣接していたりするから、常識どおりの「野」であると言えるかもしれない。また、あだし野は洛中の西方、嵯峨野（ここはかろうじて京都市西端の「野」に位置するといってよいだろう）から少し奥まった小高い地をさしており、このあたりから京都西方の中山間地につながってゆく。その限りでは少々微妙な場所に位置している。いっぽう鳥辺野という範囲はあまり明確でないらしいが、清水寺などに近い東山の山麓一帯をさしており、「野」の通常の語感からは明確にかけ離れてくる。京都にはほかにも「野」地名がいくつもあるから、これら三ヶ所の「野」の事例からすべての「野」地名を葬送に結びつけるのは危険であろうが、反対に三ヶ所の「野」から葬送という特別な意味合いが連想されやすいとはいえるかもしれない。

　話を「頸城野」に戻そう。もちろん頸城野と京都にある三ヶ所の「野」とを同列に論じることはできない。しかし少々遠回りになったが、常識的な意味での「野」にほど遠い地形をもつ頸城を、この地の人々がなぜ「野」と呼びたいと思うのか、ということを考えるための手がかりにすることは出来そうに思える。それは「野」が単に地形としての野原ではなく、それ以上の意味とともに存在するのではないかという仮定である。頸城の場合でいえば、「野」は頸城という土地を呼ぶにあたっての美称として現れた。すなわちこの土地の生産力が多くの作物や山林資源を人々にもたらし、人々がそれで暮らしをたててゆくことを可能にし、多彩で優れた文化を産みだしてきたという認識のゆえではなかろうか。つまりこの地方の人々が頸城に「野」をつけて呼ぼうとする感覚と、著者が頸城を沃土と評価する感覚とはほとんど重なってくるのである。本書の主書名にある「沃土」という形容と、副書名の一部にある「頸城野」とはそのような意識でつながってくると考えることができよう。

　この土地の人々はもう一つ「久比岐野」という表現も好む。歴史的な表記法ではないのだが、文字面に現れた雰囲気に惹かれるのかもしれない。また美称というには少々慎ましやかだが「くびき」とか「くびき野」のようにやわらかなひらがな表記も好まれる

　さらに副書名をなすもうひとつの言葉として「往還」がある。往還は「街道」とほぼ同じ意味で、広域をつなげる主要道、あるいはその道を往来する行為をさすといってよい。つまり「頸城野往還」はその後者のほうに属し、一つには頸城野を出ていった者がその時の住まいと頸城野を行き来する行為、二つ目には外部の人間が頸城野を通過することによって生まれるできごとをさすと言えるだろう。つまりこの副題には頸城野を閉じられた空間として囲い込むのでなく、外部世界との関わりで見ていこうとする態度が含意されているといえる。この視点は下に述べる三つのモデルのうち、後の二つに関わると言えるであろう。

III　地域文化誌のための叙述モデル

　この節からは、第I節で述べた考え方にしたがって分析を進めていくことになるのだが、そのための最も基本的な枠組みについて簡単に述べておきたい。

　地域文化、つまりある地理空間の上に一定の特色と恒常性をもった文化が産まれるためには、それにふさわしい時間が経過されなければならない。つまり地域とは、地理上の広がりと時間とを掛け合わせて考えなければならない概念なのである。そしてその掛け合わ

せ方にはいくつか思考上のモデルを想定できる。本書の記述には少なくともそのいくつか
を見いだせると考えたのが小文の主題である。

i）定域モデル

　まず定域モデルと呼ぼうとするのは、一定の土地の上にのみ視野を定め、動かさないと
いう文化や社会の語り方である。たとえばある自治体がその自治体の歴史を叙述する、い
わゆる自治体史の編纂事業をはじめるとしよう。その場合、資料を収集する範囲は、通常、
その自治体が占める地理上での広がりが最初の基準になるだろう。自治体史の記述はふつ
う先史時代まで遡るから、現在の自治体が占める土地の上で縄文時代もしくは弥生時代以
来数百年以上にわたって延々と営まれてきた、人々の生活や文化、社会の移り変わり、な
どなどが対象になる。

　ただこのモデルで過去を見ようとするとき、普通には近い過去であればあるほど容易に
なるはずである。何よりも豊富なデータが得やすいし、ときにはいまここで生活している
人びとから具体的な話を聞くこともできるからである。とはいっても調査や叙述にあたる
スタッフが情熱を注ぐのは、むしろもう少しさかのぼった時代になることのほうが多いか
もしれない。言ってしまえば、ほどほどに資史料があり、ほどほどに謎が多いのがそのあ
たり——17 世紀から 19 世紀まで、つまりおおむね江戸時代から明治・大正期あたりまで
——だからである。

　そしてこの時代まで下ってくると全国的に社会統治の形式が整備されてくるから、その
社会のもとにおいて文化が形成される方向性もかなりの程度に定まってくる。言いかえれ
ばその社会における文化の特色や独自性が、それぞれに明瞭になってくるのである。つま
り本書の場合でいえば、頸城野のある場所この村にどんな文化や習俗が形成され、遺産や
伝承として存在するかを、可能な限り詳細に調べ上げ、記述するという作業が最大の目標
になるであろう。

　本書の構成にみるならば、「Ⅱ　頸城野学へのいざない」がおおむねこうした方向性で叙
述されるといってよい。とくに第 5 章「野尻湖ナウマンゾウ発掘からすべてが始まる」は
数多くのこうしたテーマを扱う 63 本からなる小文集である。内容にいちいち踏み込む余
裕はないので、そうした小文の表題を順序不同でいくつか挙げるに留める。
- ・越後高田の太子堂—大工職人の信仰心—
- ・生活文化くびき野ストーン
- ・春日山の歴史的および生活文化的景観
- ・川上善兵衛の放射状道路建設
- ・文明開化の写真師—鹿野浪衛・末四郎兄弟
- ・郷土誌を企図する上越郷土研究会

　いくら挙げてみたところで切りがないので、例示はこのあたりでとどめておくことにす
る。全体としてはいわゆる民間の習俗のほか、歴史を再構成する上で欠かせない歴史上の
できごとや遺産、人物、地域研究にたずさわった研究者や団体、さらにここでは例示しな
かったが、この土地を通過した限りにおいての他地方の人物など、さまざまな話題がとり
あげられている。つまりこのわずかな例をみても、素材やテーマは様々だが、焦点が広く
「頸城野」に定められているところだけが共通していることがわかる。したがって反対に、
これらの広がりからできる限り素材やテーマを絞り込むことに努めるならば、頸城野とい

う地域がたどってきた歴史や、頸城野という地域の上に形成された社会や文化の独自性が特色をもって描かれることになるであろう。

　ただここでもう一つ是非とも注意をはらっておかなければならないのは、描こうとされるテーマはランダム、つまり「何でもよい」ということには決してならないという点である。もちろん調査者にはそれぞれに自分自身の研究テーマがあるから、その方向にそった素材が取り上げられることになるのはいうまでもない。ただもう少し大きな傾向を決めるのは、上述した「沃土」とか「頸城野」など、私が「美称」と性格づけた言葉群である。これらの言葉群で表される感性とは、いうまでもなく当該の地域にたいする、きわめてポジティブな眼差しである。したがって取り出される素材も当然そのような感性に沿ったものでなければならない。なによりも豊かで開放的で生産的な素材にまず目が向いても、反対に貧困とか飢饉とか争いといったようなネガティブな側面はこぼれ落ちがちである、という傾向になるだろうことは否めまい。

ⅱ）ふるさとモデル

　私たちはしばしば、自分が生まれかつ育った土地に、きわめて強い感情をもつことがある。というよりは大多数の人びとがそうであるに違いない。その土地の文化のありかたが、その人の人格形成に強い影響を与えたことに鑑みれば、そのような感情はきわめて普遍的であるに違いない。まして成人後も変わらずその土地に生活しているのであれば、その感情はもっと強いものになるであろう。

　といってもそうした感情の行方は少々複雑であるかもしれない。地方の過疎と呼ばれるような環境に住みつづける場合には、その社会や文化のなかに、自分を満足させてくれる何物をも見出すことができず、嫌悪や不満をつのらせるばかりだというケースもまれではないのだから。そのような感情を抱いた人びとはやがて生まれ育った土地から離れ、都会に職と居を求めて移動することも少なくない。あるいは学問や芸術上の強い願望を抱いた人の場合、その道を究めるために、それにふさわしい環境を求めて都市に進出することが不可欠と考えることになるにちがいない。そして多くの人びとにとって、生育した土地は次第に重要性を失い、忘れられた存在になっていく。

　ただそんななかでも、ある人びとにとって、生まれ育った土地は依然として記憶の核心に位置を占め、ときには精神的なよりどころであり続けるといったこともないではない。私たちはしばしばそのような土地を「故郷」とか「ふるさと」と呼んでいる。

　一般にこの二つの言葉は特に区別されることもなく、ほぼ同義と捉えられよう。しかし時には明確に異なる文脈で現れることがある。その一つが地域振興といった活動である。過疎や産業力の喪失などによって、地域の社会的経済的文化的活力が下がっていこうとしているとき、地元の人びとが「この状況をなんとかせねば」と地域活性化と称する運動をおこそうとする。このときのシンボルワードはしばしば「ふるさと」である。つまりその地域に現に住み続ける人びとによって、その土地は「ふるさと」ととらえなおされるのである。それにたいして「故郷」は生育地を離れた者にとって外部にある対象でしかない。言いかえれば、「ふるさと起こし」はあっても「故郷起こし」はまずありえないということになる。つまり「故郷」であれ「ふるさと」であれ、生育地に対する想いの質の違いが、この二つの言葉を分けているのだといえる。

　さて本書においてこの「ふるさとモデル」が語られるのは、おもに第7章「小川未明の

愛郷心—戦前・戦中・戦後の作家遍歴をふまえて」である。以下、本書で触れられている限りにおいて、小川未明の「ふるさと」観を追っていきたい。

　周知のように、小川未明は新潟県（現）上越市の出身である。平成の大合併までの旧上越市はそれ以前の旧高田市と旧直江津市の合併によってできた町であるが、未明が生まれたのは旧高田市である。未明は地元の旧制中学校を卒業後、二度の落第を経て、現在の早稲田大学に進学した。詩人になることを目標にしたのが早稲田志望の理由のようだが、中学校時代に地元の漢学塾にかよい、関心をもったのがその理由につながったのかも知れない。

　その後の童話作家としての未明の活動はよく知られていることだから、詳しくは触れない。というよりそちらの側面について、本書でほとんど言及されないでいる。それよりもここで著者がより強い関心を寄せたのは、未明の社会主義者としての顔である。とはいうもののこの側面についても、具体的な社会運動家としての活動は描かれない。あるいはそのような活動がともなったのかどうかについても、まったく触れていない。むしろ人道主義と重なり合う思想として社会主義を受け容れようとする文章が、わずかに一ヶ所引用されているだけである。

　心情的な社会主義者であった未明はやがて、社会そのものよりも「民族」に言及することが増えていったようである。石塚は未明の社会主義観や国家観をつぎのように特色づけた。

> 未明の自伝的叙述を読めば、彼にとっての国とは政治的な国家でなく、風土的なクニに近い（中略）　意識はナショナル（national）というよりもリージョナル（regional）である。彼は越後の田舎から東京に逃れて、結果、いっそうリージョナルな意識を強めた。ときに、越後であれ東京であれ、リージョナルな生活圏を破壊しにかかるナショナルな政治経済を批判している。その方向で大杉栄の思想に親近感を懐いたのであろう。（p.277）

　ただここでも著者による未明への評価は民族主義＝国家主義への転向と断じることはなく、また「郷土愛」というありふれた心情への回収でもなく、むしろ「愛郷心」という新たな概念文脈での位置づけに向かって行った。「愛郷心」は著者による造語であるそうだが、この言葉さらにはパトリオフィル（patriophil）という、これも著者によるオリジナルな術語＝概念として展開していくことになった。この二種の同義な用語を理解しようとすると必要以上に議論が複雑になってしまうので、著者による簡単な説明をもって留めておくことにする。

> 「パトリオフィル」の「パトリ」は郷土を、「フィル」は愛を意味する。（中略）オリジナル概念の下地にはアナキズムとかサンジカリズムとか、あるいは人道主義とかの諸概念が未明の個性に見合うように編集された、それら術語のアンサンブルが存在している。（p.278）

　つまり「愛郷心」という言葉のレベルではまだ「郷土愛」との違いは鮮明に現れない。著者も「郷土愛」と「愛郷心」をほぼ同義に位置づける表現もあるので、そのあたりを明確には説明しきれていないようである。ともあれ「パトリオフィル」という外国語表現に変形させることによって、未明の心情への理解はより抽象的、概念的なレベルに発展させることが可能になるのである。つまり愛郷心＝パトリオフィルは、客観的な地域文化理解のための一つの思考モデルとして意図的に構成されたことになるのである。

なおこのモデルをなんと呼ぶかについて若干悩んだことを告白しておきたい。その結果「ふるさと」を選んだのは、この言葉がもつ多義性である。先述したようにこの言葉は外側からの視座にたつばかりでなく、その地域に暮らす者の立場からもとらえ直すこともできる。しかもこの多義性はただ自分のいる視座と認知対象としての視界とのあいだの組み替え可能性だけではない。その一つの例は、室生犀星の有名な「ふるさとは遠きにありて思ふもの」(『叙情小曲集』)という詩句であろう。ここで「ふるさと」は、故郷を後にした者が抱く熱い思いだけでなく、それを拒否するネガティブな意味合いでもとらえられている。詩人は「ふるさと」のどうしようもない両義性に苦しみ悩んだのだ。そして多義的であるとは明確に区切られた輪郭線をもたない事態である。時や状況に応じて常にあるいは同時的に乗り越えられ続ける属性である。この曖昧さ、しなやかさを表現するのに漢語はあまりふさわしいと感じない。このモデルを語るのにもっと適切な例がほかにあるかも知れないが、さしあたり今は「ふるさと」が最もふさわしいのではないかと判断した次第である。

ⅲ)源流モデル

さて三番目は、地域の文化的資源を時間や地域に沿って遡っていこうという「源流」モデルである。通常、文化は常に移動し伝播する。人間は一人だけで生きていけないから社会を作り、社会もまた単独では存続できないから、社会同士の交流をおこなう。そうであったとしても、他の文化を模倣しようとする必要性とは別物なのだが、文化がなぜ移動し伝播するのかという難問はこの際脇に置いておこう。ともかく地域文化誌を叙述するにあたって、隣接する地域、ときにはもっと離れた地域に存在する文化を無視するわけにはいかない。

本書の場合、古代日韓比較文化誌というテーマが相当の分量を割いて冒頭に置かれるのは、地域文化誌の書物としてはかなりユニークである。表題を取り出すにとどめるが、次のような構成になっている。

Ⅰ　頸城野からみた古代日韓比較文化誌
第1章　古代交通路からうかがえる頸城文化の形成
第2章　信濃・上野古代文化の信濃川水系遡上という可能性
第3章　伝播する文化の諸問題—朝鮮半島と日本列島の菩薩半跏思惟像
第4章　岡倉天心「アジアは一なり」のパトリ的な意味

ユーラシア大陸の縁辺にはりついている日本列島上の文化が、大陸と深い関わりをもつこと、そして文化の成熟度のレベルから見て、前者が後者に影響を及ぼしたというより後者の影響下にあると見たほうが、はるかに蓋然性が高いと考えることの正当性はいうまでもない。とはいっても恒常的に海を越えた交流があるわけもないだろうから、その影響はそれほど強いとは考えられない。ましてそれぞれの社会集団が国家といった制度をもってしまえば、ますます交流のチャンネルは狭くならざるをえないだろう。

それでも他文化の痕跡が当該地域において遺物や遺跡として発見されたり残存したりすることはしばしばあるのだから、先述した定域モデルにおいても当該地域に存在した文化として言及することはありうるだろう。ただそれはあくまで記憶としてではなく、たかだか遺物・遺跡の姿でしか現れないから、アジア一般は現代頸城人にとっての故郷でもふるさとにもなりようはない。つまり源流モデルは、一般には陸上および河川交通をとおした

文化交流が偏重されるのが実情なのである。その意味で本書で実証的な検討に耐えうるのは、上記の第1章〜第3章に限られるといってよい。

　なお、私のこの言明は、本書における当該記述内容の当否とは別次元のものであり、しかるべき論者によって専門的に検証されなければならない。このことは第I節で断っておいたとおりである。

　こうして読んでくると、岡倉天心に関する上記第4章の座りがいささか悪くなってくる。「アジアは一なり」と言ったときの地域スケールは日本であったりアジアであったりと、とてつもなく大きくなってくる。ただここでいう「アジア」とは政治や社会上の概念でなく、あくまで文化に関するものである。文化とは人間の集団が集団として保持する行動や心意のパターンであると同時に、微分化されて個人にも内在するものであろうから、日本やアジアを一つの地域として文化誌的に描くこともむげには否定できなくなるであろう。このあたりの難点を著者は「パトリ」および「フィル」という二つの概念で橋渡しさせようと格闘している。それがどの程度に成功しているかという点について、私は語るすべをもたないというのが正直なところである。

IV　終わりに

　最初に書いたように、小文は本書の紹介文としては最低限のレベルにも達していない。かといって書評と位置づけることにもいささか抵抗がある。内容についての評価はもちろんのこと、著者の主張そのものについての評価もほとんど試みていないからである。あえて言うならば、この書物を書物として成り立たせている論理に関する俯瞰的な分析である。つまりこの書物の論理的な読みかたに関する一つの案内書とでも言ったらよいだろうか。

　私はその結果として、地域文化の探求方法、あるいは地域文化誌の叙述方法として三つのモデルを、可能性として抽出してみたことになる。ただそれはあくまで本書のみを通しての抽出であるから、地域文化誌論一般に敷衍されるためにはまだ足りないところがある。三つのアプローチ以外にどのようなものがありうるか、私も考えを深めてみなければならないし、できることならば読者諸兄姉にも挑戦してもらいたいと願っている次第である。

文献
神成利男・石塚正英（2004-）神成訳・石塚監修『金枝篇』（全10巻予定）国書刊行会
石塚正英（2018）『地域文化の沃土　頸城野往還』社会評論社

（頸城野郷土資料室学術研究員）

刺激という相互作用を求めて

山田　彩加（やまだ・あやか）

　私と石塚正英先生、そして、石塚先生率いる頸城野郷土資料室（Kubikino Folk Archive 以下、KFA）との初めての接触は、2015年にさかのぼる。

　私は学生時代、専攻であった日本文学を脱し、日本ハリストス正教会の礎となったロシア人宣教師ニコライの行った聖書翻訳事業について学んでいた。しかし、帰郷してからは研究活動を継続することは困難で、誰かと学問について共感・共有する機会も乏しかった。

さらに、社会人としてのスタートが人より遅れをとっていたことも大きなプレッシャーとなり、孤立感は増していった。

様々な失敗を繰り返しながらも、しぶとく人と社会と関わり続けていくなかで、KFA の主幹事業である「くびき野カレッジ天地びと」（以下、カレッジ）に顔を出したことで、石塚先生と知り合うことができた。

初めて出席したカレッジの終了後、私は不躾ながら石塚先生にお声がけし、風邪を召された石塚先生は「いつもはもっといい声なんですよ」とおっしゃりながら、快く対応してくださった。私はと言えば、「久々に学術的な話が聞けて、私の脳みそが悦んでいる」といった、修辞技法を全く持ち合わせていないことをうかがわせる、気が利かないながらも正直な感想を述べたことを憶えている。

その後、カレッジで糸魚川出身の基督者・松山高吉（まつやまたかよし）について話す機会を頂いたことをきっかけに、石塚先生のご配慮があり、私は学術研究部専任学術研究員を拝命することとなった。まさか、私のような学籍もない社会人—まだまだ「社会人もどき」だと思う—が、肩書きを得られるとは思っていなかったため、興奮は抑えられなかった。

近代において、中国本土から日本に持ち込まれた漢訳聖書が、それに触れた日本人や、欧米から来日した宣教師の聖書翻訳事業にどのような影響を与えたのか。また、日本人と外国人宣教師との関わりの歴史について、歩みは遅いながら現在も考え続けている。

なお、松山高吉についての講義に併せて、石塚先生からはご研究の一端として「聖書翻訳における訳語選定事情」(1) をご紹介いただいた。

KFA では 2016 年から電子ジャーナル『頸城野郷土資料室学術研究部研究紀要』（以下、KFA 研究紀要）が発行され、2019 年には J-STAGE との連携が始まった。これらは石塚先生、また、カレッジ学園長でもある真野俊和理事のご尽力があってのことである。

そして、KFA 会員の方々と関わることで、興味関心の対象が変わっていった......というよりも前から気になっていたことに対してアプローチを試みたいという気持ちが私のなかに芽生えた。それは、「『居場所』とは何か？」というテーマである。

まず、KFA 研究紀要やカレッジでの講義で、NPO の社会貢献において、誰かの「居場所」そのものであるという機能があることに触れた。次に、拙稿「『家』の彼方へ—かけがえのない家族（ポリファミリー）—」(2) において、既存の「家族」という実体・関係性を疑い、新たな「居場所」・「理解者」のかたちについて、ディスカッションペーパーで私見を述べることとなった。

拙稿の発表後、石塚先生はすぐに反応してくださった。同じくディスカッションペーパーにて「家族（観）のスクラップ＆ビルド—山田彩加『家』の彼方へ—かけがえのない家族（ポリファミリー）—」によせて」(3) を執筆され、私にディスカッションを申し込んでくださった。

しかし、2019 年 9 月現在、未だ返答はできておらず、大変申し訳なく思っている。言い訳が許されるならば、私にとって石塚先生のご研究の広大さと奥深さが計り知れないからである。石塚先生のご著作を拝読するなかで、KFA 研究紀要のフォーラムで発表した論考 (4) において、石塚先生にとって大きなテーマでもあるフェティシズム（神仏虐待儀礼）について引用ができたことはうれしかった。それは、石塚先生のご研究に触れたことで、私のなかに新たな視点が生まれた証拠にほかならないからである。

なお、石塚先生が旗揚げされた KFA に所属しながら今でも感心することは、決して郷土史研究だけにフォーカスしない広い視野を持った会員が集い、研究発表や議論を行ってい

ることである。さらに、そこには外国語を扱うことも含まれている。

　KFAに入会したばかりの頃、石塚先生に、私がルイ・アラゴンの詩を一編だけフランス語から和訳したことを話したことがあった。石塚先生はもちろんアラゴンをご存じで、私はようやく、自分が話題にしたいことを会話で持ち出せるコミュニティに出会えたと思った。私が朗読によるパフォーマンスについて紹介したカレッジでの講義で、ドイツ語の心得のない私の代わりに、石塚先生にヘルマン・ヘッセの詩のタイトルを読んでいただいたこともあった。

　学問領域を限定しない、各自の課題を尊重するKFAは、貴重な研究の場である。現役の研究者だけでなく、日曜研究者や在野の研究者の居場所としてKFAは機能しており、理事長である石塚先生のご功績の賜物に心から感謝している。

　そして、恥ずかしい気持ちもあるのだが、もう語る機会もないと思うのでこの場を借りて明かしておきたいことがある。私が、先に触れた朗読によるパフォーマンス（リーディングパフォーマンス）を「白拍子遊女」の名で行っていたことから、石塚先生には出会って間もない頃、「白拍子さん」とお呼びいただくこともあった。「白拍子遊女」の名は、我ながらアグレッシブで、その名を聞いた人がどのような印象を抱くだろうと心配になることもあった。日本の古典文学にもあるように、白拍子も遊女も、神仏と交感する霊媒としての側面を持った芸能者であった。また、人前に推して参り、歌舞を披露するのが彼女たちの常であった。私にとってパフォーマンスを行うことは、他者に対する自身の感情の発信であり、祈りであった。自ら「白拍子遊女」を名乗り、多くのテーマに着手するも、これといった業績も上げられていない私の生きざまは厚顔無恥なのかもしれない。それでも、石塚先生のもとにこの自分が「推参」したことに少しでも意味があったなら、同じKFA会員として、研究者として刺激し合う相互作用があったなら……と、願うのである。

　これからも、石塚先生にはご研究も含め、他者に対して刺激的なご活動を続けていただきたい。石塚先生の発される刺激こそが、迷える誰かの生きざまを、その人自身が改めて見つめるきっかけとなり得るのだから。

（1）石塚正英・柴田隆行『哲学・思想翻訳語辞典』論創社、2013年、pp.328-333

（2）『頸城野郷土資料室学術研究部研究紀要』2017年4月

（3）同、注2

（4）以下を参照されたい。

山田彩加「国立歴史民俗博物館・宇出津あばれ祭りの展示を考える　暴れる神輿からフェティシズムへの連想　」『頸城野郷土資料室学術研究部研究紀要』2018年8月

（頸城野郷土資料室学術研究員）

独立不羈の人
—ヘーゲル左派研究揺籃期のひとこま—

滝口清榮（たきぐち・きよえい）

　『叛徒と革命、ブランキ・ヴァイトリング・ノート』（イザラ書房、1975年）、かつて、ある本屋でタイトルに惹かれて手にしました。著者は石塚さん。しかし、不思議なことに著者の経歴がありません。これまでの「マルクス主義」が作ってきたブランキやヴァイト

リングの一面的なイメージから救い出して、「革命的暴力」の今日的意味を問うというもの
でした。著者は、いくつもの運動と思想が流れ交叉する歴史の現場に立ちながら、彼らの
意義を浮かびあがらせようとしていました。いくつもの海外の文献にあたり、そのなかに
は義人同盟の内部論争もありました。当時の私には、この書が提起していることを十分に
受けとめる素養がなかったのですが、それでもこの書の強烈な印象を思い起こします。

　私は東京に出てきて、法政の大学院に籍をおきました。加藤尚武さんから、東京では、
広松渉さんの研究会に出るといいよと言われて、おりおり広松さんの社会思想研究会に顔
を出すようになります。ヘーゲル法哲学、それとならんでヘーゲル左派のM.シュティルナ
ーに、私は手をそめていました。研究会のなかに、小林昌人さんがいました。1848年革命
を前にした思想と運動の状況をふまえながら、マルクスの思想形成ならびに活動の展開の
問題に取り組んでいました。そんなときに、小林さんとともに、広松さんを介して、石塚
さんとつながりができたのです。さらに石塚さんをとおして、大井正さんの研究会ともつ
ながりました。ああ、あの本の著者だと、思い深いものがありました。

　さて、わたしはイェーナ時代（1801年から1807年）のヘーゲルの、いくつかのテキス
トの検討をとおして、ヘーゲル法哲学の読みの可能性を新たにしようという作業に取り組
みながら、他方でヘーゲル学派の分解、ヘーゲル左派の展開の問題に取り組もうとしてい
ました。石塚さんはちょうどそのころ、『三月前期の急進主義』（長崎出版、1983年）を刊
行されて、この方面の研究者として注目を集めるようになっていました。広範囲にわたり
込み入った潮流を、膨大な資料を扱いながら、石塚さんじしんの視点から、手際よく整理
しているさまは圧巻でした。「Vormärz急進主義を純粋に思想史的にみるというよりも、そ
の時代にわけ入って」（26頁）という姿勢は、マルクスの思想と活動も、そのなかの一つ
として相対化してみるという視点にもつながります。

　みずからの研究の旗幟を明らかにして、石塚さんは、若い研究者をつなぐオルガナイザ
ーとして、その後精力的に動き、三月前期にかかわるさまざまな未邦訳資料の紹介を、『社
会思想史の窓』（第一号は、1984年5月20日刊）をとおして、たくさんの協力者をつのり
ながら、すすめます。その集成第一巻は、1986年7月に長崎出版から刊行されましたが、
そのとき、石塚さんのご厚意で、わたしは『窓』世話人（ほかに、小林さんも世話人でし
た）として巻頭言を書かせていただきました。なお、この『窓』紙は、たしか石塚さんじ
しんが和文タイプで作り上げていたものです。膨大な読書ノートをとることを日課にして
いる石塚さんにしてなしえたことだと思います。

　この方面の若い研究者は、横のつながりをもたないままでいたのですが、このような媒
体をとおして、そして石塚さんの立ち上げた「19世紀古典読書会」をとおして、交流でき
るようになりました。『ヘーゲル左派、思想・運動・歴史』（法政大学出版局、1992年）は、
そうした歩みの成果のひとつです。

　研究者のあいだにつながりができたおかげで、研究へのモチベーションもあがります。
また、共同研究をとおして、研究を世に問う機会も生まれます。この点において、石塚さ
んのはたらきは大変大きいものでした。なお、このころ、ヘーゲル研究の方面で、わたし
は、加藤尚武さんを世話人として、何人かの都内の若い人たちと「ヘーゲル研究会」を作
り活動を始めたものです（1986年）。これは現在の「日本ヘーゲル学会」の前身です。わ
たしは、ヘーゲル左派研究を、シュティルナーからバウアー、フォイエルバッハ、あるは
ヘーゲル左派との関係の中で、シェリングの積極哲学などを扱うようになりますが、その

おりおりに、19世紀古典読書会とのつながりを思わざるをえません。わたしのヘーゲル左派研究は、書籍としてはずいぶん遅く、2009年に『M.シュティルナーとヘーゲル左派』(理想社) として公刊しました。

　コラムの最初に『叛徒と革命』をあげました。のちのちの石塚さんの回想を読んで、卒業して、しかし大学院に入る前のことだと知りました。その間何年か労働の現場に身をおきながら、手書きの原稿をしたためて一書にまとめる作業は、ただごとではありません。そこにあるのは、のちのちまで生きる独立不羈の精神…そんな思いにとらわれました。「3月前期」の研究の先には、ド・ブロスのフェティシズム論に着目しつつ、そこから既成の思想像が見落としてきたものを浮かび上がらせて、独自の思想的領域を開拓し、そのさまを見せてくれました。フォイエルバッハやマルクスの思想も、このフェティシズム論から、こんなふうに読めるのかという思いにさせられます。またその先には上越の頸城野へのまなざしがあります。

　これまでいただいたご本はたくさん、しかしわたしからお送りできたものはわずか。申し訳なく思います。ますますのご活躍をいのります。

（日本ヘーゲル学会会員）

石塚先生と自分の研究

楠　秀樹（くすのき・ひでき）

研究、教育、政治

　この度、石塚正英先生におかれては古稀とのこと。大変喜ばしい。

　そこでお祝いの言葉にかえて「石塚先生と自分との研究上の関係を語る」というのがコラムの課題なのだが。さて困った。自分には先生のご研究を俯瞰する自信はない。また個別的な焦点を当てるとしても理解しているのかどうか怪しく感じている。自分としては先生との接点は三つある。一つに仕事上の接点、つまり教育業、特に大学の非常勤講師として東京電機大学でともに働いた思い出だ。そしてもう一つはこの仕事上の接点から派生して、政治について声を上げた関係がある。2015年の安保関連法制に反対する活動で東京電機大学の常勤講師、非常勤講師連携で声を上げたことだ。そして最後が研究上の接点だ。まず研究上の接点をお話した上で後の二つについても振り返らせてもらいたい。

1. 博論公刊

　石塚先生の研究に言及することには自信がないとはいったものの、自分の研究に関する接点というのはある。つまり石塚先生から自分の拙い研究を見守っていただくということはあった。なによりもお世話になったと感じるのは博論公刊に関わることである。自らのフランクフルト学派研究、とりわけマックス・ホルクハイマーに関する研究の博論の公刊（『ホルクハイマーの社会研究と初期ドイツ社会学』2008）に伴い、出版元である社会評論社の松田健二社長も参加した本の書評会は石塚先生に仕切っていただいた。

　石塚先生には評者を紹介していただいた。一橋大学の藤野寛先生であるが、非常に手厳しい論評であった。しかしこれは大いに勉強になった。その後、東京電機大学で非常勤講師をした際、同大学の紀要に掲載した論文はこの頃の反省を活かしている。さてその際、

実は一般のオーディエンスは 0 という寂しい状況であった。自らの知名度のなさ、人望のなさに愕然とするが、しかしそれは自分の評価としては受け入れねばならない事実であった。それにしても知己の方々はいらしてくださった。まずこの会の司会を引き受けてくださったフロム研究者の米田祐介さんは石塚先生の研究会にともに出席し、この後、東京電機大学非常勤の同僚になる。それ以外に二人。一人は立正大学名誉教授の清水多吉先生、もう一人は東洋大学の柴田隆行先生だ。この二人、特に清水先生には、正式な指導教授ではないが、先生主催の研究会に十年以上お世話になった。先の米田さんと共に出席した。柴田先生には出版の際に社会評論社をご紹介いただいた。お二人には並々ならぬお世話になった。

しかし、この自らの博論執筆や公刊の最後のキーは石塚先生による書評会や、先生主催の古典読書会での発表であった。今振り返ると、博論などというのは無我夢中で書いたせいか、まだ自分のものになりきっていなかった。まどろっこしい抽象的な説明に終始したが、先生には温かく見守っていただいた。また石塚先生は清水先生とは師弟関係があり、柴田先生とは研究パートナーという関係があったため、先生との縁故関係の中でずいぶん助けられたことは言うまでもない。縁故などというと人聞きが悪い言葉にも思えるが、むしろ研究会では厳しく妥協しない姿勢も勉強させていただいた。

2. 日本語表現力

さて、先ほど述べたうちで仕事上のことだが、石塚先生お勤めの東京電機大学鳩山校舎で非常勤講師を勤めた経験がある。まず 2011 年に「日本語表現力」という情報システムデザイン学系の新入生が全員受ける複数講師が担当する講義。その翌年からは「現代マスコミ論」を担当することになった。そのどちらの講座も 2018 年には終わってしまったのは残念だが、やはり石塚先生とともに仕事をさせていただいたという点で日本語表現力は忘れられない。

最初は担当学生を個別に指導するスタイルで、後には大教室で課題に関する講義の後に作文するというスタイルになった。そこに黒木朋興さんが入り、彼と石塚先生が中心になって同講義名の教科書を 2016 年には朝倉書店から出した。常勤含めて十数名の講師が二手に分かれて 300 名以上の学生を見たのだが、このスタイルが始まってから一度も石塚先生のチームには入らなかった。しかし欠席の学生や出席が怪しい学生などのトラブルを一人で解決なさっているのには脱帽だった。常に膨大とも言える研究と格闘しながら、私のような非常勤の失敗もカバーなさるというのは並々ならぬことではないかと思った。

3. 安保法反対有志の会

実を言うと、仕事上のお付き合いよりも、こちらのほうが印象に残ったのだ。そもそもは 2015 年に安全保障関連法制が強行採決によって議論も尽くさぬまま数の論理で押し切られ、連日国会前ではデモが繰り広げられた。私もいてもたってもいられぬ時、同じ電機大学非常勤講師として日本語表現力を担当していた蔵原大さんから、電機大学には安保法関連法制反対の会はないのか?と私に問い合わせがあった。当時すでに学者の会が立ち上げられていた。蔵原さんの話から、石塚先生にメールした。会を作りたいが自分たちは大学においては非常勤に過ぎない。先生は、それはいい提案だと会をともに発起してくれた。そして先生はその後、他の埼玉の大学有志の会とのつながりを作ってくれた。会は、私が

電機大学の非常勤を終えていることもあり、実際は解体した。

　以上見てきたように、石塚先生からは、研究内容上のつながりというより、研究者、教育者、そして一市民としての政治的コミットメントにおいて、多くを学んだ。また先生を介してかけがえのない友人たちを得たことも言うまでもない。古稀を迎え、まだまだ先生の三位一体の活躍を楽しみにしている。そして最後に改めて今までお世話になった感謝と古稀のお祝いを述べたい。ありがとうございました。そして古稀おめでとうございます。

（歴史知研究会会員）

アミルカル・カブラルを石塚正英氏から学ぶ

市之瀬　敦（いちのせ・あつし）

　石塚正英氏との最初の出会いはすでに30年を遡ることになると思う。いつ、どこで、どんな理由で付き合いが始まったのか、その詳細はもはや忘却の彼方にある。いや、いつ、どこでは別として、出会いのきっかけはこうではなかったか。私たちは確か5人のグループだったと記憶するが、西アフリカの旧ポルトガル領ギニア・ビサウとカボ・ベルデを独立に導いた政治思想家・活動家アミルカル・カブラルに関する勉強会を立ち上げ、いずれは研究成果を世に問うことを目的としていたのである。メンバーの1人には、すでに故人となってしまった在野のアフリカ文化研究家白石顕二氏もいらっしゃった。

　成果は1993年、カブラルの死そしてギニア・ビサウの独立20周年の年に『アミルカル・カブラル　抵抗と創造』（柘植書房新社）という1冊の本の形をもって陽の目を見ることとなった。私自身も、ギニア・ビサウの複雑な言語問題をカブラルの思想と関連付けて論じたのだが、その論考は、私にとり、拙稿が初めて書籍に掲載されるという記念すべきものとなったのである。当時、まだ駆け出しの研究者だった私だが、思いのほか早く書籍に論文を掲載する機会に恵まれたのは、ひとえに石塚氏との出会いがあったからである。

　石塚氏の関心領域は極めて広いが、アミルカル・カブラルには格別の思いがあるように見受けられる。2019年7月末にもカブラルについて語る講演会を開いておられた。私自身もギニア・ビサウやカボ・ベルデの言語・文化・歴史に興味があり、そうなると必然的にカブラルにたどり着く。カブラルというテーマは石塚氏と私にとり共通の関心事なのである。

　カブラルが自らの部下の銃弾に倒れてから早くも半世紀近くが経とうとしている。しかし、1973年1月に亡くなったカブラルに寄せられる関心は世界の各地で今もなお根強いものがあり、研究書、論文が発表され続けている。それは何故なのか？差別や搾取や人権抑圧や虐殺など、かつてアフリカやアジアで植民地支配下に置かれた人々が武器を手に取り立ち上がらざるを得なかった理由を今もなお地球上からなくすことに我々人類が現在に至るまで成功していないからではないだろうか。理論面でも実践面でも行き詰まった我々に何らかのヒントを与えてくれるのではないか？、カブラルはそう思わせてくれるのである。

　具体的にはポルトガル植民地支配と戦ったカブラルの理論的功績の中でも「文化による抵抗」という概念はとりわけ斬新で、石塚氏も注目してきている。簡単には定義できない

が、次のカブラルの言葉を紹介することは参考になるだろう。「文化は解放運動の根幹となることが明らかになる。自らの文化を保持する社会や人間集団だけが、外国支配に対し、自らを動員し、組織化し、戦うことができるのだ……解放闘争とは何よりもまず文化の行為なのである。」

　自らの文化的アイデンティティがより明確な方が、「敵」との文化的差異がより明瞭である方が抵抗はしやすくなるというのがカブラルの見解である。このときの「文化」とは文化人類学が定義する「文化」であろうが、石塚氏も強調するように、カブラルは西洋文化が「上位」、アフリカ文化が「下位」という広く流布する偏見からは自由であった。そこにあるのは「上下関係」ではなく、ただひたすら「差異」なのであった。本人は自覚していなかったかもしれないが、文化相対主義者であった。差異の大きさ、明瞭さに比例して抵抗の強度も変わってくる。ならば、アフリカ人がヨーロッパ列強による植民地支配を打破しようとするのは正当化されるはずである。

　カブラルは他の意味でも「文化」という語を用いている。それはいわゆる「教養」という意味での「文化」である。だからこそ、彼はポルトガル軍との戦いを経て解放することに成功した地域に学校を開設し、字の読み書きを知らなかった兵士、農民たちに識字化教育を施したのであった。文字と無縁であった農村の伝統文化を否定はしないが、近代文明の重要性かつ有用性は素直に認める。プラグマティストとしての顔も持っていた。いや、カブラルは何よりもまず、リスボンで農業経済学を学んだ理科系の頭脳の持ち主であった。アフリカ諸語やクレオール語で、例えば、「平方根」の概念を伝えられないとわかれば、ポルトガル語で教育を実施することをためらわなかったのである（この点に関しては無理があったようにも思えるが）。

　他者による不当な支配を終わらせるために「文化」を論じてみせるカブラルには石塚氏どうよう私も魅力を感じる。政治的に独立するためには軍事兵器を確保し、その扱いに習熟しなければならないときに、あえて文化という「ソフト」な要素を武器に変え、敵と戦おうとする独創的な発想力には圧倒される。そのカブラルの偉大さに気づかせてくれる石塚氏の一連の論文からは、まだまだ学ぶべきことがたくさんありそうだ。

（上智大学教員）

バクーニン思想におけるヘーゲル左派とヴァイトリング

千坂　恭二（ちさか・きょうじ）

　アナキズムの思想史として定説化されている展開は次のようなものだろう。まず先駆者としてのイギリスのゴドウィンがおり、最初の公認アナキストはフランスのプルードンであり、次いでロシアのバクーニンが現れ、総破壊のアナキズムを展開し、続いてやはりロシアのクロポトキンが相互扶助に基づく建設的なアナキズムを展開したとされる。さらにこの社会主義的なアナキズムとは別に、個人主義的アナキズムとしてシュティルナーがあげられ、さらに周辺的アナキズムとして作家のトルストイの名があげられたりもする。

　アナキズムを、国家なき世界を志向する思想であり運動とするならば、彼らの他にブランキがおり、ブランキは、国家なき世界を、秩序あるアナーキーと見ており、また国家の死滅をいうマルクスもあげられる。しかし、アナキズム史においては、ブランキもマルク

スもアナキズムとは区別されるばかりか敵対者とされる。今日では社会主義の代表的存在とされるマルクスだが、彼は、近年の新メガ版では著作として構想されたものではなかったとされる『ドイツ・イデオロギー』の大半をシュティルナー批判に費やしており、また『哲学の貧困』でプルードンを批判し、また第一インターにおいてバクーニンとインターを分裂させる対立と党派闘争を展開している。それゆえか、アナキズムの側においてもマルクス主義の側においても、アナキズムとマルクス主義は対立的なものとして捉えられがちであった。

　ところでマルクス主義の側には、解釈や立場による違いや対立はあるものの、マルクス、さらにはエンゲルスというベースがある。それに対してアナキズムの側はどうか。たとえば、プルードン、バクーニン、クロポトキンの間に、アナキズム的な理念の他に思想の共通性はあるのだろうか。むしろ彼ら個々は別種の思想的立場にあったのではあるまいか。それは例えばバクーニンを見ればその一端がつかめるのではないだろうか。しかも意外なことにバクーニンは思想的には、プルードンやクロポトキンよりもマルクスに近いとさえいえる。

　青年時代のバクーニンは、フィヒテからヘーゲルに至るドイツ観念論の使徒であり、ドイツのベルリン大学に留学し、そこでヘーゲル左派に接し、その影響を受けており、「破壊への情熱は創造への情熱である」というバクーニンの有名な言葉は、彼がジュール・エリザールという筆名でヘーゲル左派の媒体である『ドイツ年誌』に書いたものだった。青年バクーニンは、青年マルクスと同じく、ヘーゲルやヘーゲル左派という思想環境の中にいたといえるのであり、次いで彼はスイスへ行き、そこでヴァイトリングと会っている。ヴァイトリングは、ドイツのブランキ派とも目される革命家であり、マルクスがロンドンで出会っているカール・シャッパーと同じく義人同盟の一員だった。バクーニンがヴァイトリングからどのような影響を受けたかについては諸説あるが、後にバクーニンが展開した思想から、その大筋は読み取ることが出来るだろう。そして、それこそがバクーニンを、同じアナキストとされるプルードンやクロポトキンから思想的に区別させるものだといえる。と同時、それは、今日、定説的に理解されているアナキズムへの疑問を喚起するだろう。先に、アナキズムの側においてブランキやマルクスは排除されていると書いたが、その主たる理由の一つに、彼らは過渡的な独裁を肯定するがアナキズムはそれを否定するというわけだ。しかし、そうだとすればバクーニンはアナキズムから削除しなければならなくなる。というのもバクーニンの革命理論には、彼が「不可視の独裁」と形容するバクーニン流の過渡期独裁論があるからだ。定説的アナキズムは、全てこの問題を無視するか周辺化して済ませようとしてきた。私は、1970年代前半に『情況』誌に連載執筆した「総破壊の使途バクーニン」で、バクーニンの思想形成を追跡しながら、この問題を問い、既存の定説的なアナキズムとは、いってよければ偽史にすぎないのではないかという思いに至った。マルクスが「私はマルクス主義者ではない」といったことは知られており、そのマルクス主義を作ったのがエンゲルスとすれば、ここでは詳説出来ないが、定説的なアナキズムを作ったのはクロポトキンであるといえる。その理由は、第二インターをめぐるエンゲルスの一党とクロポトキンの一党の確執に由来する。

　私は、バクーニンを通じて注目することになったヘーゲル左派とヴァイトリングについては、当時は、良知力が取り組んでいたが、如何せん良知にとってはヘーゲル左派もヴァイトリングもマルクスの前座でしかなかった。廣松渉もヘーゲル左派に注目していたが、

それは廣松の初期マルクス解釈の資料的補填の要素があったようにも思われる。そのような中で、私に遥かに先行するかのようにヘーゲル左派やヴァイトリングに取り組み、そこに独自の可能性を見ていたのが石塚正英の考察だった。私は、バクーニンの思想を捉えるに際して、1970年代、つまり石塚も私も20代だった頃から、石塚のヴァイトリング論をはじめ、ヘーゲル左派やフォイエルバッハの考察、またマルクスの『資本論』に関連して、そのフェティシズム論から多くを学ばせてもらっていることを書き留めておきたい。

（アナキスト）

ヘーゲル左派と後期近代
—1989年における時代精神の変容と石塚正英氏との出会い—

田村　伊知朗（たむら・いちろう）

　石塚正英氏の研究は、『叛徒と革命』に結実しているヴァイトリング研究から始まっている。まさに、68年人としての帰結の一つであった。1978年に早稲田大学に入学した私は、大学近くの古本屋、谷書房において本書を購入した。私が将来、本書の著者と出会うことは、当時、夢想すらしていなかった。しかし、1989年から1990年代にかけて現実に彼と話をする機会があった。本稿では彼と私の関わりのなかで、ヘーゲル左派研究に関する一端にふれてみたい。

　私は、1989年3月にベルリン大学哲学部における3年弱の留学から帰国した。ベルリン大学哲学部のハインツ・ペッパーレ教授の指導の下、ヘーゲル左派研究に従事した。とりわけ、1842〜1843年までのヘーゲル左派の国家論を先導した初期エトガー・バウアーを研究し、ドイツ語論文を公表した。

　そして、帰国直後にベルリンの壁が崩壊し、続いてドイツ民主共和国そしてソヴィエト連邦共和国が崩壊した。社会主義、共産主義という概念が、19世紀の骨董品として葬られた。近代の揚棄という概念が思想界だけではなく、現実態においても失効した。後期近代が始まろうとしていた。フランス革命が勃発した1789年と並んで、1989年は近代思想史そして近代史においてまさにエポックメーキングな年であった。

　さて、石塚氏との出会いに言及してみよう。1989年初夏に滝口清栄氏と共に、彼によって主宰された研究会「19世紀古典読書会」を初めて訪れた。ここで初期エトガー・バウアー論を報告し、そして石塚氏と初めて会った。彼によって企画されていた「ヘーゲル左派と独仏思想界」（1988年10月〜1989年6月）はすでに終了していた。私の報告は、本企画の内には入っておらず、言わば、附録のような扱いであった。

　その後、報告者を中心にした『ヘーゲル左派』論集が出版された。渡辺憲正氏、柴田隆行氏、村上俊介氏、林真左事氏、篠原敏昭氏等を初め、著名な本邦のヘーゲル左派研究者が網羅されていた。石塚氏は編者として、私の初期エトガー・バウアー論を本論文集に収録することを許可した。学生時代から尊敬していた学者が、私を末席ではあれ、ヘーゲル左派研究者の一員としてみなした。その場面を今でも記憶している。心底、嬉しかった。

　ところで、「ヘーゲル左派と独仏思想界」の模様は、『社会思想史の窓』に再録されていた。この発表原稿が、そのまま口語体で1999年に『ヘーゲル左派と独仏思想界』として出版された。その少し前の1995年に、コンラート・ファイルフェンフェルトとラルス・ラー

ンブレヒトによって主宰された青年ヘーゲル主義学会が、ハンブルクにおいて発足した。この学会は、現在まで継続している。この記念すべき第1回会議において私も報告者の一人として参加した。帰国後、会議の模様を『社会思想史の窓』において報告した。この会議報告書が改題の上、『ヘーゲル左派と独仏思想界』に掲載された。私の報告を追加することに対して異論もあったはずである。まさに、石塚氏の英断であった。

　そのころから、私はエトガー・バウアーとブルーノ・バウアーの純粋批判を研究していた。1843年以前のヘーゲル左派としてエトガー・バウアー論は、ベルリン留学時代においてすでに終了していたからである。

　純粋批判は、ヘーゲル左派の基本的な思想枠組を否定している。その時期は1844年前後であった。当時、マルクスは、プロレタリアートに依拠しながら近代の揚棄を構想していた。エトガー・バウアーとブルーノ・バウアーは、シャルロッテンブルク神聖家族の構成員として『ドイツ・イデオロギー』等において嘲笑の対象になった。

　マルクスと対照的に、エトガー・バウアーとブルーノ・バウアーは、プロレタリアートを大衆と概念化し、社会変革の主体とみなさない。大衆とよばれる社会的主体は、現存の社会的実体と同様に近代の自己意識の到達した水準以下にある。近代の自己意識が社会的現実態を変革することはない。ブルーノ・バウアーは、近代の自己意識に対応した社会的現実態を実現しようとすることを嘲笑する。彼は、この時期以降、純粋批判の哲学を展開する。このような純粋批判は近代思想史においてほとんど看過されている。クラウス・コダーレとティルマン・ライツによって主宰されたブルーノ・バウアー生誕200年記念学会が、2009年にイエナにおいて開催された。純粋批判の意義に肯定的に言及した論者は、私を除けば、大衆社会論を研究していたヴォルフガング・エスバッハだけであった。

　近代の自己意識に依拠して、社会的実体を変革することは、国家総体の水準においては、ほぼ不可能である。むしろ、国家的水準ではなく、都市という限定された空間において辛うじてその命脈を保っているにすぎない。(1)　たとえば、宇都宮市は一般道の1車線を削除し、新規に路面電車の軌道を敷設しようとしている。地方都市におけるこの路面電車ルネサンスとみなされるべき構想すら、その実現のために半世紀の時間を必要としていた。また、他の都市におけるその試みの多くは、ルネサンスまでに至らず、挫折している。都市内の公共交通の存在形式を変革するという小さな事柄ですら、膨大なエネルギーと時間を要している。

　私もまた、今世紀に入ってからエトガー・バウアーそしてブルーノ・バウアーの純粋批判を受容した。現在、私は都市内の旅客近距離公共交通の変革に関する研究に従事しており、ヘーゲル左派研究から離れている。

　しかし、石塚氏と私が前世紀末において近代の揚棄に関して議論したことは、還暦まで生存してきた私にとって有意義なことであった。石塚氏そして私が生きているかぎり、この記憶が消滅することもないであろう。

(1)　Ichiro Tamura: Meine gegenwärtigen und nächst zukünftigen Forschungstheme über den Zeitgeist der späten Moderne. In: http://izl.moe-nifty.com/tamura/2019/04/post-dba084.html. [Datum: 27.04.2019]; 田村伊知朗「公共性の変革——19世紀における国家から、20世紀における都市の変革へ」『田村伊知朗政治学研究室』. In: http://izl.moe-nifty.com/tamura/2019/04/post-e6be3c.htm. [Datum: 29.04.2019]参照。

（北海道教育大学教員）

社会運動史、社会思想史、歴史知

岡本　充弘（おかもと・みちひろ）

　良知力『マルクスと批判者群像』（平凡社、1971 年）が出版されたのはこの年の 10 月である。石塚さんが姿を見せて初めて私と知り合うことになった社会運動史研究会が発足し、本格的な活動を開始し始めた頃となる。実はこの時期は日大闘争や東大闘争に代表される全共闘運動が終焉しつつある時期でもあった。

　すでに 50 年という時間を経た全共闘運動の意味については、様々な議論が可能である。いわゆる一般学生といわれた人々を含めて、きわめて多数かつ多様な人々が運動を構成したからである。しかし、「左翼的」な運動の流れというきわめて限定的な視点から思想的に整理すれば、ロシア革命によってその権威を国際的に確立したマルクス・レーニン主義、そしてその日本における「正統的」な代弁者であった日本共産党の権威が、1956 年の一連の事件やスターリン批判によって動揺し、それを受けて生じたいわゆる新左翼運動が、その形成の契機となったとは言えるだろう。新左翼運動には形成時点においてある意味では本来的には対立しあう二つの思想的要素・運動論が内在していた。一つは、後退しつつあった日本共産党に代わる真の前衛政党、あるいは前衛的組織を形成すべきだとする議論である。5 派 16 流（実際にはさらに多様であった）と呼ばれた活動家集団、いわゆる「セクト」の多くはこうした考えにしたがって形成された。これらはいずれもソ連の国家体制や日本共産党に対しては批判的であったが、色合いの差はあってもマルクス・レーニン主義自体、とりわけその政治理論の主軸をなすとされた前衛主義自体を、むしろ自らの存在根拠としていた。もう一つは、潜在的にではあったが、前衛政党あるいは前衛的組織に内在し権力奪取以後の国家体制に継承されていくことになった硬直性や権力性、上意下達性を批判し、自発性や自律性に運動の根拠を置くべきだとする志向である。この後者の志向は、多くの参加者を得た自発的、自立的な運動の広がりによって、その代表的なものが全共闘運動であったが、理論的にはノンセクトラディカル論として顕在化することになった。こうした流れは、私が編者の一人であり、石塚さんもまた筆者の一人として寄稿している『歴史として、記憶として－「社会運動史」1970〜1985』（御茶の水書房、2013 年）にも読み取ることできる。

　最初にも記したように私が石塚さんと初めて出会ったのは、上述の社会運動史の研究会においてであり、正確な日時は自らの手元には記録されていないが、『マルクスと批判者群像』の出版された後のことではなかったのかと思う。『マルクスと批判者群像』は私にとっては思い出のある著作である。共感するところの多い著作だったからである。当時私は、継続には大きな迷いがあった大学院生という立場に細々と復帰し始めた頃であった。その対象として選んだのが後期チャーティスト運動であり、手がかりとしてマルクスやエンゲルスも寄稿していた『デモクラテック・レビュー』、そして『共産党宣言』の最初の英訳が掲載された『レッド・レパブリカン』などを興味深く読んでいた。いまこの二つの刊行物を、「マルクスやエンゲルスも寄稿していた」とか『共産党宣言』の最初の英訳が掲載された」と記したが、これはけっして正確な紹介ではない。というのは、彼らはこの二つの刊行物における中心的な寄稿者ではなく、当時ヨーロッパの革命的、急進的運動の中心的

指導者であったマッティーニやルイ・ブランに比べれば、周縁的な人物に過ぎなかったからである。つまり 1848 年を前後とした時期のヨーロッパにおいては、共和主義的な、民族主義的な運動、あるいは政治的改革に社会的改革を結び付けた運動が急進的運動の主力であって、マルクスやエンゲルスの思想も、そうした大きな流れのなかに位置していたということである。けっして彼らのみを基軸として考えられるべき存在ではなかった。『マルクスと批判者群像』の意味は、「一八四〇年代後半、『共産党宣言』へと至る時期、運動の主導権をめぐって・・・ヘス、シャッパー、またエンゲルスらとともに一人の亡命ドイツ人活動家であったマルクスを群像のうちに等身大に描きだし、歴史の現場でその思想の本体をとらえる（強調は筆者による）」というアマゾンに現在記されている宣伝文にあるように、このような視座を明確に提示したことにあった。

　この良知の理解は、当時の私のチャーティスト運動への理解ともほぼ重なっていた。チャーティスト運動は、基本的には議会に対して男子普通選挙権を基軸に据えた六項目の人民憲章（the People's Charter）を求めた運動であったが、参加者は階層的にも地域的にも幅広い人々から構成されており、主張も六項目に示されているような政治改革の主張から、救貧制度の見直し、労働条件の改善、土地の国有化などを含む様々な社会改革の主張に及んでいた。またその具体化のための戦術も、議会に対する請願という平和的な手段から、全国的なストライキ、さらには必要な場合は武装をも含む実力の行使にまで及んでいた。したがって指導者も、もっとも代表的な指導者であるファーガス・オコナーのようなジェントルマン的指導者から、他方では人民憲章の起草者とされるウイリアム・ラヴェットをはじめとした労働者出身の人物にまで及んでいた。そして私が最初に研究対象とした後期チャーティスト運動の時期において有力な指導者としての地位を確立していたのは、『デモクラテック・レビュー』、『レッド・レパブリカン』などの編集者であり、友愛民主主義協会などを組織することおしてヨーロッパの幅広い急進的活動家との親交を結んでいた労働者出身のジョージ・ジュリアン・ハーニーと、後に『ピープルズ・ペーパー』の編集者としてマルクス、エンゲルスとの関係を強める上流階級出身のボヘミアン的な人物であったアーネスト・ジョーンズであった。しかし、私が研究を始めた時期においては、当時のヨーロッパの急進的運動の多様なあり方に関心を示していたハーニーへの評価は、ジョーンズに比して一部を除けばけっして高いものではなかった。マルクス・エンゲルスを基軸としてこの時期の運動や思想を理解するという枠組みが、チャーティスト運動に対する評価にも及んでいたからである。ハーニーだけではなく、その当時の労働者層に内在していた要求を様々なかたちで具現化し、代弁していた指導者とその思想に対する評価も、マルクス・エンゲルスの主張を基軸として評価されるのが一般的であった。こうした状況にあって、「一人の亡命ドイツ人活動家であったマルクスを群像のうちに等身大に描きだし、歴史の現場でその思想の本体をとらえる」という良知の問題設定は、きわめて革新的であった。そしてマルクス・エンゲルスをその時代の急進的活動家のなかの一人であると相対化することによって、良知が彼等の批判者、対立者の一人として取り上げたのが、「無知が人の役に立ったことがあるか」として彼等から批判された渡り職人出身の活動家ヴァイトリングである。そのヴァイトリングを日本で始めてモノグラフィーとして取り上げたのが石塚さんの処女作である『叛徒と革命』（イザラ書房、1975 年）である。石塚さんは二十代にしてこの作品を世に送り出した。

　感ずるところがあったのだろう。社会運動史研究会でほんのわずかに同席した間柄であ

ったにも関わらず、私は『叛徒と革命』をいただくことになった。しかし、批判を意図していたとはいえ一方でアカデミズムの残滓を色濃く残していた社会運動史研究会は、石塚さんの足の向くところではなかった。加えて私が地方大学に職を得たこともあり、石塚さんと顔を合わせる機会は絶えた。二人が再び出会ったのは、十年ほどの地方大学勤務を経て、私が東洋大学へと移り、誘いをうけて「社会思想史の窓」の研究会に招かれたからである。そこで私は、後期チャーティスト運動の思想的側面についての報告を行った。内容は正確には記憶していないが、たぶん当時の私が問題としていたチャーティスト運動に内在していた様々の思想的要素についての報告だったと思う。このことがきっかけで私は以降「社会思想史の窓」の会合にほぼ定期的に参加するようになった。学会的な会合は私の望むものではなかったし、社会運動史研究会もまたすでにその活動を停止していて、取り立てて興味をひかれる研究会が他になかったからである。またなによりも参加メンバーの間に隔てのない会のあり方は魅力的だった。そしてこの会の活動を中心に企画された『共産党宣言－解釈の革新』（御茶の水書房、1998 年）に共産党宣言の最初の英語訳がチャーティスト運動の機関紙である『レッドリパブリカン』に掲載された経緯を執筆することを依頼された。そこに私が記したことは、『共産党宣言』は 1848 年を中心とする時期に様々なかたちで存在していた急進的運動・思想についての多く表わされたマニフェストのうちの一つであるということである。それ自体としてその後の運動の規範として参考とされるべきものではあっても、マルクス・エンゲルスの思想も『共産党宣言』も絶対的なものとして規範化されるべきものではないということである。

　しかし、この頃から私の関心はそれまで専門としていた運動史研究から離れて、社会の中での歴史のあり方や歴史の多様性という問題へと向かうようになった。このことは石塚さんが我が国においていち早く主唱した「歴史知」という問題と重なった。私は石塚さんがあらたに主催し始めた「歴史知研究会」の恒常的参加者となった。会を中心に企画された論集には加わることはなかったが、『開かれた歴史へ』（御茶の水書房。2013 年）、『過去と歴史』（御茶の水書房、2018 年）という 2 冊の拙著には、「歴史知研究会」での議論が少なからず取り入れられている。なかでも私が強調していることは、いかに権威があっても、学問的世界にあっては特定の考えを絶対化すべきではないということである。それはかつて政治の世界であったような、特定の政治集団や思想を絶対化してはならないのと同じことである。知は権威的ヒエラルヒーを作り出し、支えるものであってはならない。人々の自発性や自律性に根拠を置いた、自由な分け隔てのない議論から生み出されるべきものである。石塚さんが主催してきた多くの研究会に私はそうしたものを感じた。そのことが私たちの長い交友を支えてきた。

（歴史知研究会会員）

マルクスに対する石塚フェティシズム論の独自性

田上　孝一（たがみ・こういち）

　石塚先生については既に社会評論社著作選の月報「マルクスとの距離感と石塚先生」（第五巻付録、2015 年 1 月）で、マルクス研究者としての私自身の立ち位置の変化から、やや疎遠な関係から近い関係に移行してきたという経緯を書いた。石塚先生は今も

昔も精力的に著作活動をされているが、マルクスを主題にした単著は先ごろ出版された
『マルクスの「フェティシズム・ノート」を読む──偉大なる、聖なる人間の発見──』
（社会評論社、2018 年、以下「石塚書」と略記）が、博士論文『フェティシズムの思想
圏──ド＝ブロス・フォイエルバッハ・マルクス──』（世界書院、1991 年）以来とのこ
とである。そんなこともあって、歴史知研究会での報告を依頼され、「石塚フェティシズ
ム論に学ぶ」という題で発表させていただいた（2019 年 3 月 3 日）。本稿は当日配布した
レジュメを文章化するものである。

　当日の報告の主旨は、論評対象である『マルクスの「フェティシズム・ノート」を読
む』に先んじて同じ社会評論社から出された大著『革命職人ヴァイトリング──コミュー
ンからアソシエーションへ──』（2018 年）を踏まえて、マルクスのフェティシズム論と
石塚フェティシズム論を対比するというものだった。そこで先ず『革命職人ヴァイトリン
グ』について簡単に触れておきたい。
　この本は石塚先生がこれまで出された単著六冊を中心に、一冊の著書としてヴァイトリ
ング論を集大成したものである。このため、そのボリューム及び主旨からしても、石塚先
生の主著といえる一冊である。何分その浩瀚さから、頂いたきりの積読状態だったが、今
回の発表を機に通読してみたものである。
　その内容に関する論評はここでするべきことではないが、石塚先生が長年携われたヴァ
イトリングを中心とした初期社会主義者の研究が、これまでのマルクス研究に対する一つ
の大きな問題提起になっていることを改めて確認することができた。それは我が国に限ら
ずこれまでの研究が、常に「マルクス中心史観」になっていたことである。
　ヴァイトリングがまさに典型だが、マルクス周辺の思想家は必ずマルクスの「挫折せる
先行者」としてのみ扱われていたし、今も基本路線としては扱われている。そうでない場
合は今度は逆に、マルクスに敵対するスタンスでプルードンやバクーニンという人々を称
揚するということになる。
　石塚先生の独自性はこのどちらにも偏らずに、マルクス周辺の思想家をそれ自体として
評価し、かといってそれを奇貨に徒にマルクスを攻撃するという一面性にも陥っていない
点である。これは石塚先生がマルクス及び初期社会主義研究に残した大きな足跡であると
言えると思う。
　とはいうものの、私自身の立場は「マルクス左派」を標榜される石塚先生とはやや異な
っている。私もかつての自らが陥っていたマルクス中心史観の一面性を自覚できるように
なってきたものの、なお私の理論的営為の中心にはマルクスがその確固とした座を占めて
いる。つまり私はこれまでのマルクス主義とは独立に、批判的なスタンスでマルクスとは
対峙しているものの、なおマルクス主義の立場で理論構築を行なっているということであ
る。この点はまた、フェティシズム論に対する私と石塚先生とのスタンスの違いともなっ
ていると考えられる。この点を踏まえつつ、本論に入りたいと思う。

　報告では先ず、マルクスのフェティシズム論について説明した。マルクスのフェティシ
ズム論は「物神崇拝」論として、彼の「物象化」論を前提としている。このため、マルク
スのフェティシズム論を講じるためには、前提としての物象化論を明確にしないといけな
い。私はこの作業を旧稿「物象化と物神崇拝の関係」と「マルクスの物象化論と廣松の物

象化論」で行なった。これらは共に拙著『マルクス疎外論の諸相』（時潮社、2013 年）に収められている。また、これらの研究論文に基づきつつ、一般向けの説明を『マルクス哲学入門』（社会評論社、2018 年）の第 7 章「『資本論』の哲学――疎外・物象化・物神批判――」で行なった。

　以上を踏まえてマルクスのフェティシズム論について言えば、マルクスがフェティシズム論を展開した主要な理論的目的は、貨幣が原因ではなくて結果であることを明確にすることにあったと考えられる。この点は既に初期の『ユダヤ人問題に寄せて』の結論部分にあたる重要箇所で、次のように明記されている。

> 人間が宗教に囚われている限り、彼の本質をある疎遠な幻想的な本質としないではその本質を対象化することを知らないように、人間は利己的な諸欲求の支配下では、彼の生産物や、同じように彼の活動もある疎遠な存在の支配下に置いて、それらに疎遠な存在――貨幣――の意味を与えることによってのみ実践的に活動し、実践的に対象を作り出すことができるのである（MEW.Bd.1.S.376-377）。

　この箇所は石塚書でも引用され、分析されている（79 頁）。ここでマルクスは、貨幣は疎外の原因ではなくて、むしろ人々が利己的な諸欲求に支配されて疎外されていることの結果であることを示し、しかしこの関係は宗教において人間が自らの作り出した幻想に支配されるように、逆転して現象することを訴えている。こうして貨幣が全ての転倒の原因であるかのように、人々には思わされる。これがマルクスがフェティシズムに認めた社会的機能である。

　続く『経済学・哲学草稿』では、貨幣によって人間が疎外されるのではなく、人間が疎外されるから貨幣が生み出され、貨幣が生み出されることによって疎外が再生産されることが明確にされる。これはつまり、私的所有が原因のように見えても、本当は疎外された労働が原因であって、私的所有はその結果だからである。この疎外と私的所有の因果関係の理論を貨幣へ適用することによって、結果であるのにあたかも原因であるかのように偽装する貨幣の物神としての本質が露になる。

　『経済学・哲学草稿』の基本意識は『資本論』の成熟したマルクスにまで引き継がれ、ここに至って貨幣が商品であることが厳密に理論化された。貨幣に起因するように見える貧困問題は、貨幣それ自体ではなくて商品経済そのものに原因がある。従って貧困問題をはじめとする経済的な困難は、貨幣ではなくて、商品経済それ自体をなくすことによってしか解決できない。

　とは言え商品経済をなくしたら、消費財の受け渡しをはじめとする人間生活に必須な経済活動ができなくなる。商品経済と貨幣は必要不可欠ではないかという疑問を抱かざるを得ない。ここからマルクスは、非商品経済でありながら、貨幣と類似した役割を果たす交換手段の必要性を想定する。それは貨幣であって貨幣ではない何かである。これが『資本論』後の宿題として『ゴータ綱領批判』で検討されたテーマであり、『ゴータ綱領批判』では簡単に Zeichen と表現されたが、我が国では対馬忠行による重々しい「労働証券」との訳が定着している。

　なお、マルクスの労働証券論とプルードンに触発されたゲゼルの「スタンプ貨幣」論とは一見して類似しているが、しかしマルクスの場合はあくまで貨幣は結果なので、貨幣制度を変えればそれに応じて経済全体が変革されるという楽観論には組しない。通常の貨幣

が使用できなくなるような生産様式を確立することが目標になる点が異なる。局所的な政策では地域通貨としてスタンプ貨幣を流通させることには意義も実現可能性もあろうが、社会全体の貨幣システムとするには、生産様式全体の変革が前提となり、資本主義のままで普遍化するとは考え難い。

とまれ、貨幣が商品であることが明確化されることによって、貨幣が典型的に担っているそれ自体が富そのものだという性質が、商品それ自体の本質属性の一つとして定位される。これがマルクスのフェティシズム論である商品のフェティシュ的性格である。

『資本論』でのフェティシズム論の典型的文章は石塚書(85)にも引用されている。人間自身が作り出した物が、そのルーツが忘却され、それ自体で価値を持つかのように現象する。これがマルクスのいうフェティシズムである。

マルクスの理論は常に「存在が意識を規定する」というように、そう思わざるを得ない意識のあり方が、そういう意識に囚われている人々の社会的存在に起因すると考える。フェティシズムに囚われるのは、そうならざるを得ない状態に人々が追い込まれているからだということになる。そしてフェティシズムは商品のフェティシズムであるように、商品経済それ自体がフェティシズムを発生させる原因だと、マルクスは考えている。ではなぜ商品経済は拙いのか。

実はこの問題意識、「商品経済はなぜ拙いのか」という問題設定自体が、旧来のマルクス主義においては希薄だった。資本主義は悪い、資本主義は商品経済だから悪い。資本主義は貧困を生み出す。だから資本主義も商品経済も悪いという観念を、余り反省することなく前提していたように思われる。

ではしかし、仮に貧困のない豊かな社会が商品経済によって生み出されたら商品経済は問題ないということになるのか？実はそうならないのがマルクスの理論である。批判の方向が違う。物質的な豊かさが主要問題ではなく、商品化によって失われるのがかけがえのないものであることが、マルクス的批判の眼目になる。

そして実は、商品社会がなぜ悪いかを説明するための理論が、「物象化」論なのである。しかし、物象化論は物象化論であって物件化論にあらず。これはどういうことか。

そもそも、マルクスにおいて商品は Sache である。従って物象化とは Versachlichung であり、物象化論とは Sache 化論である。では Sache とは何であり Sache 化するとは何なのか？

マルクスの Sache 論の直接的源泉はヘーゲルの法哲学である。しかし Sache に関するヘーゲルの議論自体がカントに由来する。従ってマルクスの前提にはカントがある。

カントは存在者を Person と Sache に分けた。Person は目的的存在であり、Sache は手段的存在である。Person を手段的に売買してはいけないが、Sache はよい。従って商品は Sache であり、売り買いできるものである。この前提の上に、マルクスは労働力「商品」を問題にした。それは人間の本質力という Person 的な力が、商品という Sache になっている。つまり労働力商品においては、Person が Sache と化しているのである。これが Versachlichung である。つまり、Person の Sache 化である。

人格である Person に対して、Sache は事物であり、値段を付けて売り買いできるような物件である。従って Versachlichung は物象化ではなくて物件化である。

この物件化によって、商品社会の悪が説明される。商品経済がなぜ悪いかといえば、そ

こにおい人格的人間が物件化されるからということになる。マルクスの資本主義批判の根底には彼の物件化論があるということだ。

　資本主義においては Sache が支配しているという事実を言いたいだけなら、ただ商品化の論理を指摘するだけで足りる。問題はむしろ、どのような形であるにせよ商品化それ自体が悪いのはなぜなのかという規範的な前提に関係する。マルクスはカントに習って、人格的な人間はそれ自体が目的的存在であり、手段的な物件になってはならないと考えた。しかし全てを商品化しようとする資本の論理は、目的的な人格的人間を労働力商品として手段化する。この商品化は persoenlich な目的的存在を sachlich な手段的存在に貶めるものであり、そのあり方の克服が求められるものである。これが Versachlichung であり、それはただ資本主義における物象の運動を説明するための「物象化」論ではなく、商品化による人間の手段化を批判するための概念である物件化である。

　こうした物件化によって、その中で生きる人々の意識はフェティシズムに囚われる。物件化が原因となってフェティシズムが生じる。だからフェティシズムは石塚書(83)に引用されているように、貨幣に結果する物件化の Ausdruck 表現なのである。

　そして、ここで詳細な論証は『マルクス疎外論の諸相』に譲るが、マルクスにあっては物件化も疎外によって生じる。疎外が全ての原因であり、疎外の結果として物件化が生じ、物件化によってフェティシズムが生じる。疎外→物件化→フェティシズムという因果関係である。

　こうしてマルクスのフェティシズム論は、疎外を原因とする物件化の表現であることがその客観的存在様態であり、その主要機能は疎外を原因とする物件化された商品社会を自明な秩序であるかのように偽装するイデオロギーということになる。このことは典型的に利子において現れる。

> 利子はただ利潤の一部、すなわち機能資本家が労働者から搾り取る剰余価値でしかないのに、今では反対に、利子が資本固有の果実として、本源的なものとして現われ、利潤は今や企業者利得という形式に転化して、再生産過程で付け加わる単なるアクセサリーやおまけとして現われる。ここでは資本のフェティッシュな姿も資本呪物の表象も完成している。我々が G−G′ で見るのは、資本の概念を失った形式、生産関係の最高度の転倒と物件化、すなわち、利子を生む姿、資本自身の再生産過程に前提されている資本の単一な姿である。それは、貨幣または商品が再生産とは独立にそれ自身の価値を増殖する能力——最もまばゆい形での資本の神秘化である(MEW.Bd.25.S.405)。

　利子は貨幣それ自体が貨幣を生むかの外見を示す。労働力の搾取ではなくて、貨幣それ自体が貨幣増殖の原因であるかのように偽装されて現象する。ここにマルクスは商品におけるフェティシズムの完成形を見た。マルクスにあってフェティシズムとは、まさに貨幣が結果ではなくて原因であり、貨幣それ自体が自己増殖する価値であるかのように現象することが、資本主義によって生み出された歴史的な特殊事情ではなくて、超歴史的な普遍的本質であるかのように人々の意識の上に偽装される事態を意味していた。このフェティシズムの中で、貨幣崇拝という擬似宗教が物件化された人々の支配的な教義になる。この点を私は前掲『マルクス哲学入門』で次のように明確にした。

> 『経済学・哲学草稿』でマルクスは、シェイクスピアの『アテネのタイモン』を長く引用し、貨幣崇

拝者の滑稽を揶揄したのであるが、貨幣商品に典型的なように、それは人間労働力の対象化だから価値があるのではなく、その物自体がそれ自体として価値を持っていると人々に思わせるメカニズムである。これにより、貨幣の支配する社会、つまり資本主義の秘密、資本とは本来主体であるはずの労働者が客体化された結果生み出された転倒した関係であるという秘密を隠蔽することができる。真実から目をそらせ、偽りを信じさせるのが、物神崇拝の基本的な機能である（87頁）。

　こうしたマルクス流フェティシズム論、そしてその前提をなすマルクスの疎外論には現実社会主義批判の原理となる等の様々な理論的意義があるのだが、その詳細は拙著を参照して貰うとして、取りあえず以上でマルクス自身のフェティシズム論の概略としたい。

　以上のようなマルクスのフェティシズム論に対する石塚フェティシズム論の要諦は、マルクスのフェティシズム論をネガティヴ・フェティシズム論としてその一面性を批判し、ポジティヴな面を含んだフェティシズムを文明審判の一大原理として確立しようという壮大な試みにある。
　この際、石塚フェティシズム論の理論的源泉は意外にも、一面的であるはずのマルクスのフェティシズム論にあるとする。この場合、既に見たような『資本論』に結実する商品フェティシズム論ではなくて、マルクスの最初期に萌芽として現われ、最晩年に再び見出されたポジティヴ面への目配りを伺わせるフェティシズム論が、継承されるべき遺産だとする。この意味では、石塚フェティシズム論はマルクスが生を長らえたならば展開しえたかもしれない、「幻のマルクス像の再現」的な位置をも併せ持つことになる。
　こうした石塚フェティシズム論について、一マルクス学徒としてどう評価すべきかという問題がある。当然にも難問であって、俄かに結論付けることはできない。ここでは若干の感想を述べることで許しを請いたい。
　先ず、マルクスの理論的核心は『資本論』にあり、彼の理論が何であるかは『資本論』とその準備草稿を、『経済学・哲学草稿』や『ドイツ・イデオロギー』という初期著作と有機的に関連させながら明確にさせてゆくという作法が通常でもあり、また基本でもあるだろう。そうなるとやはりマルクスの理論それ自体は、疎外論に根拠付けられた物件化論と、そのイデオロギー的機能としてのフェティシズム論ということになるだろう。この場合、マルクスのフェティシズム論のベクトルはあくまで疎外→物件化→フェティシズムということになるので、むしろフェティシズムを先行させて疎外をフェティシズムに包摂しようとする石塚フェティシズム論は、マルクスその人のフェティシズム論ではなく、マルクスにインスパイアされた独自の理論構想と見るのが自然だと思われる。
　マルクスが生きながらえていたらポジディヴ・フェティシズム論を展開したのかもしれないが、それは疎外論に基づく彼の理論体系それ自体を変更することであり、物件化とフェティシズムの基本的な理論ベクトルを逆にすることでもある。このような体系構想それ自体を変更すること、『資本論』を全く新たに書き直すかのような変更をマルクスがするとは考え難い。石塚フェティシズム論はマルクス自身とは別の新たな一つの理論構想として位置付けられるものではないかというのが、あくまで現存する『資本論』のマルクスを継承しようとする者が抱く率直な感想である。
　では石塚フェティシズム論には何の理論的意義がないかといえば、それは教条主義でしかないだろう。一つの独自な文明構想として、マルクスを創造的に読み替える試みの一つ

として、評価されるべきではないかと思う。

　こうしてその理論的意義を積極的に学びたいという前提で、石塚フェティシズム論に対して素朴な疑問を抱くのは、その理想社会像の具体的イメージが掴み難いということである。

　マルクスのフェティシズム論はネガティヴな転倒一辺倒で一面的かもしれないが、その理論は疎外論に基づいているため、疎外の止揚としての自主管理社会という具体的な規範像が提起できる。そこにおいて実現されるのは分業に縛られない「全体的人間」であり、自律した諸個人が生産力をコントロールするという未来像である（前掲『マルクス哲学入門』）。こうした理想像がどれだけリアリティがあるかはともかくとして、こうして具体的な規範として提起できるのがマルクスの理想社会像である。

　対して、石塚フェティシズム論では交互作用が強調されるが、具体的にはどのような社会システムが理想とされるのか。石塚フェティシズム論からする理想の人間と社会のあり方が今一つ掴めないというのが、率直な感想である。単なる古代社会の美化ではないとされるものの、何か「無垢な人間本性への回帰」的ロマンチシズムを感じさせる。これは誤解かもしれないし、また正解であってもだから直ちに悪いわけではないのだが、環境問題をはじめとする現代的な諸問題に石塚フェティシズム論はどう切り込むのか。その具体的な展開を知りたい。

　現実社会主義への原理的批判と、その延長上に提起される新たな社会主義オルタナティヴの提起というのが、マルクスをストレートに継承しつつそれを現代的にアップデートさせようという知的営為の基本的な方向性になると思うが、このようなオリエンテーションの中に石塚フェティシズム論を位置付けることができるのか。それともできないのか。個人的には気になる問題意識である。

　以上でフェティシズム論を巡る基本的な問題意識は説明し終えたが、歴史知研究会での報告ではこれに加えて、いわゆる「個人的所有」の問題が、マルクスの隠れたプルードン・ヴァイトリング的文脈に位置付けられるのではないかという問題提起をした。

　『資本論』の結論である「個人的所有の再建」が正確には何を意味しているのかは長年の論争があり、定説もない難問だが、自分なりに納得のいく解釈ができたので、先行研究の細かな書誌を省いた骨子のみを研究ノートとして発表した（「いわゆる『個人的所有の再建』について」東京電機大学総合文化研究、第16号、2018年、所収）のだが、今回発表することになって、予想外の理論的連関を感じることがあった。それは『革命職人ヴァイトリング』412頁にある「単人」の問題提起である。個人という訳語は完全に確立しているので、よもやこれ以外の訳が普及する余地はありえないだろうが、意味内容的には確かに個人よりも単人であり、非常に適切な問題提起であると、強く印象付けられた。

　マルクスが「個人的所有」と言った際には、個人の単人としての側面を強調したいという意図があったかもしれないが、それと共に、ここで言う「個人的所有」は実際には私的所有であり、マルクスは小規模生産者の自給自足的な個人労働を高く評価している。これは自作農を重視した、論敵であるはずのプルードンを強く連想させるアイデアと言わざるを得ない。

　プルードンの理論以前的なドグマであるかのような農業重視は、仕立て職人としてのヴ

ァイトリングに、小規模生産者、個人営業者重視という点での強い共感を呼び起こしたのではないかと推測される。

マルクスは一方で「一国一工場」的な産業構想を抱いていたとも言われるが、他方で「個人的所有の再建」という議論は、小規模生産者の連合体という、かつてマルクス自身が批判していたはずのプチブル社会主義者的な未来構想を想起させる。確かにマルクスの抱く最終目標は、共産主義の高次段階で実現するとされる全面的に発達した諸個人の連合体ということになるのだろうが、そこに至るまでの過渡期においてはどのような人間と産業のあり方がふさわしいのか、彼の中では生涯にわたって構想が揺れ続けていたのではないかと思われる。

この意味で、マルクスには実は、公的には否定したはずのプルードンやヴァイトリング的な文脈が残り続け、それが彼の未来構想に何かしらの影響を与え続けたのかもしれない。その一つの表出が個人的所有の再建論ではないか。

ここから、前掲412頁にある「20世紀型社会主義＝コミューン型社会主義を準備した思想家すなわちマルクスとエンゲルスを、こんどはフーリエ、プルードンらアソシアシオン型社会主義を理論化した思想家たちと連合させ、21世紀型社会主義をアソシアシオン型社会主義として実現すべきなのである」という問題提起は、実はマルクス自身に既にフーリエやプルードン的要素が少なからず含まれていたという形ででも問い直せるのではないかという印象を持った。

これはマルクス研究に対する石塚先生の大きな理論的寄与だと、私は考える。

最後に、今引用したようなアソシアシオン型社会主義の問題提起とフェティシズム論の連関が気になる。それは内在的なのか外在的なのか。ともあれ、石塚先生の研究により多くの考える素材が与えられたことに感謝して、結びの言葉としたい。

（歴史知研究会会員）

フェティシズム研究の異端性を意識せよ

黒木　朋興（くろき・ともおき）

フェティシズムは我々日本人にとって自然な信仰形態だろう。仏像を拝み、御神木を崇める。このようにモノを神とする信仰形態は世界各地にある。対して、ユダヤ教、キリスト教とイスラーム教といった宗教では、このような物を拝む行為は偶像崇拝として禁止されている。それどころか、物を拝むフェティシズムは悪魔の教えだと考えてさえいるのだ。

実際、世界全体で見れば、フェティシズムの方が多数派である。ただ、多数派であることは正しいことを常に意味するわけではない。例えば、一夫一妻制度は元々ユダヤ教の教えであり世界的には一夫多妻制の地域の方が圧倒的に多かったわけだが、現在の民主主義に基づく社会では一夫一妻を正義とする原則を否定するわけにはいかないだろう。

現在の民主主義社会は、キリスト教文明に発したものであることを確認しておこう。更に、キリスト教においても、神を中心とした社会からその神を否定し人間を中心とした社会を立ち上げることによって民主主義を軌道に乗せてきたという歴史があることも確認し

ておきたい。つまり、現在の西洋民主主義思想には、偶像崇拝あるいはフェティシズムを嫌う傾向が色濃く息づいているということだ。実際、ド・ブロス以降、フェティシズムという語を積極的に用いた代表的人物としてマルクスとフロイトの二人を挙げることができるが、この両人ともフェティシズムを否定的なニュアンスで使っていることに注意したい。やはり西洋においては、物を神として拝むことは、愚かな人間が行うこと、あるいは悪魔の所業とみなす思想がその基礎部分に確固として流れているということだ。

　その中でド・ブロスが活躍した18世紀末とは、西洋において理性の名の下に神を否定する思想的傾向が最も強まった時代と言って良い。その中で、例えば、サドは自身の性的倒錯と神の否定をリンクさせたし、ド・ブロスはキリスト教がそれまで抑圧してきた土着の宗教に注目し、キリスト教に縛られない人類に普遍的な信仰のあり方を叙述しようとした。あるいは、反キリスト教的機運が特に高まったこの時代だからこそ、ド・ブロスやリドのような異端思想が陽の目を見るようになったとも言えるだろう。実際に、キリスト教以外の宗教をフェティシズムの名の下に肯定的に捉えたド・ブロスに反して、19世紀から20世紀にかけてフェティシズムは貶められていく。

　こうした事情を鑑みれば、日本人として西洋の左系思想を研究している石塚氏が、フェティシズム研究を展開するのは自然な成り行きだったと言える。更に言えば、石塚氏以外にも多くの研究者がもっと業績をものにしていてもおかしくないとすら言える。やはり、日本における西洋研究は先進地域の学術の紹介という側面が強いので、19世紀以降あまり積極的に顕揚されて来なかったフェティシズムにスポットを当てることは難しかったのかもしれない。その中で地道にフェティシズム研究を行ってきた石塚氏の慧眼には改めて敬意を払うべきだろう。

　そうは言っても、西洋の思想史の流れにおいて、石塚氏の仕事はあくまでも異端の位置にあることを忘れないようにしたい。もちろん、異端が正しくないわけでも、低レベルなわけでもない。ただ、フェティシズムのような信仰形態が自然である日本ではその異端的性格が人々に明確に意識されることはないにせよ、西洋思想を研究するものが西洋思想におけるフェティシズムの異端性をしっかり認識しておくことはやはり大切なことだろう。

　例えば、石塚氏は自身のフェティシズム論の中で、まず人間が物を神と崇めることで神を作り、その後にその宗教の経典の中で神が世界と人間を作ったという神話を編み出したのだ、という歴史観を展開する。人間には物を神として崇め、それを中心に文化を発展させていく能力があるのは確かだし、石塚氏のフェティシズムという語を援用した説明は極めて説得的である。

　しかし、当然、神が世界を創ったとするユダヤ教、キリスト教やイスラーム教の教えとは両立しない。神が世界を創った、というより、世界を創った存在のことを彼は神と呼んでいるだけの話だ。だから、神がいるかいないかという問は彼らにおいては存在しない。なぜなら、この世が現実にある以上、それを創造した存在がいることは確実だし、その存在の探求こそが彼らの務めだからである。極言すれば、その存在のことは神と呼ばなくても構わないのだ。ただ、この世を創造した原理なり秘密なりに一歩でも近づくべく努力することが彼らの信仰なのである。

　となれば、彼らの信仰と石塚氏のフェティシズム論が相容れないことは明らかだろう。もちろん、どちらが正しいかという話ではない。実際、神がいることもいないことも証明することは共に不可能なのだから。ただし、石塚氏のフェティシズム研究以降を担うこと

を目指す以上、その思想がキリスト教の信仰とは相容れないし、更にそのキリスト教に基づく西洋思想の中でも異端的位置にあることを自覚しておくことは大切ではないだろうか。

（頸城野郷土資料室学術研究員）

石塚フェティシズム史学のミッシング・リンクを求めて

杉本　隆司（すぎもと・たかし）

　昨年、2018 年はマルクス生誕 200 周年にあたる。日本を含む世界各地で、それに関連するシンポジウムや研究会が開催され、専門家相手のものだけでなく、青年マルクスを題材にした一般向けの映画も各国で上映された。私も神保町の岩波ホールに足を運んだが、おそらくその名前ぐらいしか耳にしたことがないであろう若い人たちも、数多く詰めかけていたのは印象的だった。

　こうした生誕記念の一環として、石塚先生の『マルクスの「フェティシズム・ノート」を読む──偉大なる、聖なる人間の発見』（2018 年）も出版された。これは、『フェティシズムの思想圏』（1991 年）の第 5-6 章、および付録の再刊であるため、20 年近くまえにすでに読んでいたものだが、改めてその頁をめくりながら、フランス留学時にも持参して穴が開くほど読み込んでいた自分の院生時代を思い出した。

　一般的に「フェティシズム」を論じる仕方は、だいたい 4 つに分かれる。（1）概念史の研究。フェティシュという語の形成やフェティシズム概念の成立を辿るものであり、昨年に出した拙訳のピーツの研究などはその典型だろう。（2）18 世紀啓蒙思想の研究。フェティシズム概念の創始者ド・ブロスの『フェティシュ諸神の崇拝』（1760 年）を同時代の思想史の文脈に置きなおそうとするもの。（3）19 世紀後半のセクソロジー研究。「倒錯」、「代替」などをキーワードに、フロイトやビネなど心理学や精神分析学の分野で応用を遂げたもの。最後に（4）経済学研究。いうまでもなくマルクス『資本論』を端緒とした物神崇拝と商品経済の関係をめぐるさまざまな研究である。

　石塚先生の視線はこれらすべてに関わるとはいえ、その出発点はもちろん（4）にある。特にド・ブロスのフェティシズムと偶像崇拝の区別に着目し、従来のマルクス研究で「物象化」と呼ばれてきた現象が実は偶像崇拝（ネガティヴ・フェティシズム）にすぎず、本来の（ポジティヴ）フェティシズム、つまり崇拝物への破壊的性格がこれまで看過されてきた点を明らかにした。これを武器に、『フェティシズムの思想圏』では、ド・ブロスからルソー、サン＝シモン、コント、ヘーゲル、フォイエルバッハ、デュルケーム、そしてマルクスまでを辿る、石塚フェティシズム史学ともいうべき新たな思想史の系譜を切り拓いた。

　院生時代の私は、実証主義者に数えられるサン＝シモンやコントが同時にニュートン教や人類教といった世俗宗教の創設に熱を上げる、そのロジックと時代の思潮に関心があった。そして、それを解くカギの一つがキリスト教と科学主義のいわば中間に位置する「異教」にあるのではないかと考え、石塚史学を導きの糸に、ド・ブロスからコントへ至るその系譜の解明に取り組むことにした。コント以降の系譜についてはよく知られていたが、それ以前はなおもミッシング・リンクの状態にあったからである。

　例えば、ド・ブロスからコントのフェティシズム概念の伝達について、ド・ブロスの思

想を紹介したG・ルロワの『動物書簡』がコントの蔵書にあることを突き止めたカンギレームの"ルロワ経由説"がこれまで定説とされてきた。だが、今もパリに保存されているコントの蔵書を調べにいくと、ルロワの本にはド・ブロスの紹介など一切なかった。実は、この紹介があるのは第二版（1802年）のみで、コントが所蔵していた初版（1781年）にはなかったのである。しかも、その第二版も紹介はあるが「フェティシズム」という概念が一度も出てこない。"ルロワ経由説"は眉唾だったのだ。他方、この蔵書調査で見つけたのが、『フェティシズムの思想圏』でも触れられていた共和主義者バンジャマン・コンスタンの『宗教論』（1824年）であった。コント自身は一切それに触れていないとはいえ、現在のところ"コンスタン経由説"は複数の研究者たちにも支持されている。

では、そのコンスタンはどこから学んだか？これには彼の日記に『フェティシュ神』を直接に読んだ証拠があり、その日付もわかっている。ただ、調べていくと、もう一つ気になる系譜として、彼が革命前に心酔していた唯物論者エルヴェシウス経由の可能性が浮かんできた。この唯物論者は『人間論』（1773年）ですでにこう述べていたからである。

「フォントネルによれば、人間はその姿に似せて神を作り、それ以外にはありえなかったという。〔…〕司祭たちは、異教徒や野生人がペナートやフェティシュを崇めるように、例えばキリスト教徒が崇めるロシアの聖ニコラやナポリの聖ジャンヴィエなどが神自身以上の崇敬を集めることもとり決めた。ギリシア正教とラテン教会への非難はこうした事実に基づいている。特にフェティシズムの再建を行っているのがラテン教会である。それゆえフランスにもサン・ドニには国家の男性フェティシュが、サント・ジュヌヴィエーヴには首都の女性フェティシュが眠っているのである」。

エルヴェシウスは、サン・ドニに眠る歴代国王をフェティシュと呼び、カトリック教会もフェティシズムとして公然と批判する。『フェティシュ神』から10年余り、この概念をはやくも王権＝教権攻撃に利用する者が現れたのは注目に値する。だが、それ以上に国王とフェティシュのこの同一視は来るべき大革命の悲運も予感させる。なぜなら、フェティシストたちは「願いがあまりに長いあいだ聞き入れてもらえない場合、自分たちの偶像を打ちのめす」（ド・ブロス）のが、フェティシズム本来の掟だからである。

事実、革命から一世紀後、今度は逆に古代社会にみられる王殺しの現象を「共和主義革命」と形容したのは、はたして『金枝篇』（1890年）のJ・G・フレイザーであった。ド・ブロス→エルヴェシウス→コンスタン→コントという、もう一つのポジティヴ・フェティシズムの系譜は、フレイザーにおいて再び石塚フェティシズム史学に合流するのである。

（明治大学教員）

笙野頼子小説における私的信仰と石塚正英先生の研究

西原　志保（にしはら・しほ）

私の専門は日本文学であり、犬や猫など伴侶動物や、人形などのテーマで古典文学から近現代文学まで考察するが、そのなかで、『硝子生命論』『水晶内制度』など人形をモチーフとする作品や、たまたま「友達」になってしまい、保護することになった猫をめぐるエッセイ・小説のある現代作家・笙野頼子に注目している。

彼女は安藤礼二によるインタビューにおいて、『信仰・儀礼・神仏虐待―ものがみ信仰の

フィールドワーク』『「白雪姫」とフェティシュ信仰』を読んでおり、「石塚さんの影響をいつしか受けたか共振したようで、たまたま石塚さんとは別の流れでフォイエルバッハに当たったときに、さらなる興味を持ち始めた」(「本当に怖い〝絶叫！　笙野流民俗学〟」『文藝』2007 年冬号、120 頁) と述べている。

　そこで、このインタビューを辿りつつ笙野頼子小説の私的信仰について見ることで、私の研究と石塚先生の研究を絡めて紹介することができればと思う。

　『信仰・儀礼・神仏虐待』は、日本における自然物への信仰のかたちをフィールドワークした本で、『「白雪姫」とフェティッシュ信仰』は、『白雪姫』の変遷を通して、キリスト教や国家主義的なものによって抑圧された民間信仰のかたちを浮かび上がらせるもの。笙野は、「国家レベルのキリスト教的な宗教、教条主義的なものから自由な宗教の見方をしている点」(120 頁)で、彼女と考えが似ている、と述べている。「今から大きくまとまろうというものに反抗しようと思ったとき、彼(フォイエルバッハ)は自分の中に返ってきて人間学をやろうとした」(120 頁)ともあって、大きなものや国家的なものから外れ、対立するようなものであるところが、共通点であるらしい。

　このインタビューでは、「床から生えてきた」個人的な神様の話である『萌神分魂譜』(集英社、2008 年) について特に詳しく語っているのだが、「自分の魂が相手の方へ飛んでいく。自分の魂が相手に飛んで行って相手に宿って、戻ってきた魂が相手の姿に似てくる」(119 頁)ことが描けた、と語っている。作中では猫の死について語られるが、床から生えてきた神様がどうにも少し猫に似ている(『さあ、文学で戦争を止めよう　猫キッチン荒神』(講談社、2017 年) で描かれる神様はもっと猫に近い)のは、そのためだろうか。個人的な経験から言えば、動物医療が進んだとはいえ、犬や猫にはまだ病院でいくら検査しても症状の原因が分からないことや、疾患のため医学的にはどうやって生きていたか分からないような状態でも頑張って生きていてくれることもある。運や縁、生命力やその子の気持ちなど、医療や科学で割り切れない部分が大きい。そういう意味で犬や猫の命には、祈りや信仰と結びつきやすい部分があるのだろう。

　また、『硝子生命論』や『水晶内制度』における人形が、世間の悪意や偏見を映し出し吸収する冷たい存在であるのに対し、猫には生身の、あたたかい、ごく近い存在であると同時に他者である感覚がある。「カノコ」という、良い里親さんにもらってもらった猫で、その後疾患があると分かった子が亡くなり、そのお葬式に行く場面に、

　　病気のせいでおとなしい猫は生きている間ずっと赤ん坊(里親さん夫婦には猫をもらった後子供が生まれた、引用者)の手や足をぺろぺろなめていた。(中略)でも今は赤子が私を舐めている。普通なら人間の舌は汚いと私は思う。(中略)でも、その時、生命は私の中でひとつに繋がっていた。猫の舌と人間の舌、猫の魂が赤子の明るい未来の中に紛れ込んでいた。猫はこの子とともに生きていると思った。(『萌神分魂譜』208〜209 頁)。

とある。猫を通して他者とつながると同時に、もう亡くなった大事な猫に縁のある人や物、場所、に猫の魂が少し移り、大事になる感覚が描かれている。

　ただ、「ムラの共同体などの縛りを受けずにちょっとずるい感じで発生していく私の「信仰」」(前掲インタビュー、120 頁)とあるように、「共同体」とはまた別の、私的な、「極私

的な」信仰である点も、笙野の特徴である。その点で、雨乞いなど共同体的な信仰についてのフィールドワークである『信仰・儀礼・神仏虐待』とは異なるのだが（ちなみに笙野の神は虐待もされない）、共同体であれ、個的なものであれ普遍的に、大きなものが小さなものを消し去ってしまいそうなときに、有効な抵抗のかたちだと言える。

（歴史知研究会会員）

宗教とゲーム
―頸城野から電脳空間へ―

蔵原　大（くらはら・だい）

　宗教は科学技術の進歩によって衰退した、と本気で信じている方々は、現代21世紀の情報化社会でうごめく異界に目を向けていただくのもいいだろう。いまや民俗学の対象は農村のみならず、日本の人口51.8％（2020年現在の総務省推定）が集中する大都市圏、そしてインターネットの電脳空間へと広がっている。

　論考を進める前に、まず石塚先生の『地域文化の沃土　頸城野往還』（以下『頸城野』）を一読しよう。先生の郷土・新潟県上越市（旧頸城野地方）の地域文化およびその近隣、海外との交通史をほりさげた本書では、文化の表象たる宗教へもくわしく解説している。

　　日本で仏教を受け入れた古代人は、縄文時代に培った自然物・自然現象に対する信仰を捨てることなく、それを仏教の如来信仰や菩薩信仰に重ね合わせて維持し続けました。まず神である樹木を発見するか大きく育てるかし、それに像容（外来の後知恵）を刻印したのです。カヤとかカシワとかの樹木そのものが神なのです。モノ自体の崇拝をフェティシズムといいます。仏教は、縄文や弥生の自然信仰とその儀式に自らの信仰形態を従わせ、非情（精神なき自然物）も成仏するとか山川草木に悉く仏性ありとして、布教に従事したのです。モノの背後や内奥に神霊・仏性が存在するとする信仰をアニミズムといいます。

　　古代日本人は、奈良時代になると、鑑真の指導もあって、大地に根を張った生命力あふれる大木（モノ）から十一面観音などの仏像（神霊・仏性）を彫りだしました。それが平安時代になると、仏像は西方浄土あるいは来世へ心を向ける信仰の対象にかわっていき、仏像も一木でなく寄木造り（定朝様）で表現されるようになったのです。けれども、樹木それ自体にこだわって一木で仏像を造る技法は、以後北陸など地方に残存するのです。

　　くびき野には平安時代の一木彫仏像がいまに遺されています。それは上越市虫生岩戸の岩殿山明静院（国分寺奥の院）に安置されている国宝木造大日如来坐像です。寺伝には、国分寺を開基した行基の作とありますが（中略）樹木それ自体にこだわって一木で仏像を造る技法はこうして地方に残存し、やがて江戸初期になって円空において、中期には木喰において庶民のあいだに復活するのでした。（『頸城野』pp.110-111）

ここでとりあげられた「フェティシズム」「アニミズム」は遠い昔の残滓なのだろうか。

情報化社会は宗教とは無縁の空間なのだろうか。しかし実際には情報化社会にも「神」や呪術性が健在する領域が存在し、それは人々に大きな影響を及ぼしている。

ゲーム、それも仮想世界を提示するデジタルゲームの分野だ。

国内ゲーム産業の市場規模は約 1.8 兆円（2015 年現在経済産業省調査）。2020 年には約 2 兆円（推定）。文化コンテンツ産業（2015 年現在で約 12 兆円）の他分野に比較すると、新聞産業は約 1.5 兆円、映画にいたっては 0.2 兆円。ゲームはいまや新聞や映画より影響力の強いメディアなのだ。

こうしたデータをご存知の方でも、宗教とゲームとに関連性がある、と聞いて当惑する方がいるかもしれない。しかし文化人類学者であるクロード・レヴィストロースは、世界各地のゲームや神話を構造主義の観点から調査し、ゲームのもつ構造と文化的機能とを下記のとおり集約した。彼は、ゲームを規定するルール（規則）に「転換」がなされた場合、ゲームコンテンツは勝敗を決める「離接的」性質から、各プレイヤーをつなぐ「連接的」宗教（儀礼）へ変貌する、と結論づけたのだ。

　　ゲームはすべて規則の集合で規定され、それらの規則は事実上無限の数の勝負を可能にする。ところが儀礼は、同じようにプレイされるものであるが、それらは特別な試合で、勝負回数が両軍のあいだにあるある種の均衡をもたらす唯一の形であるがゆえに、あらゆる勝負の可能性の中からとくに選び出されたものである。この転換は、ニューギニアのガフク・ガマ族の例で容易に検証できる。彼らはフットボールを覚えたが、両軍の勝ち負けが正確に等しくなるまで、何日でも続けて試合をやる。これはゲームを儀礼として扱っているのである。（クロード・レヴィストロース、大橋保夫訳『野生の思考』みすず書房、1976 年、p.38.）

　　ゲームは離接的である。それは対戦する個人競技者ないしゲームの間に差別をもたらす。ゲームが始まるときは、両方ともまったく平等であったのに、終了するときは勝者と敗者にわかれる。これと対称的に儀礼は連接的である。なぜならそれは、もともと離れていた二つの集団（極限的な場合、一方は祭儀執行者一名、他方は信者集団となる）のあいだに結合（ここでは〈霊交〉と言ってもいい）、ないしはいずれにしても何らかの有機的関係を設定するからである。（レヴィストロース『野生の思考』p.40.）

ゲームと宗教との関連をさらに考察するにあたり、フランスの社会学者であるロジェ・カイヨワにも登場いただこう。カイヨワは現代ゲーム研究のパイオニアというべき存在で、同じくゲーム研究の先駆者だったホイジンガを批判しつつ、次のように宗教（聖なるもの）とゲーム（遊戯）の連接性を述べている。

　　たしかに、信心家と遊戯者、宗教と遊戯、寺院と碁盤はなんの共通するものももっていないし、ひとはそのことを疑ってみようともしないのである。しかし著者（ホイジンガのこと：引用者注）は、遊戯というものがいかに真面目なものを伴うことができるかを、説明しかねている。かれの挙げる事例は豊富でいかにももっともであるが、子供や、また運動選手や俳優に助けをもとめているものである。子供にとって、遊戯がもっとも真面目な世界の事物であり、さらになお、かれが椅子を馬に、あるいはボ

タンの列を臨戦状態の軍隊にみたてたりする場合、かれの想像している役割を完全に区別していることは明らかだから、そのままにしておこう。大人もまた、すべてをそうかんがえていて、舞台あるいはトラックが大事なとき、だれもが限られた空間と時間のなかで、そして多かれ少なかれ勝手な約束事にしたがって力を費うということを知っているのである。しかしながら、そこに真面目さが欠けているということではない。反対にそれは必要不可欠のものなのだ。だから演じる者（ゲームプレイヤー：引用者注）と観客はわれがちに熱狂するのである。

　（中略）遊戯と聖なるものは馴れあっているかのようにもおもわれる。強烈な宗教的情緒は、模擬的なものとかんがえられている表象を、意識的に演じられる見世物を伴っているのであるが、しかしながらいささかでも欺瞞あるいは慰安とはならないのだ。
　（ロジェ・カイヨワ、小苅米呪訳「遊戯と聖なるもの」『人間と聖なるもの』せりか書房。1969 年、pp.229-231）

　この「遊戯と聖なるものは馴れあっている」現象は現代ゲーム（スポーツを含め）でよく見られる。

　日本の国民体育大会（通称「国体」）は、2019 年茨城県開催においてゲーム競技科目「eスポーツ」が初導入されたことで話題を読んだが、このスポーツの国体に天皇・皇后がなぜ連年臨席してきたのか。またオリンピックは国際競技大会だが、なぜ「聖火リレー」という宗教的儀礼を伴うのか。

　ゲーム（スポーツを含め）が本質的に「対戦する個人競技者ないしゲームの間に差別をもたらす」ゆえに「離接的」つまり参加者間の対立を惹起する以上、国家レベル、国際社会レベルのゲームであればあるほど、勝敗の結果は対立を促しかねない。例えばサッカーの国際試合につきもののフーリガンと暴力事件は治安当局の懸念材料であろう。ゲームは対立を激化させ、対処療法として「連接的」文化装置、つまり「聖なる」天皇や聖火リレーがたち現れる。ここに見られるのは、石塚先生の『地域文化の沃土　頸城野往還』で取り上げられた「像容（外来の後知恵）」「モノの背後や内奥に神霊・仏性が存在するとする信仰」ではないだろうか。

　ところで現代ゲーム産業においてその将来性がとくに嘱望される分野は、いわゆる「eスポーツ」であろう。デジタルゲーム競技大会のプロ化・興行化をさすこの社会現象は、既述したとおり 2019 年度茨城国体の種目となる等のビッグウェーブとなっている。

　eスポーツの現状を取材した岡安学『みんなが知りたかった最新eスポーツの教科書』は、eスポーツ分野の成功条件として「エコシステムが構築され、しっかりとマネタイズできることが重要」「第三者の企業や自治体が主催するとなると、収益が出ないと成り立たなくなります」と述べている。

　ここで『頸城野』で紹介された寺院、仏像、地蔵を考えてみよう。かかる古代の宗教活動でも「マネタイズ」（収益化）は重要ファクターだったに違いない。奈良の大仏を建設するに際して、民間の僧侶たる行基は勧進（資金調達）に腐心した。鎌倉時代の日蓮は、勢力拡大を目指して鎌倉幕府に自らを売り込んだ。宗教活動であれゲーム産業であれ、その成功を支える収益化の姿は大同小異ではないか。言い換えれば、古代社会にあって多数あったはずの宗教ビジネスにおける収益化の実態は、たとえ文献史料で追跡できずとも、現

代ゲーム産業などのマネタイズの事例と比較することで類推可能であり、それをもってより深い理解へと進みえるのではなかろうか。

　「山川草木に悉く仏性あり」。宗教とゲーム、古代の頸城野から現代の電脳空間まで、その底流には人類文化の普遍性が今なお活発に生き続けている。

＜参考文献＞
石塚正英『地域文化の沃土　頸城野往還』
岡安学『みんなが知りたかった最新 e スポーツの教科書』.
クロード・レヴィストロース、大橋保夫訳『野生の思考』みすず書房、1976 年.
ロジェ・カイヨワ、小苅米晛訳『人間と聖なるもの』せりか書房、1969 年.
＜WEB 文献＞
都市部への人口集中、大都市等の増加について. 総務省公式サイト.
http://www.soumu.go.jp/main_content/000452793.pdf
日本の２大コンテンツ、ゲームとアニメの制作企業の実像を比較する（その１）｜経済解析室ニュース｜経済産業省.
https://www.meti.go.jp/statistics/toppage/report/archive/kako/20170727_1.html
経済産業省「コンテンツ産業の現状と今後の発展の方向性」
http://www.meti.go.jp/policy/mono_info_service/contents/downloadfiles/shokanjikou.pdf

（歴史知研究会会員）

『フラジャイル　病理医岸京一郎の所見』を読む
——文化としての創薬を考えるために——

西貝　怜（にしがい・さとし）

　ここでは、私の文化としての科学研究と、石塚正英先生の幅広い研究活動との関係を述べたい。今回は、創薬の問題に注目する。

　たとえば手塚治虫『ブラックジャック』（1974-1995）から乃木坂太郎・永井明『医龍』（2002-2011）など、古くから物語作品では名医が描かれることが多かった。ただ、近年の作品では様々な医療従事者や医療問題が描かれるようになっている。その一つに、病理医が主人公で、かつ創薬の問題を丹念に描いている恵三朗・草水敏『フラジャイル　病理医岸京一郎の初見』（2014-2019）がある。

　3 巻では治験の問題が描かれる。製薬会社の営業の火箱は、自身の関わる治験について主人公の病理医、岸京一郎と話し合う。そこで岸から、一件だけ大きな成果のように見えることが起きたが、それがその治験で用いられている未承認薬の効果かどうかはまだ分からないと言われる。そして火箱はそれに納得しつつも「ただ一例だけ凄まじい症例が出たその事実に期待をかけず　薬を創れますか？」と述べる。これは科学的識見を持つ者の、創薬を促進させる希望である。

　さらに 15 巻では末期癌の祖母とその女子高生の孫の郁が描かれる。郁は、祖母を助けたいあまり「インチキ医療本」に寄り添おうとする。岸は自身の医学的知識をもって、その本が「インチキ」で「薬事法違反」だと説く。しかし郁は、「期待」させてくれるならば「イ

ンチキ上等」だと岸に述べる。これは科学的識見を持たざる者の、直接的には創薬の促進には関わらない、打ち砕かれることが確定的な希望である。

　希望とは現在達成されていない、未来への明るい見通しである。火箱と郁の違いは、科学的識見を持っているか否か、そして明るい未来を創成するような見通しがあるか否かの二点が大きい。すなわち製薬会社に務めており創薬に関わる人間だから、という点だけが火箱が希望を具体的に描ける理由ではない。医療の、創薬の明るい見通しとは、科学的根拠がないとしっかり立てられない。では郁がもし科学的識見を持っていたら明るい未来への見通しを立てられたかというと、そうでもない。

　がん遺伝子検査は将来の発症を高い確率で予測したり既存の薬が効かない事実を突き付けるだけだったり、人を不安にさせるだけで役立たずだとも、郁は言っている。さらに16春では、遺伝子検査技師の円も「遺伝子検査で未来の医療を切り開きながら」「治療法はないと識らせるだけの検査」の意味を考え、葛藤している。がん遺伝子検査の現在の有り様が、人々を不安にさせる。だから、円を含む作中の遺伝子治療を研究するグループは、創薬を促進するために製薬会社と手を取る。それは、今までの努力を裏切り、成果を売り渡すような態度でありながら、なによりも患者の利益を考えての決断であった。

　ただの女子高生が創薬に携わることは、当然ながらできない。それに円らの研究と郁の振る舞いは、直接的に連動していない。では、両者がともに一つの作品で描かれていることの意味は何だろうか。

　郁は科学的識見を持たないが故に「インチキ」に走ってしまう。しかし、その祖母への愛を描いた上で、専門家らが遺伝子治療の研究を患者の利益優先で進めることも描くことで、創薬という営みが多様な価値観が内包されている大きな文化的な営みだと『フラジャイル』は示している。郁の無念は円らに引き継がれ、具体的な創薬の希望に昇華されているのである。

　ところで科学人類学、あるいはポストノーマルサイエンスや産業化科学などに代表されるように、現代において科学は広く眼差され、その内部構造への研究も多様な視点から進められている。このとき、たびたび文学を用いた研究が展開されている。文学を用いることで、多様な科学への意味や価値を考えることが出来る。ただ、たとえば生命倫理学を論じるときに文学を用いると、その文学はまるで事例の一つのようになってしまいがちである。それでは文学の固有性が軽視されていることとなる。より総体的に科学を考えるためには文学の固有性などの文化の在り方に拘泥しつつ、もちろん生命倫理学やほかの学問体系にも注視した研究が求められる。しかし、それが何故必要なのか。それは石塚先生のこれまでの研究が示してくれている。

　石塚先生はフェティシズム、科学論、あるいは儀礼などの感性文化のフィールドワークなど、これまで思想や歴史に関する幅広い著述活動を行っている。石塚先生の近年の関心は「解体・再編の過程にある＜学問＞を＜生活世界＞との関連で深めること」（石塚、2018）と述べられている。たとえば『学問の使命と知の行動圏域』（2019）を見るに、実際に幅広い研究が有機的に結びつくことで、大きな人間理解に寄与しているのである。

　科学を広く文化的営みとして眼差して理解を深めことは、広く人間理解にも通じる。そのためにこれまでの学問体系を見直しつつ、連関させる。まさに私がこのような研究を志しているのは、石塚先生の広く人間を考究するための思索に強く影響されているからである。アニメ作品の様相とともに記憶操作の倫理の研究も進めた拙稿（2018）を執筆した際

に、歴史知研究会での発表を経ているのもその表れである。

　もし『フラジャイル』について、はじめから科学論的な知識を導入して、専門職の価値観だけを抽出して考察していたのならば、郁は創薬の外にいる存在として扱われていたかもしれない。『フラジャイル』は以上で示したように、郁も描くことで創薬の希望を包括的に描いているのである。これを示したことで、個別作品の様相を検討する文学研究が、文化としての創薬の理解に如何に寄与できるかも測定できるだろう。それにより、文学研究に限らず連関される学問の在り方も問われることになろう。ただし、その具体的な考察は今後の課題としたい。

　私にとってはまだ試行錯誤の色が強いこのような文化としての科学研究を、これからも石塚先生の力を借りつつ進めていきたい。

参考

石塚正英（2018）「歴史知と生活世界——持続可能な学問論を求めて」『頸城野郷土資料室学術研究部研究
　　紀要』第 22 号、1-2 頁。
石塚正英（2019）『学問の使命と知の行動圏域』社会評論社。
恵三朗・草水敏（2014-2019）『フラジャイル　病理医岸京一郎の初見』1-16 巻、講談社。
手塚治虫（1974-1995）『ブラック・ジャック』1-25 巻、秋田書店。
乃木坂太郎・永井明（2002-2011）『医龍』1-25 巻、小学館。
西貝怜（2018）「記憶の選択的消去の倫理的問題を記憶再生技術とともに考える—湯浅政明監督『カイバ』
　　の解釈から脳神経倫理へ—」『文明研究』第 36 号、79-92 頁。

（世界史研究会会員）

それでも今日、「朝日が昇る」
——石塚正英『歴史知と学問論』を読む——

米田　祐介（まいた・ゆうすけ）

　今日、人間と人間との関係はどこまで互いの顔が見えにくいものになっていくのであろう。高度情報化社会は物事をどこまで数量的基準によって割り切ろうとするのであろう。はたして時代は、一人ひとりが肌で感じる経験的な実感とでも言うべきものを置き去りにすることを求めているのであろうか。

　このような問題提起に対し、本書（社会評論社、2007 年刊）の著者である石塚正英は「歴史知」という視座から答えようとし、『歴史知とフェティシズム』、『複合科学的身体論』、『儀礼と神観念の起原』といった著作を発表してきた。本書はこれらに続く石塚の歴史知研究第四作目であり論文集の形をとる。作品群の配置は石塚の研究生活史からみて終わりから始まるものとなっている。それはあたかも科学知偏向主義の終焉と、21 世紀の新知平開闢を予感させるかのようだ。

　終章「学問論の構築にむけて」が執筆されたのは石塚が 20 歳の頃。書き出しはこうである。

　「『学問』をどのようにとらえるかについて、私は、その出発点を現実なる人間に据え、その到達点、結論をも現実なる人間に据える」。

　右の青年期のうちに綴られた感性と学問によせる態度は、むろん本書に一貫しているパ

トスだ。そしてこの作品で展開した現実を生き抜く人間から決して遠ざかることのない関係論的視座は、やがて歴史知（historiosophy）の視座へと結晶するのである。

それでは歴史知とは何か。いわく、「感性知（経験知・生活知）と理性知（科学知・理論知）、あるいは非合理的知と合理的知とは、相補的になってはじめて存在できる。その枠構造を認め、双方を軸とする交互的運動の中において双方を動的に観察する。あるいは、その二種の知を時間軸上において連合させる 21 世紀的新知平、そこに立つ。こうした〈知平〉において歴史知は成立し、歴史知はパラダイムとして確立する」。

たとえば、円を考えてみたい。小学校の算数で習うような理論上の円についての認識を「理性知」、現実に存在する丸いもの、たとえば太陽や満月、人間の瞳などについての認識を「感性知」と仮定する。この場合、子どもは、円という「理性知」を「感性知」から獲得すると言うことができる。なぜなら、子どもは日常的に観察する「丸いもの」という基準（すなわち「感性知」）から「円」という観念（すなわち「理性知」）を構成するからである。

しかるに、である。理性知がいったん確立すると、それは今度、感性知を規定する基準に変貌し、現実と理論との間にバーチャルな関係が生まれる。これは理論と現実とが転倒した現象だ。この転倒した現象をもう一度もとに戻して現象世界を交互的に「再」考察しようというのが歴史知的視座なのである。ここには、「近代」という時代が「数量的・合理的・普遍的な基準」を重視するあまり、「感性知」を「スッパリと削ぎ落としてしまった」ことへの反省がある。

2008 年 11 月 30 日、歴史知研究会第三十回記念大会挨拶で石塚は次のように語った。

「たとえ、それが疑わしくとも、それを信じ続けてきたという歴史には、疑いようのない真実がある」。

そうだ、そうなのだ。かつて神々は信者たちに必要とされたから存在したし、信者たちもまた神々に必要とされたからこそ存在した。神々と人間の関係がそのように「相互互恵的」なものであった歴史と、私たちは向き合っていくべきなのだ。

ところで現代に生きる私たちも、頭では地動説という「理性知」を理解していながら、普段の会話では、「朝日が昇る」と口にする。これはもちろん、自分の「見たまま」に即した表現だ。このように私たちは、普段の生活でも無意識のうちに「感性知」を持ちだすことがある。石塚の言う歴史知研究は、まずこの「感性知」にもっと意識的に目を向けることを目指すものである。そして、「感性知」と「理性知」とを行き来する「交互的運動の中において双方を動的に観察」する意識を高めることにより、「人間社会を総体として生き抜くための英知（知平）」を切り開かんとするものなのだ。

また、本書の特徴は石塚の恩師である酒井三郎、大井正、布村一夫、村瀬興雄の業績を当時の息遣いに留意し取り上げている点だ。そこにはどこまでも人間と人間との「かかわり」がある。人は物語る人間の実存を介して何かに出会う。そして出会った何かを伝えたいがために何かを語るのかもしれない。

＊　　　　＊　　　　＊

歴史知研究会は、石塚が 2000 年に創設し、わたしは 2007 年より微力ながら会の運営に携わってきた。わたしが 20 代に出会った石塚との、研究会との、本書との「かかわり」は、大きな起点となっている。石塚は自らが若き日にかかわった研究会のことをある場面で次のように回想している。「研究会にかかわった時期はほんのわずかであったが、社会運動史

研究会は、私にとって今でも爽やかな印象の残る、懐かしい団体である」（石塚正英「歴史知に結実する行動圏域」岡本充弘ほか編『歴史として、記憶として——「社会運動史」1970～1985』御茶の水書房、2013年）。このエッセイでは、あの頃の、若き日の、研究会という経験がやがて歴史知という発想に結実していったことが「歴史として、記憶として」静かな筆致で綴られている。なぜだかわたしが歴史知研究会と出会ったあの頃と重なってくる。

　そしていま、歴史知研究会は二十周年をむかえようとしている。あぁ、20歳になるのだ。かりに「研究会にかかわった時期はほんのわずか」であったとしても、扉をたたいてくださった人が「今でも爽やかな印象の残る、懐かしい団体」として回想できるような研究会でありたいと思う。石塚が、あの頃を回想したように。

（歴史知研究会会員）

（増補）石塚正英先生の研究生活によせて
—石塚著作「はしがき」や「あとがき」から見えてくること—

川島　祐一（かわしま・ゆういち）

はじめに

　本稿では、石塚正英先生の研究生活に寄せて、一連の石塚著作「はしがき」や「あとがき」から見えてくることを記す。その性格上、諸説を批判的に検討したり、新たな視点を加えたりを目的とはしない。石塚先生との出会いは、2002年12月8日。筆者が立正大学三年の時、先輩の中島浩貴さんに誘われて、東京電機大学神田校舎にて行われた「立正大学西洋史研究会」（現、世界史研究会）の場であった。学部卒業の年に、「東京電機大学の理工学研究科に情報社会学専攻が設置されるから受験してみませんか」との誘いを受け、第一期生として教えを受け、現在に至っている。以降、敬称や肩書は省略する。

石塚正英について—1949～2020年

　1949年に新潟県高田市（現上越市）に生まれた。団塊世代に当たる。新潟県の高田高校に進学、一年の浪人期間を経て、立正大学へと進学した。石塚が高校・浪人・大学進学と過ごした時代は、学生運動が激しき時代と重なる。1966・67年のことである。68年の石塚は、長野市で予備校生活を送っていた。その石塚の耳にも大学での学生運動についての情報が入ってくる。それに、「僕自身も敏感にならざるを得なかった」と「立正大学西洋史研究会30周年記念例会」（2007年3月、東京電機大学神田校舎）の場で語っている。

　69年4月に立正大学に入学する。ちょうどその年の4月は沖縄デーに当たっていた。この頃の石塚は、レーニン『唯物論と経験論批判』、フォイエルバッハ『ルドルフ・ハイムに対する返答』、毛沢東『実践論・矛盾論』、田島節夫『実存主義と現代』などを読み継いでいる。69年には『ドイツ・イデオロギー』、共産党宣言』、『空想から科学へ』、『フォイエルバッハ論』、その年と翌年にかけて『資本論』を読んでいる。

　そのような時代・経験から、石塚は政治的関心が非常に高まり学生運動の中に自らも身を置くようになる。その立場は、「学問するノンセクトラディカルズ」であった。当時の立正大学には、「沖縄闘争破防法裁判」で知られる浅田光輝、『世界資本主義』などの著作を

持つ宇野学派の岩田弘、フランクフルト学派の論説を我が国に積極的に紹介した清水多吉など錚々たる面々が教鞭をとっており、その教員たちとも度々議論を行なったとのことである。石塚は恩師酒井三郎の大学院進学の勧めを一度は断って大学を出るが、卒業後に務めた職場で腰を痛め、1976年に大学院に入学することになった。大学院後期博士課程を単位取得退学後、立正大学で講師、後、東京電機大学助教授、教授となり現在に至っている。

　以下では、石塚が現在に至るまでに刊行してきた著作をもとに述べていく。石塚は何々の研究者と一言では言い表すことの出来ない学徒である。ヘーゲル左派、バッハオーフェン、アソシエーション論、フレイザー『金枝篇』翻訳監修、石仏調査、近代の超克、頸城野。そして、中心に見て行くヴァイトリング、アミルカル・カブラル、フェティシズム、歴史知研究と多岐に渡っているからである。それは、石塚の「浮気性」ではなく、「学問するとはどういうことか?」という問いを青年時代から一貫して抱いているからであろう。

ヴァイトリング研究—ヘーゲル左派・アソシアシオン論へとつづく

　石塚のヴァイトリング研究に関する著作は以下の7冊である。
①『叛徒と革命—ブランキ・ヴァイトリング・ノート』イザラ書房、1975.12. ②『三月前期の急進主義—青年ヘーゲル左派と義人同盟に関する社会思想史的研究』長崎出版、1983.12. ③『ヴァイトリングのファナティシズム』世界書院、1991.5. ④『社会思想の脱・構築—ヴァイトリング研究』世界書院、1991.5. ⑤『アソシアシオンのヴァイトリング』世界書院、1998.11. ⑥『近世ヨーロッパの民衆指導者』(増補改訂版) 社会評論社、2011.3. ⑦『革命職人ヴァイトリング—コミューンからアソシエーションへ』社会評論社、2016.3.

　さて、では如何なる経緯で石塚がヴァイトリング研究を行なうことになったかについて確認をしておく。それは、⑤の「あとがき」を見るのが良い。

　　　ヴァイトリングを研究し始めた時期は、全国で学生運動が盛んだった。1969年のことである。当時19歳の学生だった私は、神田の古書街で自由民権運動に関する論文の載っていた雑誌『歴史評論』を購入した。たしか、家永三郎の「植木枝盛と酒屋会議」という論文だった気がする。その雑誌に偶然、ドイツの農民革命家ゲオルグ・ヴュヒナーに関する論説 (伊東勉のもの) が併載されていて、それを読みだしたのが、ヴァイトリング研究に入り込む直接契機になったのだ。直後から神田の洋書センターに行っては関連のドイツ語文献を漁ることになったのであった。

続いてヴァイトリングの略歴を⑤の「はしがき」から引く。

　　　ドイツの共同体主義者 (コムニステン)、遍歴職人であるヴァイトリングは滞在地パリでバブーフ・サン=シモン・フーリエ等の諸思想に接し、〈財の共有〉ないし共同体主義を説く職人革命家となった。1848年革命後アメリカに移住すると、今度はプルードン思想を批判的に摂取しつつアソシアシオン (労働者協同企業) と交換銀行による大陸横断鉄道建設を構想した。ヨーロッパ時代の革命思想はバクーニンに受け継がれた。

　二つの引用文と、石塚略歴を併せて考えると、石塚がヴァイトリングを研究する経緯を了解頂けると思う。ただ、先にも触れた「立正大学西洋史研究会30周年記念例会の場」で

①・②について興味深い話があるので紹介しておく。

　　『叛徒と革命』は、原稿用紙 400 枚程度のボリュームですが、もとは原稿用紙 160 枚
くらいの卒業論文がベースです。それを刊行するまでのエピソードになりますが、『情
況』誌がちょうど発刊 50 号記念か何かで、懸賞論文を募集していました。僕はそれに
応募しました。そうしたらはからずも、立正大学哲学科の清水多吉先生が懸賞論文の審
査委員をされていました。清水先生は論文を読んで、掲載の価値ありと認めてくださっ
た。

　　1982 年に大学院博士課程を修了するとき『三月前期の急進主義』を書き上げました。
村瀬先生はこれを博士号請求論文としてみなさいと勧めてくださいました。それで、嬉
しくなってすぐさま大学院事務室に持って行きました。そうしたら、事務担当者は、「君
はまだ若すぎる。＊＊先生も＊＊先生もまだ博士の学位をもっていない」というような
ことを言われ、遠回しに申請を拒否されました。僕もそのときは、反抗的なところもあ
りまして、このような事務（学校体制）には嫌悪を覚え、村瀬先生にも相談せずに申請
を取りやめました。ただ、村瀬先生と僕の間では、あの『三月前期の急進主義』はその
後もずっと学位論文の位置にありました。

　さて、④の「あとがき」は「わたしの Vormärz 社会思想史研究・中間報告」との題になっ
ている。そこでは、②・③に収められた」論文の初出一覧ならびに、再録にあたっての
加筆修正の異同が記されている。また、そこから石塚は 1983 年に『年表・三月革命人―急
進派の思想と行動―付録・19 世紀前半記ドイツ社会思想史に関する邦語雑誌論文目録（年
代順 1924－1981）』（秀文社）を刊行していることを知った。これは、市販されなかったた
め一覧には入れなかった。
　②の「はしがき」からも引用しておきたい。「人類の歴史は過去から現在・未来に向かっ
て必ず進歩していくものだ、という考えにいささか疑問を抱くようになってから、幾年経
たことだろうか。」「人類の歴史ないし歴史上の人類は、古い時代ほど未熟で野蛮で、新し
い時代ほど成熟していて理性的だと主張できたような時代は、とうに過ぎ去ったようにも
思える。」この二つの引用文から、石塚は 20 代半ばにして、カブラル、フェティシズム、
歴史知へと繋がっていく視点を持っていた。

カブラル研究―フェティシズム・アソシアシオン論へとつづく
　石塚のカブラル研究に関する著作は以下の 3 冊である。
①『文化による抵抗―アミルカル・カブラルの思想』柘植書房、1992.3.②カブラル『アミ
ルカル・カブラル―抵抗と創造』共訳、柘植書房、1993.7.③『アミルカル・カブラル―ア
フリカ革命のアウラ』共著、柘植書房新社、2019.5.
　さて、では如何なる経緯で石塚がカブラル研究を行なうことになったかについて確認し
ておく。だが、石塚が誰のどのような著作によってカブラルの名を始めて知ったのか記し
た文章を筆者は見ていない。ただその次の段階については①の「あとがき」に記されてい
る。

単なる一読者でなく、積極的にすべてを知りたいという気持ちから、アミルカル＝カブラルの存在をわたしがはっきりとらえたのは、1984年のことである。わたしの『アフリカ社会ノート』（読書ノート）が1985年2月5日から開始しているから、遅くとも84年の秋には相当カブラルにのめり込んでいたはずである。85年4月3日から一連のカブラル関係の論文執筆に入っている。

1984年あたりだと、東京電機大学助教授時代となる。1985年に石塚は、『クリティーク』（青弓社）の共同編集人となり、そこにはカブラルの論文を掲載していく。同誌第三号（1986年4月）には特集「アフリカの文化と革命―カブラル」を組んでいる。その特集号は、かつて我が国にカブラルを本格的に紹介した白石顕二との共同編集になっている。では、カブラルとはカブラルについて石塚の文章から見ておこう。

　　　　　1960年代・70年代前半におけるギニア・ビサウ解放の指導者アミルカル・カブラルは、〈文化による抵抗〉を指導指針とした。あるいは文化の発現の源としての〈人民と森〉を抵抗運動のキーワードにした。カブラルには、文化というのはアフリカ人民のアイデンティティとデグニティに深くかかわるものであって、それは闘争によって生まれ、また闘争そのものを引っぱっていくという規定があるほか、闘争そのものをまもり、解放精神の一環に組み込んでいく。それからまた反対に、カブラルには、自分たちのアフリカ的なものをまもり豊かにするには、パラドキシカルに思えるけれども、現時点で明らかにアフリカ以上にすすんだものであれば、ヨーロッパのものであろうとそれを積極的に取り込もう、という発想がある。

石塚によると、カブラルは「森をゆたかにする欧米文化はすすんで摂取するが、森を破壊する欧米文化は断固として拒絶する」とのことである。これは、第二章末で引用した、石塚の「人類の歴史ないし歴史上の人類は、古い時代ほど未熟で野蛮で、新しい時代ほど成熟していて理性的だと主張できたような時代は、とうに過ぎ去ったようにも思える」という、ヴァイトリングの関連著作で述べていた考えと結びつく。

フェティシズム研究―フォイエルバッハ・バッハオーフェン・フレーザーへとつづく

石塚のフェティシズム研究に関する著作は以下の13冊である。
①『フェティシズムの思想圏―ド＝ブロス・フォイエルバッハ・マルクス』世界書院、1991.4.②『フェティシズムの信仰圏―神仏虐待のフォークロア』世界書院、1993.5.③『「白雪姫」とフェティシュ信仰』理想社、1995.8.④『信仰・儀礼・神仏虐待―ものがみ信仰のフィールドワーク』世界書院、1995.10.⑤『フェティシズム論のブティック』共著、論創社、1998.6.⑥『歴史知とフェティシズム』理想社、2000.6.⑦『ピエ・フェティシズム―フロイトを蹴飛ばす脚・靴・下駄理論』廣済堂出版、2002.1.⑧『複合科学的身体論―二十一世紀の新たなヒューマン・インターフェイスを求めて』北樹出版、2004.4.⑨『儀礼と神観念の起原―ディオニューソス神楽からナチス神話まで』論創社、2005.12.⑩『フェティシズム―通奏低音』社会評論社、2014.9.⑪『身体知と感性知―ア

ンサンブル』社会評論社、2014. 12. ⑫『母権・神話・儀礼―ドローメノン【身体的所作】』社会評論社、2015. 1. ⑬『マルクスの「フェティシズム・ノート」を読む』社会評論社、2018. 10.

　さて、では如何なる経緯で石塚がフェティシズム研究を行なうことになったかについて確認をする。それには、⑤の「序」を見るのが良い。

　　　モーガンのことを終生モルガンと呼んだモーガン学者の布村翁は、年に春夏二回ほど熊本から東京へ出向かれましたが、そのつど私を新宿の喫茶店に招き、古典民俗学のモーガン・ギリシア神話学のバッハオーフェン、そして比較宗教学のド・ブロスについて、約10年にわたりマンツーマンで講義してくれたのです。（中略）その過程で翁は私に、唯物史観を根本からおさえたければマルクスが1842年に読書して摘要をとったド・ブロス読書ノートを読むように勧めてくださったのです。

　上の引用は1981年の出会い以後のことである。ただ、①の「あとがき」にあるが、石塚は「フェティシズムという語はともかくとして、ド＝ブロスという人物名は、実のところ、わたしには耳慣れないものであった。フェティシズムのことをたんに物象化のヴァリエーション、比喩のごとくにしか諒解していなかった」そうだ。そのため、ド＝ブロスのことはしばらく放置し、モーガンとバッハオーフェンにひきつけられていた。石塚が、1981年の出会いから、ド＝ブロス「講義」を布村翁から受けた後もしばらく放置したという、その「しばらく」の期間はわからない。しかし石塚がド＝ブロスのフェティシズムの重要性を把握するのは、1983年のことであった。それは以下から知ることが出来る。

　　　翁は、或る時、翁の新刊『共同体の人類史像』（長崎出版、1983）の巻末に解説を寄せよとおっしゃった。たしか、1983年の夏だったか。この著作（全5章）中、第1章は「フェティシュをなげすてる」であり、第2章は「共同体の人類史像」、そして第3章は「『文明の起原ノート』について」である。そのすべてを前以て読んであったが、この著作の解説を書き終えた段となって、わたしは、なにゆえ翁が熱っぽくド＝ブロスのフェティシズムを説かれるのか、その真意をようやく把握するに至ったのである。

　では、フェティシズムとは如何なる術語か、ド＝ブロスとは如何なる人物なのか確認をする。ここでは、④の「はしがき」から引いておく。

　　　フェティシズムとは、18世紀フランスの啓蒙思想家にして比較宗教学の先駆であるシャルル＝ド＝ブロス（1709－77）が、かれと同時代のアフリカの土着宗教に対して命名した原初的信仰形態のことを指す。ド＝ブロスは、西アフリカ沿岸地方の所属が信仰の対象に選んだ自然物すなわちフェティシュとかれら信徒とのあいだに崇拝と攻撃の交互的関係を観察し、それをフェティシズムと命名した。

　石塚は、⑦の「はしがき」で「この本で問題にするフェティシズムは、フロイトやラカンのフェティシズム論では解けない。彼らのフェティシズム論はまがい物である」とす

る。フロイトの好む〈フェティシュ＝代理〉論ではなく、ド＝ブロスの「崇拝と攻撃の交互的関係」こそ重要なのだと。また、マルクスの「物象化論」では解けない問題がある。その点に関しては、①の本文206〜209頁を図も含めて読んでいただきたい。

歴史知研究─ヴァイトリング・カブラル・フェティシズム研究の結集点

　石塚の歴史知研究に関する著作は以下の5冊である。
①『歴史知とフェティシズム』理想社、2000. 6. ②『複合科学的身体論─二十一世紀の新たなヒューマン・インターフェイスを求めて』北樹出版、2004. 4. ③『儀礼と神観念の起原─ディオニューソス神楽からナチス神話まで』論創社、2005. 12. ④『歴史知と学問論』社会評論社、2007. 3. ⑤『歴史知と多様化史観─関係論的』社会評論社、2014. 11.
　さて、ここまでに見てきたヴァイトリング・カブラル・フェティシズム研究には雑誌との偶然の出会いや、人物との出会いなど何らかの形で、その研究領域に入り込んでいくきっかけが存在した。もちろん、歴史知研究にも入り込んでいくきっかけはあったのだろう。しかし、それが前述の三領域とは何か異なっているように捉えている。前述の三領域は石塚がその思想の提唱者や紹介者の中に入り込んで読み取っていったのに対し、歴史知研究は、術語こそ後述のごとくある思想家の使用したものであるが、石塚が放つもの、提唱者として影響を与えていくもののように感じるのである。ヴァイトリング・カブラル・フェティシズム研究を通じて、石塚が創り上げた概念と言えよう。これまでに述べてきた研究領域においても、その研究対象に対するオリジナリティー溢れる論稿を著わしてきたのは確かであるが、歴史知概念に辿り着き、駆使し始めてからは、研究方法そのものが、オリジナルになった。

　石塚は、価値観やモラルの崩壊、生活信条の喪失、あるいはライフスタイルの多様化・破局化が進行する今日において、社会と個人を見つめるもう一つの目として「歴史知」的視座を養い、諸領域における状況の有為転変に対して、遠近硬軟さまざまなスタンスをとることを創立の趣旨とし、1999年の秋に立正大学大崎校舎において、「歴史知研究会」を創立した。

　なお、①の「はしがき」によれば「歴史知」という術語は、ヘーゲル左派でポーランド出身のチェシコフスキーが『歴史知への序論』（1838年）で使用したのが、由来である。チェシコフスキーが言うところの「歴史知」は、ヘーゲルの「歴史哲学」では「未来への発展の理論が含まれていない」という痛烈な批判である。

　次に、②・③から見る。③の「あとがき」によれば、②・③とも「どちらも身体を軸にして人類社会を捉えようとしている」。②は、「21世紀を生きる人々にもっとも重要な要件である科学技術ないし科学技術社会を念頭においている」。③は、「先史に起点を有しあたかも遺伝するがごとき生活文化ないし民族文化を念頭においている」。両著とも親にあたる著作を有している。フェティシズム研究の②・⑥である。研究会メンバーとの共著として、『歴史知の未来性─感性知と理性知を時間軸上で総合する試み』理想社、2004. 3. や『歴史知の想像力─通時的・共時的に他者とどうかかわるか』理想社、2007. 6. それから、『歴史知と近代の光景』社会評論社、2014. 3. を刊行している。

　『歴史知と学問論』において、石塚は恩師の学説や業績を取り上げている。それぞれについて簡単に見ておこう。第一に、文化史・史学史を学んだ酒井三郎（1901〜1982）。第

二に、哲学・社会思想を学んだ大井正（1912〜1991）。第三に、神話学・民族学・比較家族史を学んだ布村一夫（1912〜1993）。第四に、ナチズムを軸とする現代史を学んだ村瀬興雄（1913〜2000）。本稿でも、名前が出てきた面々である。大井正のみまだ、触れていなかったので、『歴史知と学問論』の「あとがき」を読んでみよう。

> （1991年1月27日に大井氏は亡くなられた）同年、亡き恩師の蔵書（大井文庫）目録づくりに着手した。ところが、この作業は私の貪欲なまでの著述活動の一環に組み込まれていく。例えば同年11月3日の蔵書整理では、大井文庫から松村武雄『神話学原論』（培風館）『儀礼及び神話の研究』（同上）をお借りした。（以下略）

大井文庫からの蔵書の貸出により石塚の著作まで結びついているものも幾冊かある。もちろん、大井が教鞭をとった明治大学でのゼミに参加したり、研究会等でも直接教えを受けたりしたとのことである。このように、『歴史知と学問論』は、石塚の研究生活を総括した研究生活史としても読むことが出来る。

上条三郎の名前で刊行した『映画「いちご白書」みたいな二〇歳の自己革命』社会評論社、1996.10.で石塚は、「ぼくの少年時代は永久に戻らない。けれども、青年になろうとする自己革命の精神は未だに衰えてはいない気がする。学問するノンセクトラディカルズの時代、その精神の火種は今もともされたままなのだ。青年期にであったデミアンやデュボワの精神にふれて共鳴できるのだから…」と言う。

1949年生まれの石塚は、いよいよ古稀を迎えた。いつまでも年齢を感じさせないから、ピンとこないといった感じもある。石塚の個性的かつラディカルで奔放な知のスタイルに魅力を感じる人は多いと思う。また、共同作業の組織者という非常に優れた実績もあり、それに関心を持って、個性的に独自な展開を目指している者たちが集まってくるのだろう。筆者も、その一人である。

最後に一つ個人的な思い出を綴り結びとする。電機大学の廊下を一緒に歩いている時に、「修論だけでなく、専門分野を決めすぎず教育関係など、色々と書くといいよ」と励まされたが、修論で手いっぱいで在籍中は書くことが出来なかった。2011年に、先輩の米田祐介さんから「『現代の理論』の〈若者と希望〉というコーナーに書いてみませんか？」と誘いを受け、教育観を含みこんだ読書論「心が困ったときの家出先」を掲載する機会を得た。その号を献本すると、「妻にも読んでみるようにすすめたよ」とのmailが届いた。その時のことが嬉しくて忘れられない。これを書いている今も仲間に加えてもらい進めている企画がある。今後ともご指導ご鞭撻よろしくお願い致します。

※本稿は、『立正西洋史』第26号、石塚正英先生還暦記念号、2009.10に同題で掲載したものにその後のことを加筆し、字数の関係により一部カットしたものである。

（世界史研究会会員）

第4部　付録

石塚正英先生

I. 研究・教育履歴

1965 年 3 月　高田市立城北中学校卒業、春休みに信越県境の野尻湖畔でナウマン象の化石発掘にかかわる。城北中学校地質クラブと高田高校地質クラブが合同で参加した全国的規模の発掘調査（東京経済大学の井尻正二中心）。フィールド調査に目覚める。

1968 年 3 月　新潟県立高田高等学校卒業、地質学か古生物学専攻を目指して受験するが失敗。

1968 年 4 月　学校法人・長野大学予備校入校、当初理系志望だったが、哲学、思想そして文学の読書にふけり、途中で文転。

1969 年 4 月　立正大学文学部史学科入学、熊谷市榎町に住み同市万吉の教養部にかよう、学生運動に熱中しつつドイツ労働運動史・社会思想史への関心を強化。

1971 年早春　川口市並木 3 丁目に転居、4 月から品川区大崎の本校にかよいつつ、本格的にヴァイトリング研究を開始。

1973 年 3 月　立正大学文学部史学科卒業。卒業論文「プロレタリアの党形成史──ドイツ手工業職人の役割」指導教授の酒井三郎に大学院進学を薦められるが、大学院＝アカデミズムでは自由な研究は無理と判断し、推薦を辞退。

1973 年 4 月　一般企業で就労するが向学心を抑えがたく、様々なアルバイトで生計を立てつつ大学院進学を指向。

1975 年 12 月　第一作『叛徒と革命──ブランキ・ヴァイトリンク・ノート』をイザラ書房から出版。

1976 年 4 月　立正大学大学院文学研究科史学専攻修士課程入学、ヘーゲル左派研究開始（指導教授・酒井三郎）。

1977 年 3 月　わらび学習教室専任講師に就任（小中学生の学習指導、～1981.12）。

1978 年 3 月　立正大学大学院文学研究科史学専攻修士課程修了（文学修士）。修士論文「アーノルト・ルーゲの批判運動──Vormärz における自由主義の一つの型」。立正大学史学会会員（現在に至る）。

1978 年 4 月　立正大学大学院文学研究科史学専攻博士後期課程入学、酒井三郎、村瀬興雄、大井 正（明治大学大学院聴講）に師事。

　　　同年　日本歴史学協会会員（～2018）、社会思想史学会会員（～2011）。

1981 年 3 月　立正大学大学院文学研究科史学専攻博士後期課程満期退学（単位取得）、ただし、大井正についてはその後も自宅で開かれるシュトラウス勉強会等に参加。

1981 年 6 月　増進会出版社（受験の通信添削業、通称Z会）世界史問題執筆（～1999）。

1981 年夏季　西ドイツのボンで語学研修。

1981 年 11 月　明治大学で開かれた「第一回女性史研究のつどい」で神戸市の友人井上五郎に熊本市在住の布村一夫を紹介される、運命的な出逢い。

1982 年 3 月　蕨市で学習塾「満点ゼミナール」設立、94 年から「石塚塾」と改称（1998.02 閉鎖）。学問・研究を推しすすめる自立空間を確立。

1982 年 4 月　立正大学文学部非常勤講師に就任（西洋史、～1988.03、2010.04～2011.03　社会思想史 1996.04～2000.03）。

1982 年 7 月　日本学術振興会奨励研究員に就任（歴史学、～1983.03）。

1982 年 10 月　恩師・酒井三郎の死去に接し、涙とまらず。追悼文を起草。

1983 年 3 月　浦和市元町 2 丁目に住居移転、屋号を悠杜比庵（ユートピアン）と命名。

1983 年 4 月　立正大学教養部非常勤講師に就任（西洋史、比較文化論、～1995.03）、立正大学史学会評議委員に就任（1988 年末辞退）。

1984 年 5 月　ニューズレター『社会思想史の窓』創刊（100 号まで月刊その後熟柿刊、124 号から 158 号まで web 版で刊行、2009 年終刊）。

1984 年秋頃　浦和市内の本太 3 丁目に住居移転。

1986 年 4 月　経済学史学会会員（1998 年末退会）。

1987 年 5 月　十九世紀古典読書会創立（2002 年に十九・二十世紀古典読書会と改称、2013 年 3 月をもって休会）。

1989 年 4 月　東京電機大学理工学部非常勤講師に就任（歴史学、宗教社会史、比較文化論、2000.4 より助教授、2001.04 より教授）。

1989 年 4 月　専修大学経済学部非常勤講師に就任（社会思想史、～2007.03）。

1989 年 4 月　河合塾小論文科非常勤講師に就任（大学受験の論文指導、～2000.03）。

1989 年秋頃　フォイエルバッハの会創立に参加（現在に至る）。
　　　同年　国際フォイエルバッハ協会会員（本部ドイツ、～2007）。

1990 年 11 月　日本翻訳家協会から翻訳出版文化賞受賞（ローレンツ・シュタイン著、柴田隆行・石川三義との共訳『平等原理と社会主義』法政大学出版局）。

1991 年 1 月　恩師・大井正の死去に接し、葬儀の受付を担当。追悼文を起草。

1991 年 8 月　上越市在住の平野団三の知遇を得る。妙高村関山神社・浦川原村法定寺石仏群調査、以後上越と浦和を始め関東中部の各地で毎年石仏調査続行（93、93 年ピーク）。

1992 年 7 月　浦和市町谷 3 丁目に住居移転（現在のさいたま市桜区町谷 3 丁目）。

1992 年秋頃　新潟県民俗学会会員（～2019.12）。
　　　同年　日本石仏協会会員（95 年 2 月理事に就任、～2018）。

1993 年春頃　新潟県石仏の会会員（～2009.03）。

1993 年 5 月　専修大学社会科学研究所所員委嘱（～1996.03 辞退）。

1994 年 4 月　明治大学政治経済学部非常勤講師に就任（社会思想史、2000.3 まで、その後 4 月から文学部で西洋思想史～2002.03）。

1994 年 6 月　恩師・布村一夫の死去に接する。追悼文を起草。

1994 年　　　上越郷土研究会会員（現在に至る）

1995 年 4 月　立正大学文学部哲学科非常勤講師に就任（社会思想史、～2000.03）。

1995 年春頃　日本石仏協会埼玉支部会員（～2018）。

1996 年 2 月　ソウル市の石仏調査（李氏朝鮮時代のもの）。

1996 年 4 月　関東学院大学経済学部非常勤講師に就任（総合講座「仕事」〜2000.03）。

1996 年 12 月　父・鉄男の死去に接する（23 日）。これを機に、備忘録『たゆまぬ学習』
　　　　　　　執筆を開始（現在に至る）。

1998 年 7 月　河合塾より永年勤務の感謝状と記念品を拝受。

1999 年 10 月、歴史知研究会（Association for Historiosophy）創立。

2000 年 3 月　恩師・村瀬興雄の死去に接する。追悼論文を起草。

2000 年 4 月　東京電機大学理工学部・専任助教授に就任、歴史学、教養ゼミナール、日本
　　　　　　　語リテラシー等の講義・演習を担当（〜2001.03）。

2000 年 6 月　恩師・平野団三の死去に接する。追悼文を起草。

2000 年 8 月　先史巨石文化を調査目的に、地中海マルタ島・ゴゾ島をフィールドワーク。

2001 年 2 月　立正大学大学院文学研究科哲学専攻で、博士（文学）の学位を授与さる、学
　　　　　　　位テーマは「フェティシズムに関する社会思想史的研究」、主論文は『フェ
　　　　　　　ティシズムの思想圏』（世界書院、1991）、副論文は『フェティシズム論の
　　　　　　　ブティック』（論創社、1998）。

2001 年 4 月　東京電機大学理工学部・教授に昇任、同時に、一般教養系列主任に就任（主
　　　　　　　任は 2005 年 3 月まで）。

2001 年 4 月　石造史料比較研究所を設立（東京電機大学の石塚研究室に事務局をおく、〜
　　　　　　　2005）。

2001 年 7 月〜8 月　地中海海域の母権文化を調査目的にして、ミラノ市・マルタ島・ゴゾ
　　　　　　　島・アテネ市・クレタ島をフィールドワーク。

2002 年 4 月　東京電機大学理工学部情報社会学科の卒業研究指導のため感性文化学研究室
　　　　　　　を設置運営（〜2020.3）。

2002 年 6 月　立正大学史学会総会(6 月)で同学会理事に就任（現在に至る）。

2003 年 4 月　立正大学西洋史研究会総会(3 月)で同研究会顧問に就任（〜2011.09）。

2003 年 4 月　東京電機大学ヒト生命倫理審査委員会初代委員長に就任（〜05.3、以後委員
　　　　　　　として 2015.3.まで）。

2004 年 4 月　東京電機大学大学院理工学研究科情報社会学専攻博士前期課程・科目担当教
　　　　　　　授に就任（文理境界領域の科目担当、〜2009.03）。

2007 年 4 月　東京電機大学学生支援センター長に就任（〜2009.03）。

2008 年 2 月　母キミエ、さいたま市の入院先で死去（21 日）。妻が看取る。

2008 年 4 月　ＮＰＯ法人頸城野郷土資料室を上越市の実家「大鋸町ますや」に設立（新潟
　　　　　　　県知事認証は 2 月 20 日）、理事長に就任（現在に至る）。

2009 年 4 月　東京電機大学大学院理工学研究科情報学専攻博士前期課程・課程担当教授に
　　　　　　　就任（文理境界領域の科目担当、現在に至る）。

2010 年 4 月　中央大学文学部非常勤講師に就任（〜2011.3、2013.4〜2020.3）。

2010 年 4 月　立正大学文学部非常勤講師に就任（〜2012.3）。

2010 年 4 月　上越市御殿山町に図書室「アトリウム御殿山」（敷地約 100 坪）を新築し、
　　　　　　　登記。2020 年 3 月の東京電機大学退職後、4 月より石塚正英研究室を同地
　　　　　　　に移転の予定。

2013 年 4 月　理工学部情報システムデザイン学系学系長に就任（〜2015.03）

2013 年 8 月　シカゴ市、ミシガン湖、ナイアガラ滝などを見学（26 日〜9 月 1 日）。

2015 年 6 月　株式会社じょうえつ東京農大、取締役（専務）に就任（26 日〜2017.06.30）。

2015 年 8 月　安全保障関連法案の廃案を求める東京電機大学関係者有志の会を Web 上に設立、共同よびかけ人の一人（08.29〜2018.07）。

2015 年 9 月　埼玉県庁の記者クラブで、安全保障関連法案の廃案を求める埼玉・大学人の会（埼大・獨協大・聖学院大・電機大ほか市民団体）記者会見（8 日午後）、JR 大宮駅前でリレートーク（13 日午後）、国会議事堂前で 45000 人とともにコール（14 日夕刻〜）

2016 年 4 月　理工学部情報システムデザイン学系学系社会コミュニケーション・コース長に就任（〜2018.03）。

2017 年 9 月　石橋湛山研究学会（事務局：一般財団法人石橋湛山記念財団）リサーチ会員（01 日〜現在に至る）。

2018 年 6 月　ＮＰＯ法人頸城野郷土資料室設立 10 周年を記念する自著『地域文化の沃土・頸城野往還』（社会評論社）刊行。

2018 年 7 月　14 日夜半、上越市仲町の雁木通りで転倒して頭部を強打し、翌日、さいたま市の三愛病院で〔硬膜下血腫〕と診断される。幸い、2 ケ月ほどで回復。

2018 年 10 月　13 日、大鋸町ますや建造 150 周年記念祝賀会挙行（大鋸町ますやにて）。

2019 年 1 月　日本科学者会議会員（現在に至る）、7 月より会誌『日本の科学者』協同編集委員に就任（現在に至る）。

2019 年 12 月　01 日、立正大学品川キャンパス 3 号館にて、石塚正英研究生活 50 年記念講義「歴史知の知平、あるいは転倒の社会哲学」を担当。

II. 著作目録

（1）叛徒と革命―ブランキ・ヴァイトリング・ノート、イザラ書房、1975.12.（図書館協会推薦図書）

（2）Vormärz社会思想史研究のための準備ノート（青年ヘーゲル派ノート）、立正大学西洋史研究会、1976.06.

（3）年表・三月革命人―急進派の思想と行動、秀文社、1983.04.

（4）三月前期の急進主義―青年ヘーゲル派と義人同盟に関する社会思想史的研究、長崎出版、1983.12.

（5）マルクス思想の学際的研究（共編著）、長崎出版、1983.12.

（6）概説・西洋民主主義史、シグマ、1984.03.（増補版、創史社、1987.03）

（7）ヴァイトリングのファナティシズム、長崎出版、1985.06.

（8）日露戦争・日米外交秘録（金子堅太郎著『日露戦役秘録』博文館、1929、新版編集）、長崎出版、1986.04.

（9）概説・現代世界史、創史社、1986.04.

（10）社会思想史の窓・集成第 1 巻（編集）、社会思想史の窓刊行会、1986.07.

（11）社会思想史の窓・集成第 2 巻（編集）、社会思想史の窓刊行会、1988.09.

(12) アソシアシオンの想像力―初期社会主義思想への新視角（編著）、平凡社、1989.04.
(13) 近世ヨーロッパの民衆指導者、創史社、1989.05.
(14) 社会思想史の窓・集成第3巻（編集）、社会思想史の窓刊行会、1990.10.
(15) フェティシズムの思想圏―ド・ブロス・フォイエルバッハ・マルクス、世界書院、1991.04.
(16) 社会思想の脱・構築―ヴァイトリング研究、世界書院、1991.05.
(17) 文化による抵抗―アミルカル・カブラルの思想、柘植書房、1992.03.
(18) 母権論解読―フェミニズムの根拠（布村一夫ほかと共著）、世界書院、1992.03.
(19) ヘーゲル左派―思想・運動・歴史（編著）、法政大学出版局、1992.04.
(20) 社会思想史の窓・集成第4巻（編集）、社会思想史の窓刊行会、1993.02.
(21) フェティシズムの信仰圏―神仏虐待のフォークローア、世界書院、1993.05.
(22) 諷刺図像のヨーロッパ史―フックス版（高橋憲夫と共編）、柏書房、1994.07.
(23) 神の再読・自然の再読―いまなぜフォイエルバッハか（柴田隆行・河上睦子と共編著）理想社、1995.02.
(24) 交渉史的世界史、私家版、1995.04.
(25) 「白雪姫」とフェティシュ信仰、理想社、1995.08.（図書館協会選定図書）
(26) FETISCHISMUS. Begriff und Vorkommen in Japan und andern Nationen、Verlag für die Gesellschaft、Hannover、1995.09.
(27) 信仰・儀礼・神仏虐待―ものがみ信仰のフィールドワーク、世界書院、1995.10.
(28) 都市と思想家 I、II（共編著）、法政大学出版局、1996.07.
(29) 映画「いちご白書」みたいな二〇歳の自己革命、(上条三郎)、社会評論社、1996.10.
(30) 十八歳・等身大のフィロソフィー（編集）、理想社、1997.04.
(31) クレオル文化―社会思想史の窓・第118号（編集）、社会評論社、1997.05.
(32) 共産党宣言―解釈の革新（篠原敏昭と共編著）、御茶の水書房、1998.03.
(33) 世界史の十字路・離島―社会思想史の窓・第119号（編集）、社会評論社、1998.04.
(34) フェティシズム論のブティック（やすいゆたかとの共著）、論創社、1998.06.
(35) 一八四八年革命の射程（共著）、御茶の水書房、1998.06.
(36) 浮遊する農の思想―社会思想史の窓・第120号（編集）、社会評論社、1998.10.
(37) アソシアシオンのヴァイトリング、世界書院、1998.11.
(38) ソキエタスの方へ―政党の廃絶とアソシアシオンの展望、社会評論社、1999.03.
(39) 情報化時代の歴史学、北樹出版、1999.04.
(40) 海越えの思想家たち―社会思想史の窓・第121号（編集）、社会評論社、1999.05.
(41) 石仏の楽しみ方（共著）、日本石仏協会編、晶文社出版、1999.09.
(42) ヘーゲル左派と独仏思想界（編集）、御茶の水書房、1999.09.
(43) 子どもの世界へ・メルヘンと遊びの文化誌―社会思想史の窓・第122号（編集）、社会評論社、1999.11.
(44) 頸城古仏の探究（平野団三論文の編集）、東京電機大学理工学部・石塚正英研究室、2000.06.
(45) 歴史知とフェティシズム、理想社、2000.06.
(46) 新マルクス学事典（共編）、弘文堂、2000.06.
(47) 二〇世紀の悪党列伝―社会思想史の窓・第123号（編集）、社会評論社、2000.08.

(48) バッハオーフェン―母権から母方オジ権へ（編著）、論創社、2001.11.

(49) ピエ・フェティシズム―フロイトを蹴飛ばす脚・靴・下駄理論、廣済堂出版、
2002.01.

(50) 哲学・思想翻訳語事典（柴田隆行との共同監修）論創社、2003.01.

(51) 石の比較文化誌（編著）、国書刊行会、2004.01.

(52) 市民社会とアソシエーション（村上俊介・篠原敏昭との共編）、社会評論社、2004.02.

(53) 歴史知の未来性―感性知と理性知を時間軸上で総合する試み（杉山精一との共編）、
理想社、2004.03.

(54) フォイエルバッハ――自然・他者・歴史、（川本隆との共編）、理想社、2004.03.

(55) 複合科学的身体論―二一世紀の新たなヒューマン・インターフェイスを求めて、
北樹出版、2004.04.

(56) 儀礼と神観念の起原、論創社、2005.12.

(57) 歴史研究の基本（編著）、北樹出版、2006.03.

(58) 歴史知と学問論、社会評論社、2007.03.

(59) 歴史知の想像力―通時的・共時的に他者とどうかかわるか（編著）、理想社、
2007.06.

(60) 近代の超克―永久革命（編著）、理想社、2009.03.

(61) 上越市浦川原区石造物悉皆調査(第1期)報告書、NPO法人頸城野郷土資料室、
2009.09.

(62) 感性文化学入門――21世紀の新たな身体観を求めて、東京電機大学出版局、2010.02.

(63) くびき野文化事典（編集）、社会評論社、2010.06.

(64) ［協同復刻編集］酒井三郎著『国家の興亡と歴史家』、北樹出版、2010.10.

(65) 裏日本文化ルネッサンス（共編著）、社会評論社、2011.02.

(66) 近世ヨーロッパの民衆指導者（増補改訂版）、社会評論社、2011.03.

(67) 戦争と近代―ポスト・ナポレオン２００年の世界（共編著）、社会評論社、2011.09.

(68) 新マルクス学事典（共編）韓国語版、2011.10.

(69) 技術者倫理を考える（編著）、昭晃堂、2013.04.（朝倉書店、2014.09.）

(70) 世界史プレゼンテーション（編著）、社会評論社、2013.04.

(71) 哲学・思想翻訳語事典・増補版（柴田隆行との共同監修）論創社、2013.05.

(72) 近代の超克II―フクシマ以後（編著）、理想社、2013.11.

(73) 石塚正英著作選【社会思想史の窓】（全6巻）第1巻　フェティシズム―通奏低音、
社会評論社、2014.09.

(74) 石塚正英著作選【社会思想史の窓】（全6巻）第2巻　歴史知と多様化史観―関係
論的、社会評論社、2014.11.

(75) 石塚正英著作選【社会思想史の窓】（全6巻）第3巻　身体知と感性知―アンサン
ブル、社会評論社、2014.12.

(76) 石塚正英著作選【社会思想史の窓】（全6巻）第4巻　母権・神話・儀礼―ドロー
メノン（神態的所作）、社会評論社、2015.01.

(77) 石塚正英著作選【社会思想史の窓】（全6巻）第5巻　アソシアシオンの世界多様
化―クレオリゼーション、社会評論社、2015.02.

(78) 石塚正英著作選【社会思想史の窓】（全6巻）第6巻　近代の超克―あるいは近代

の横超、社会評論社、2015.03.

(79) 日本語表現力―アカデミック・ライティングのための基礎トレーニング（編著）、朝倉書店、2016.03.

(80) 大工職人の雁木通り史、NPO法人頸城野郷土資料室、2016.04.

(81) 革命職人ヴァイトリング―コミューンからアソシエーションへ、社会評論社、2016.10.

(82) 古代韓半島と越をめぐる文化調査紀行、NPO法人頸城野郷土資料室、2017.07.

(83) 世界史学習の道具箱、石塚正英研究室、2017.12.

(84) 地域文化の沃土 頸城野往還、社会評論社、2018.06.

(85) 哲学・思想翻訳語事典・増補版2刷（柴田隆行との共同監修）論創社、2018.09.

(86) マルクスの「フェティシズム・ノート」を読む―偉大なる、聖なる人間の発見、社会評論社、2018.10.

(87) ヘーゲル左派という時代思潮、社会評論社、2019.05.

(87) アミルカル・カブラル―アフリカ革命のアウラ（編著）、柘植書房新社、2019.06.

(88) 科学の危機と学問の自由（共著）、法律文化社、2019.09.

(89) 学問の使命と知の行動圏域、社会評論社、2019.11.

(90) フォイエルバッハの社会哲学―他我を基軸に、社会評論社、2019.12.

(91) 価値転倒の社会哲学―ド＝ブロスを基点に、社会評論社、2020.03.（予定）

感性文化のフィールドワーク
——石塚正英研究生活 50 年記念——

発行日：2020 年 3 月 10 日
編集者：石塚正英研究生活 50 年記念誌編集委員会
編集長：尾﨑綱賀
編集委員：川島祐一　中島浩貴　米田祐介
表紙デザイン：板垣誠一郎
発行者：松田健二
発行所：社会評論社
〒113-0033 東京都文京区本郷 2-3-10 お茶の水ビル
http://www.shahyo.com
TEL03-3814-3861/FAX03-3818-2808
郵便振替 00170-7-89969
印刷所：株式会社　わかば企画